Geschichten für glückliche Stunden

Herausgegeben von
Norma Schneider

FISCHER Taschenbuch

Aus Verantwortung für die Umwelt hat sich der S. Fischer Verlag zu einer nachhaltigen Buchproduktion verpflichtet. Der bewusste Umgang mit unseren Ressourcen, der Schutz unseres Klimas und der Natur gehören zu unseren obersten Unternehmenszielen.

Gemeinsam mit unseren Partnern und Lieferanten setzen wir uns für eine klimaneutrale Buchproduktion ein, die den Erwerb von Klimazertifikaten zur Kompensation des CO_2-Ausstoßes einschließt.

Weitere Informationen finden Sie unter: *www.klimaneutralerverlag.de*

FSC
www.fsc.org
MIX
Papier aus verantwortungsvollen Quellen
FSC® C014496

Originalausgabe
Erschienen bei FISCHER Taschenbuch
Frankfurt am Main, März 2023

Satz: Dörlemann Satz, Lemförde
Druck und Bindung: GGP Media GmbH, Pößneck
Printed in Germany
ISBN 978-3-596-90425-9

Inhalt

»Ja, es gibt Gründe, glücklich zu sein«

Vom Wesen des Glücks

»Ich lege mich hin in einen Liegestuhl«

Von der Kunst, das Leben zu genießen

»Ich versank in dem Strome von Empfindungen«

Von Sehnsucht und Erfüllung

»... von den Extremen der tiefsten Qualen und des wildesten Glückes erschüttert«

Vom Glück und Unglück der Liebe

»In solchen Zeiten legte man sich hin und weinte vor Glück«

Von der Erinnerung an glückliche Stunden

»Fort, fort – gleichviel wohin!«

Von Hoffnung und Aufbruch

»Ja, es gibt Gründe, glücklich zu sein«

Vom Wesen des Glücks

Virginia Woolf

Glück

Als Stuart Elton sich bückte und ein weißes Fädchen von seiner Hose schnippte, erschien der triviale Akt, der, wie es nun einmal war, von einem Erdrutsch und einer Lawine der Wahrnehmungen begleitet wurde, wie ein von einer Rose herabfallendes Blütenblatt, und Stuart Elton richtete sich auf, um seine Unterhaltung mit Mrs. Sutton wieder aufzunehmen, und fühlte, daß er erfüllt war von vielen Blütenblättern, die fest und dicht eins auf das andere gelegt waren, alle gerötet, alle durchwärmt, alle getönt von diesem unerklärlichen Glühen. So daß, wenn er sich bückte, ein Blütenblatt fiel. Als er jung war, hatte er es nicht gefühlt – nein – jetzt mit fünfundvierzig Jahren mußte er sich nur bücken, nur ein Fädchen von seiner Hose schnippen, und es stürzte durch ihn herab, durch ihn hindurch, dieses schöne, ordentliche Gefühl des Lebens, dieser Erdrutsch, diese Lawine der Wahrnehmung, um mit sich eins zu sein, wenn er sich wieder aufrichtete, geordnet – aber was sagte sie gerade?

Mrs. Sutton (die immer noch an den Haaren über die Stoppeln und kreuz und quer über das umgebrochene Land der frühen mittleren Jahre geschleift wurde) sagte gerade, daß Direktoren ihr schrieben, sogar Verabredungen trafen, sie zu sehen, daß aber nichts dabei herauskam. Was es so schwierig für sie machte, war, daß sie selbstverständlich keine Beziehungen zur Bühne hatte, waren ihr Vater, all ihre Leute, doch nur Leute vom Land. (Hier schnippte Stuart Elton den Faden weg.) Sie hörte auf zu sprechen; sie fühlte sich zurückgestoßen. Ja, Stuart Elton hatte, was sie wollte, fühlte sie, als er sich bückte. Und als er sich wieder aufrichtete, entschuldigte sie sich – sie redete zuviel über sich selbst, sagte sie – und fügte hinzu,

»Sie scheinen mir der weitaus glücklichste Mensch zu sein, den ich kenne.«

Es stimmte merkwürdig überein mit dem, was er gedacht hatte, und jenem Gefühl des sanften Herabstürzens des Lebens und seiner ordentlichen Wiederherstellung, dem Gefühl des fallenden Blütenblatts und der ganzen Rose. Aber war es »Glück«? Nein. Das große Wort schien nicht darauf zu passen, schien sich nicht auf den Zustand zu beziehen, in rosigen Flocken um ein helles Licht gewellt zu sein. Jedenfalls, sagte Mrs. Sutton, sei er von all ihren Freunden derjenige, den sie am meisten beneide. Er schien alles zu haben; sie nichts. Sie zählten – jeder hatte genug Geld; sie einen Mann und Kinder; er war Junggeselle; sie war fünfunddreißig; er fünfundvierzig; sie war im Leben noch nie krank gewesen, und er litt ganz schrecklich, sagte er, unter irgendeiner inneren Geschichte – hätte am liebsten den ganzen Tag Hummer gegessen und vertrug ihn nicht. Sehen Sie, rief sie aus! als hätte sie es damit getroffen. Sogar seine Krankheit war ein Witz für ihn. War es das Abwägen einer Sache gegen eine andere, fragte sie? War es ein Sinn für richtige Proportionen, war es das? War es was, fragte er, wohl wissend, was sie meinte, aber voller Abwehr gegen diese verhuschte, vernichtende Frau mit ihrer überstürzten Art, mit ihren Kümmernissen und ihrer Eindringlichkeit, Geplänkel und Gedrängel, bei der die Gefahr bestand, daß sie diesen sehr wertvollen Besitz umstieß und zerstörte, dieses Gefühl – zwei Bilder blitzten gleichzeitig vor seinem inneren Auge auf – eine Fahne im Wind, eine Forelle in einem Bach – im Gleichgewicht zu sein, in der Schwebe, in einer Strömung sauberer frischer klarer heller leuchtender prickelnder allumfassender Empfindung, die ihn wie die Luft oder der Bach aufrechthielt, so daß, wenn er eine Hand bewegte, sich bückte oder egal was sagte, er den Druck der unzähligen Atome des Glücks verschob, die sich schlossen und ihn wieder aufrechthielten.

»Für Sie ist nichts von Bedeutung«, sagte Mrs. Sutton. »Nichts verändert Sie«, sagte sie unbeholfen, Kleckse und Spritzer um ihn herum machend, wie ein Mann Mörtel hierhin dorthin tupft, um Ziegel zu zementieren, während er sehr still da stand, sehr geheimnisvoll, sehr zurückhaltend; versuchte, etwas von ihm zu bekommen, einen Hinweis, einen Schlüssel, eine Richtlinie, beneidete ihn, verabscheute ihn und spürte, daß, wenn sie mit ihrer emotionalen Skala, ihrer Leidenschaft, ihrer Fähigkeit, ihren Talenten dies noch dazu hätte, sie Mrs. Siddons persönlich sofort Konkurrenz machen könnte. Er wollte es ihr nicht sagen; er mußte es ihr sagen.

»Ich war heute nachmittag in Kew«, sagte er, beugte das Knie und schnippte noch einmal darüber, nicht etwa, daß ein weißes Fädchen dagewesen wäre, sondern um sicherzugehen, indem er die Handlung wiederholte, daß seine Maschine in Ordnung war, was sie war.

So würde man, wenn man von Wölfen durch einen Wald verfolgt würde, kleine Stückchen Kleidung abreißen und Kekse brechen und sie den unglücklichen Wölfen zuwerfen, sich fast, aber nicht ganz, sicher fühlen, auf seinem hohen schnellen sicheren Schlitten.

Verfolgt von dieser ganzen Meute ausgehungerter Wölfe, die sich nun über das kleine Stück Keks hermachten, das er ihnen hingeworfen hatte – diese Worte »Ich war heute nachmittag in Kew« –, raste Stuart Elton beschwingt vor ihnen her zurück nach Kew, zum Magnolienbaum, zum See, zum Fluß, hielt die Hand hoch, um sie zurückzuhalten. Unter ihnen (denn nun schien die Welt voller heulender Wölfe) erinnerte er sich daran, daß Leute ihn zum Abendessen und zum Mittagessen eingeladen hatten, jetzt akzeptiert, jetzt nicht, und an sein Gefühl da auf der sonnigen Grasfläche von Kew, Herr der Lage zu sein, gleich wie er seinen Stock schwingen konnte, konnte er wählen, dies das, geh hierhin, dahin, brich Keksstücke ab und wirf sie den Wölfen hin, lies dies, sieh dir das an, treff dich mit ihm oder ihr, lande im Zimmer eines netten Burschen – »Allein in Kew?« wiederholte Mrs. Sutton. »Sie allein?«

Ah! kläffte der Wolf ihm ins Ohr. Ah! seufzte er, wie er einen Augenblick lang in Erinnerung an die Vergangenheit ah geseufzt hatte beim See an diesem Nachmittag, bei irgendeiner Frau, die etwas Weißes stickte unter einem Baum mit vorbeiwatschelnden

Gänsen, er hatte geseufzt, als er das übliche Bild sah, Liebende, Arm in Arm, wo es jetzt diesen Frieden gab, diese Gesundheit, hatte es einmal Untergang Sturm Verzweiflung gegeben; so erinnerte diese Wölfin Mrs. Sutton ihn wieder; allein; ja ganz allein; aber er erholte sich, wie er sich vorhin erholt hatte, als die jungen Leute vorbeigingen, hatte dies gepackt, dies, was immer es war, und es festgehalten und war weitergegangen, voller Mitleid für sie.

»Ganz allein«, wiederholte Mrs. Sutton. Das war es, was sie nicht begreifen konnte, sagte sie, mit einem verzweifelten Rucken ihres dunkel hellhaarigen Kopfes – glücklich zu sein, ganz allein.

»Ja«, sagte er.

Im Glück ist immer diese ungeheure Verzückung. Es ist nicht Ausgelassenheit; noch Taumel; noch Lob, Ruhm oder Gesundheit (er konnte keine zwei Meilen gehen, ohne müde zu werden), es ist ein mystischer Zustand, eine Trance, eine Ekstase, die, ungeachtet dessen, daß er atheistisch war, skeptisch, ungetauft und den ganzen Rest, wie er vermutete, mit jener Ekstase verwandt war, die Männer zu Priestern machte, Frauen in der Blüte ihres Lebens durch die Straßen trotten ließ mit gestärkten alpenveilchenähnlichen Krausen um die Gesichter, und entschlossenen Lippen und steinernen Augen; aber mit diesem Unterschied; sie machte es gefangen; ihn machte es frei. Es machte ihn frei von jeder Abhängigkeit von jemandem, von irgendwas.

Mrs. Sutton fühlte das auch, als sie darauf wartete, daß er etwas sagte.

Ja er würde seinen Schlitten anhalten, aussteigen, die Wölfe sich um ihn drängen lassen, er würde ihre armen, raubgierigen Schnauzen streicheln.

»Kew war wunderschön – voller Blumen – Magnolien, Azaleen«, er konnte sich keine Namen merken, sagte er ihr.

Es war nichts, was sie zerstören konnten. Nein; aber wenn es so unerklärlich kam, konnte es so auch wieder gehen, hatte er gefühlt, als er Kew verließ, am Flußufer entlang nach Richmond ging. Ein Ast könnte herunterfallen; die Farbe könnte sich ändern; Grün zu Blau werden; oder ein Blatt zittern; und das wäre genug; ja; das wäre genug, um dieses erstaunliche Ding zu zersplittern, zerschmettern, gänzlich zu zerstören, dieses Wunder, diesen Schatz, der sein war sein gewesen war sein war immer sein sein mußte, dachte er, während er unruhig und nervös wurde, und ohne an Mrs. Sutton zu denken, ließ er sie augenblicklich stehen und ging durch das Zimmer und nahm ein Papiermesser in die Hand. Ja; es war in Ordnung. Er hatte es immer noch.

Das Pfeifen der Amseln

Herr Palomar hat das Glück, den Sommer an einem Ort zu verbringen, wo viele Vögel singen. Während er in einem Liegestuhl ruht und »arbeitet« (denn er hat auch das Glück, behaupten zu können, der Arbeit an Orten und in Haltungen nachzugehen, die man als solche der absolutesten Ruhe bezeichnen würde; oder besser gesagt, er hat das Pech, sich verpflichtet zu fühlen, die Arbeit nie ruhen zu lassen, auch nicht in einem Liegestuhl unter Bäumen an einem Vormittag im August), entfalten die im Gezweig verborgenen Vögel rings um ihn ein Repertoire der verschiedensten Lautbekundungen, hüllen ihn in einen ungleichmäßigen, diskontinuierlichen und zerklüfteten Klangraum, in dem sich jedoch ein Gleichgewicht zwischen den unterschiedlichen Tönen herstellt, da keiner die anderen durch höhere Intensität oder Schwingungszahl überragt und alle zusammen ein homogenes Gezwitscher bilden, das nicht durch Harmonie zusammengehalten wird, sondern durch Leichtigkeit und Transparenz. Bis dann in der heißesten Stunde das wilde Geschwirr der Insekten dem Flirren der Luft seine schrankenlose Vorherrschaft aufzwingt, indem es alle Dimensionen der Zeit und des Raumes mit dem unaufhörlichen, ohrenbetäubenden Preßlufthammergedröhn der Zikaden erfüllt.

Das Zwitschern der Vögel besetzt einen variablen Teil der auditiven Aufmerksamkeit des Herrn Palomar: Bald drängt er es in den Hintergrund als einen Bestandteil der dort herrschenden Stille, bald konzentriert er sich auf die Unterscheidung einzelner Stimmen und gruppiert sie in Kategorien mit wachsender Komplexität: einfaches Piepsen, Tschilpen, kurzes vibrierendes Pfeifen, Tirilieren mit einem kurzen und einem langen Ton, glucksendes Kollern, kaskadenartiges Flöten, langgezogenes in sich kreisendes Quinkelieren und Quirilieren, und so weiter bis zur klangvollen Koloratur.

Zu einer weniger allgemeinen Klassifizierung gelangt Herr Palomar nicht: Er ist keiner von denen, die bei jedem Gezwitscher immer gleich wissen, von welchem Vogel es stammt. Das tut ihm jetzt leid, er empfindet seine Unkenntnis wie eine Schuld. Das neue Wissen, das sich die Menschheit heute erwirbt, entschädigt nicht für das Wissen, das sich allein durch mündliche Weitergabe verbreitet und, wenn es einmal verloren ist, nicht mehr wiedergewonnen und weitergegeben werden kann: Kein Buch kann lehren, was man nur als Kind lernen kann, wenn man ein waches Ohr und ein waches Auge für den Gesang und den Flug der Vögel hat und wenn jemand da ist, der ihnen prompt einen Namen zu geben weiß. Dem Kult der nomenklatorischen und klassifizierenden Präzision hatte Herr Palomar stets die Verfolgung einer ungewissen Präzision im Definieren des Modulierten, Gemischten, sich Wandelnden vorgezogen – also des Undefinierbaren. Jetzt würde er die entgegengesetzte Wahl treffen, und während er den Gedanken nachsinnt, die der Gesang der Vögel in ihm geweckt hat, erscheint ihm sein Leben als eine Folge verpaßter Gelegenheiten.

Deutlich herauszuhören aus allen Vogelstimmen ist das Pfeifen der Amseln, unverkennbar. Die Amseln kommen am späten Nachmittag; es sind zwei, ein Pärchen sicher, vielleicht dasselbe wie voriges Jahr, wie alle Jahre um diese Zeit. Jeden Nachmittag, wenn er den ersten Lockruf hört, einen Pfiff auf zwei Tönen, wie von einem Menschen, der seine Ankunft signalisieren will, hebt Herr Palomar überrascht den Kopf, um zu sehen, wer ihn da ruft. Dann fällt ihm ein, daß es die Stunde der Amseln ist. Und bald entdeckt er sie auch: Sie spazieren über den Rasen, als sei es ihre wahre Berufung, sich wie bodenverhaftete Zweifüßler zu bewegen und sich damit zu vergnügen, Analogien zum Menschen herzustellen.

Das Besondere am Pfeifen der Amseln ist, daß es genau wie ein menschliches Pfeifen klingt: wie das Pfeifen von jemandem, der nicht besonders gut pfeifen kann und es auch normalerweise nicht tut, aber manchmal hat er einen guten Grund zu pfeifen, einmal kurz und nur dieses eine Mal, ohne die Absicht weiterzupfeifen, und dann tut er es mit Entschiedenheit, aber in einem leisen und liebenswürdigen Ton, um sich das Wohlwollen seiner Zuhörer zu erhalten.

Nach einer Weile wiederholt sich das Pfeifen – derselben Amsel oder ihrer Gefährtin –, doch immer so, als käme es ihr zum ersten Mal in den Sinn zu pfeifen. Wenn es ein Dialog ist, dann einer, in welchem jede Replik erst nach reiflicher Überlegung erfolgt. Aber ist es ein Dialog, oder pfeift jede Amsel nur vor sich hin und nicht für die andere? Und handelt es sich, im einen Falle oder im anderen, um Fragen und Antworten (auf den Partner oder sich selbst) oder um Bestätigungen von etwas, das letzten Endes immer dasselbe ist (die eigene Anwesenheit, die Zugehörigkeit zur Gattung, zum Geschlecht oder zum Gebiet)? Vielleicht liegt der Wert dieses einzigen »Wortes« darin, daß es von einem anderen pfeifenden Schnabel wiederholt, daß es in den Pausen, während des Schweigens, nicht vergessen wird.

Oder der ganze Dialog besteht darin, dem anderen zu sagen: »Ich bin hier«, und die Länge der Pausen ergänzt das Gesagte um den Sinn eines »noch« oder »immer noch«, so daß es nun etwa bedeutet: »Ich bin immer noch hier, ich bin immer noch ich!« – Doch wenn die Bedeutung der Botschaft nun in der Pause läge und nicht im Pfeifen? Wenn es das Schweigen wäre, in dem die Amseln miteinander redeten? (Das Pfeifen wäre dann nur eine Interpunktion, eine Formel wie »Ich übergebe, Ende«.) Ein Schweigen, das scheinbar identisch ist mit einem anderen Schweigen, kann hundert verschiedene Intentionen ausdrücken. Ein Pfeifen übrigens auch, schweigend oder pfeifend miteinander zu reden ist immer möglich. Das Problem ist, einander zu verstehen.

Oder keine der beiden Amseln kann die andere verstehen, jede glaubt, in ihr Pfeifen eine für sie ganz fundamentale Bedeutung gelegt zu haben, die aber nur sie erfaßt, während die andere etwas erwidert, das überhaupt nichts mit dem Gesagten zu tun hat. Dann wäre es ein Dialog zwischen Hörgeschädigten, ein Gespräch ohne Sinn und Verstand.

Aber sind die menschlichen Dialoge etwas anderes? Frau Palomar ist gleichfalls im Garten und gießt gerade die Männertreu. »Da sind sie wieder«, sagt sie – eine pleonastische Äußerung, wenn sie davon ausgeht, daß ihr Mann die Amseln bereits beobachtet; andernfalls, wenn er sie noch nicht gesehen hätte, eine unverständliche; in jedem Falle aber geäußert, um die eigene Priorität in Sachen Amselbeobachtung zu erhärten (denn in der Tat war es Frau Palomar gewesen, die als erste die Amseln entdeckt und ihren Mann auf sie hingewiesen hatte) und um die Unfehlbarkeit des von ihr schon so oft registrierten Wiedererscheinens der Vögel zu unterstreichen.

»Psst!« macht Herr Palomar, scheinbar nur um zu verhindern, daß seine Frau die Amseln durch lautes Reden verscheucht (eine unnötige Ermahnung, denn das Amselpaar ist längst an die Anwesenheit und die Stimmen des Paares Herr und Frau Palomar gewöhnt), in Wirklichkeit aber, um seiner Frau den Vorsprung streitig zu machen, indem er eine viel größere Fürsorglichkeit für die Amseln bezeugt als sie.

Darauf sagt nun Frau Palomar: »Seit gestern schon wieder ganz trocken«, womit sie die Erde des Beetes meint, das sie gerade gießt – an sich eine überflüssige Mitteilung, doch mit der unterschwelligen Intention, durch das Weiterreden und den Wechsel des Themas eine viel größere und zwanglosere Vertrautheit mit den Amseln zu bezeugen als er. Gleichwohl entnimmt nun Herr Palomar diesen knappen Informationen ein Gesamtbild von Ruhe, für das er seiner Frau dankbar ist – denn wenn sie ihm auf diese Weise bestätigt, daß es im Moment keine größeren Sorgen gibt, kann er sich weiter in seine Arbeit vertiefen (beziehungsweise in seine Pseudo- oder Hyper-Arbeit). Er läßt ein paar Minuten verstreichen und überlegt sich ebenfalls eine beruhigende Information, um seiner Frau mitzuteilen, daß seine Arbeit (seine Infra- oder Ultra-Arbeit) wie üblich vorangeht. Zu welchem Zweck er schließlich eine Reihe von Schnaub- und Knurrlauten ausstößt (»Herrgott! ... Nach alldem! ... Nochmal von vorn! ... Ja, Himmel!«) – Äußerungen, die zusammengenommen auch die Botschaft »Ich bin sehr beschäftigt« enthalten, nur für den Fall, daß der letzte Satz seiner Frau womöglich einen versteckten Vorwurf enthielt, etwas wie: »Du könntest ruhig auch mal dran denken, den Garten zu gießen!«

Grundgedanke dieser verbalen Austauschprozesse ist die Annahme, daß ein vollendetes Einvernehmen zwischen Eheleuten Verständnis erlaubt, ohne erst alles lang und breit erklären zu müssen. Allerdings wird diese Theorie von den beiden Palomars auf sehr verschiedene Weise in die Praxis umgesetzt: Sie drückt sich in mehr oder minder vollständigen, aber oft allusiven oder sibyllinischen Sätzen aus, um die Assoziationsfähigkeit ihres Mannes auf die Probe zu stellen und die Feinabstimmung zwischen seinen und ihren Gedanken zu testen (was nicht immer funktioniert). Er dagegen läßt aus den Nebeln seines inneren Monologes einzelne, nur eben angedeutete Laute aufsteigen, im Vertrauen darauf, daß aus ihnen, wenn nicht die Klarheit einer vollständigen Botschaft, so doch das Zwielicht einer Stimmungslage hervorgeht.

Frau Palomar weigert sich allerdings, sein Gebrumm und Geknurre als Rede anzuerkennen, und um ihr Nichtbetroffensein zu betonen, sagt sie jetzt leise: »Psst, du verscheuchst sie!« – womit sie ihm die Ermahnung zurückgibt, die er glaubte, ihr entgegenhalten zu dürfen, und von neuem ihren Primat in Sachen Aufmerksamkeit für die Amseln bekräftigt.

Nach Verbuchung dieses Punktes zu ihren Gunsten entfernt sich Frau Palomar. Die Amseln picken auf dem Rasen und halten den Dialog der Palomars sicher für ein Äquivalent ihrer Pfiffe. Wir könnten genausogut einfach nur pfeifen – denkt Herr Palomar. Und damit tut sich ihm eine vielversprechende Perspektive auf, denn seit jeher war ihm die Diskrepanz zwischen dem Verhalten des Menschen und dem restlichen Universum eine Quelle tiefer Besorgnis. Die Gleichheit zwischen dem Pfeifen der Amseln und dem Pfeifen der Menschen erscheint ihm auf einmal als ein Brückenschlag über den Abgrund.

Würden die Menschen alles ins Pfeifen legen, was sie normalerweise dem Wort anvertrauen, und würden die Amseln im Pfeifen all das Nichtgesagte ihrer conditio als Naturwesen mitschwingen lassen, so wäre der erste Schritt getan, um die Trennung zu überwinden zwischen ... ja, zwischen was? Natur und Kultur? Schweigen und Reden? Herr Palomar hofft immer, daß im Schweigen etwas enthalten sein möge, was mehr ist, als Sprache auszudrücken vermag. Aber wenn Sprache nun wirklich der Endpunkt wäre, das Ziel, zu welchem alles Seiende strebt? Oder wenn alles Seiende Sprache wäre, schon seit Anfang der Zeiten? Hier wird Herrn Palomar wieder ganz bang.

Er lauscht eine Weile sehr aufmerksam auf das Pfeifen der Amseln, dann versucht er es nachzuahmen, so gut er kann. Es folgt ein erstauntes Schweigen, als bedürfte seine Botschaft einer gründlichen Prüfung. Schließlich ertönt ein identisches Pfeifen, von dem Herr Palomar nur nicht weiß, ob es eine Erwiderung ist oder der Beweis, daß sein Pfeifen so grundverschieden ist, daß die Amseln sich überhaupt nicht davon stören lassen und ihren Dialog wieder aufnehmen, als ob nichts gewesen wäre.

Sie fahren fort zu pfeifen und einander erstaunt zu befragen, Herr Palomar und die Amseln.

Zsuzsa Bánk

»Bleiben wir zuversichtlich«

1. August 2009–03:03

Liebste Johanna,

es ist zu heiß, ich kann nicht schlafen in dieser *Sommerstadtnacht*, Mia und Franz liegen mit nassgeschwitzten Köpfen in ihrem Zimmer, in dem die Luft steht, Henri schlummert im großen Bett neben Simon, ein und derselbe Grundstoff in Variation, *das Dach, wir hörn es knistern, als wär es schon Papier.* Ich habe mein Betttuch abgestreift und flüchte zu Dir, ich will Dir für jedes Wort danken, das mich später, nachdem wir aufgelegt hatten, doch zum Weinen gebracht hat, obwohl ich Dir versprochen hatte, nicht zu weinen, jedenfalls nicht mehr so viel, also musst Du mir auch das vergeben, genau wie meine Zusammenbrüche, die mich jedes Mal mehr Kraft kosten, mit jedem Mal lasse ich mehr Federn, mehr Haare, mehr Fasern meiner selbst.

Johanna, ja, es gibt Gründe, glücklich zu sein, selbst für mich, in meinem verhakten, unnachgiebig festgezurrten Leben, Du hast sie für mich wiederholt, diese eine Wahrheit, und es ist auch richtig, dass ich nie etwas anderes wollte als schreiben, seit ich denken, sprechen, laufen, Purzelbäume schlagen kann, dass mich nie etwas davon abgehalten hat, weder Leben noch Kinder noch mein Leben mit Kindern, nicht einmal die kleine, aber bedeutende Wahrheit, dass es Gedichte waren, die kaum ein Mensch lesen mochte, deren sich neben Dir, Simon und Lori kaum jemand erbarmt hat. Es quält mich, Johanna, weil ich keine Kraft finde zu denken, ich will schreiben, bis meine Hände abfallen, nichts anderes zählt, hat Gewicht, spielt eine Rolle, nur ich und mein täglicher Gang zum Schreibtisch haben Gewicht und spielen eine Rolle, all das quält mich, fühlt sich fremd und leer an, ich erkenne mich kaum, auch nicht vor dem Spiegel, wenn ich mein Haar bürste und mir zuschaue, auch dann nicht. Was in diesen wegfliegenden Stunden querschießt in mir, habe ich noch nicht herausgefunden, aber *das Schreiben macht mich total bankrott, und die Umgebung leidet schrecklich unter meinem Gestammel und meiner Einfallslosigkeit.* Dass die Erzählungen irgendwann erscheinen, ist kein ausreichender Trost, ich dann wieder unter Menschen sein werde, nicht unter Buchstaben, die nichts sagen und keinen Laut für mich tun, die nur immerzu etwas von mir hören wollen, sich gierig ausstrecken nach dem, was ich in mir finden kann. Vor gar nicht langer Zeit hat mich dieser Gedanke hochgehoben, jetzt falle ich umso tiefer – aber warum so mittendrin?

Etwas Kraft schöpfe ich aus Henri, der schon viel kann, sich drehen, auf dem Bauch liegen, nach Dingen greifen, ›dede‹ sagen, und ich verbringe viel Zeit damit, mein Bübchen zu bestaunen, das nicht mehr schreit, sag Du es mir, hat es jemals geschrien? So ist es also, wenn man ein freundliches Baby hat, jetzt weiß ich es wieder, ich kann mit Henri ins Café, ohne Blut zu schwitzen, ich kann ihn mitnehmen, ohne dass er durchknallt und alle anderen auch durchknallen müssen, also liebe ich ihn vollkommen ungehemmt und entflammt, mit seinen blauen Augen und seiner weißen Sommerkollektion, die nicht neu ist, nein, die vor ihm natürlich sein Bruder Franz getragen hat. Ja, liebste Jo, auch ich bin eine dieser peinlichen Mütter, die ihre Babys anstarren, ohne dass ihnen langweilig wird, selbst an Mia kann ich mich noch immer nicht sattsehen und muss staunen, dass dieses Elfenkind mit dem langen, wirren, nicht zu bändigenden Haar von mir und Simon sein soll. Zwischen Nacht und Tag, wenn Mia tief schläft, hineinrutscht in ihren Traumwinkel, lege ich mich zu ihr, schaue sie an, wenn sie ruhig atmet und fast, ja fast keinen Ton von sich gibt, und frage mich, was sieht sie, träumt und spielt sie? Fährt sie auf Schlittschuhen über einen zugefrorenen See? Malt sie Wände an? Unsere, meine Wände? Oder isst sie nur ein Honigbrötchen und trinkt einen Kakao?

Mit den Kindern zu sein hilft mir, zu sehen, wie unermüdlich munter, wie unbeirrt sie durch ihre Tage springen. Gestern sind

Mia und Franz im Hof in den Quittenbaum geklettert, trotz der Regenschauer, die keine kühlere Luft gebracht haben, haben mit viel zu großen Gartenhandschuhen Sträucher gestutzt, Stöcke geschnitzt, im Dreck gewühlt und nach der Badewanne am Abend unfassbar gut gerochen. Im Bett haben sie sich in den Ritter Trenk gestürzt, und an der Stelle, in der die Burg in Trauer versinkt, an der er totgeglaubt, aber quicklebendig ist, haben sie sich geschüttelt vor Lachen. Franz hat die Stellen erst nicht verstanden, aber dann wollte er sie immerzu hören, Mia hat sie wieder und wieder lesen müssen, und jedes Mal haben sie sich geschüttelt vor Lachen über das: *Wen hat der Ritter Wertolt erschlagen? Euch doch, junger Herr Trenk! Und Euer Schwein und Eure Base auch!* Das hält mich, Johanna, das ist meine tägliche Medizin, für Márta Horváth zusammengestellt, gemischt, abgefüllt und vor dem Zubettgehen verabreicht, meinen Kindern zuzuschauen beim Quieken, meine Nase in ihre Nacken stecken und an ihren frischgeföhnten Locken riechen, dann kehren sie zurück, alle Möglichkeiten des Lebens – alle.

Also, liebste Jo, bleiben wir zuversichtlich, Du und ich, so wie Du es wider alle Wahrheiten, alle Tatsachen vorgeschlagen hast, geben wir unser Bestes, versuchen wir es weiter, auch Du in Deinem anerkennungsfreien Trott, Dein tägliches Rüstzeug nur für Windmühlen, die Du so unermüdlich hingebungsvoll bekämpfst. Dafür bewundere ich Dich, habe ich Dir das jemals gesagt?

Deine Márti

Sharon Dodua Otoo

»Irgendwas, was Freude bringt«

Die kommende Runde sollte besonders werden, weil ich zum ersten Mal habe aussuchen dürfen, welcher Gegenstand ich als Nächstes werden sollte. Ich war so glücklich, ich fragte nicht einmal, warum. Ich nahm es dankbar hin. Dankbar ist fast zu bescheiden – ich platzte vor Glück. Ada war weniger begeistert. Als sie ihre Karten zwischen den Fingern hielt, färbten sie ab. Sie las und leckte.

Der Zuckerwattegeruch war scheußlich, und die Botschaft schmeckte ihr auch nicht: Sie sollte wieder Lebende werden. Ada verschränkte ihre Arme, senkte den Kopf nach unten und wippte leicht, vorwärts und rückwärts. Es wirkte, als würde sie weinen. Die Karten, zwischen ihrer rechten Hand und ihrem linken Ellenbogen eingeklemmt, flatterten wütend.

Was für eine Mutter soll ich gleich werden, murmelte sie, wenn ich selber keine habe?

Ich staunte. Meinte sie immer noch, dass nur die Person, die sie geboren hat, ihre Mutter sein könnte? Nach all ihren Leben?

Nach all meinen Leben, zischte sie, will ich einmal eine Mutter haben, die BEI MIR BLEIBT. Ihre Augen flammten auf.

Oh, oh, dachte ich.

Sie stürmte, sie warf um sich, sie schrie in die weiße Leere. Sie wolle nicht ein weiteres Mal erleben, wie sie aus dem Geschehen herausgerissen und woanders hingepflanzt wurde. Ginge es nach ihr, wäre sie endlich ein endliches Wesen geworden: es gäbe einen Anfang, eine Mitte und vor allem – vor allem – ein Ende.

Ihr Verhalten wunderte mich, denn eigentlich hatte Ada bereits gelernt, dass wir alle immer hier gewesen sind und dass wir immer hier sein werden; bis das, was wir »Zeit« nennen, sich um sich biegt und fast zerbricht; bis das, was wir »Geschichte«

nennen, sich umdreht und die sogenannte Zukunft noch einmal von vorne anfängt. Ihre Vergesslichkeit war mir unerklärlich.

Gott kreischte. Es hieß so viel wie: Du bist nicht besser! Erinnern und Vergessen gehören zusammen. Wie oft muss ich dir das noch erklären?

Bis ich auch Mensch werden darf, sagte ich.

Vielleicht, antwortete Gott, vielleicht war es schon gewesen, dein Leben. Vielleicht hast du es verschlafen …

Netter Versuch, sagte ich.

… oder verdrängt.

Das glaube ich nicht, sagte ich.

Denn wenn ich eins wusste, war es, dass ich noch nicht gelebt habe. Da war ich mir sicher.

Ob es wieder um das Armband gehen wird, fragte ich. Irgendwo flogen meine Karten herum. Ohne Hände ließen sie sich schlecht fangen.

Wird es, sagte Gott. Und auch wieder um Deutschland.

Warum das, fragte ich (mein letzter Aufenthalt dort hing mir sehr nach).

Es muss so sein. Aber diesmal darfst du deine Form wählen. Was möchtest du werden?

Ich wusste es sofort. Irgendwas, was Freude bringt, sagte ich.

Über die Jahrtausende hatte ich mitbekommen, wie glückliche Wesen aussahen. Der Zustand schien ansteckend zu sein. Und mit Sicherheit, dachte ich, würde es mir das Weiterkommen erleichtern, wenn ich mehr Wert auf Bejahendes legen könnte. Meine Begegnungen mit Lebenden waren immer ertragreicher, wenn ich Glücksgefühle in ihnen ausgelöst hatte.

Ich sah noch das schlafende Baby, dem es gut ging, weil ich eine Flasche warme Milch gewesen war; oder die Jugendlichen, die sich versöhnten, weil sie mich in der Gruppe hatten herumgehen lassen. In manchen Gegenden reicht es aus, wenn ich ein vierblättriges Kleeblatt bin, in anderen Orten sind sie begeistert, wenn ich die Nummer acht verkörpere. Eine Kuscheldecke, ein positiver Asylbescheid oder Top-Surgery genügen, um Wärme, Erleichterung oder Begeisterung hervorzurufen.

Allein die Liebe. Die ist für Gott reserviert. Was mich entlastet, wenn ich ehrlich bin, denn Liebe ist ein überstrapaziertes Konzept, das schnell zu schlechten Entscheidungen und noch schlechteren Schlagern führt.

Ich habe mir sagen lassen, dass Liebe das größte Glücksgefühl von allen ist. Ich würde dagegenhalten, dass Wesen, die solche Aussagen treffen, noch nie von vollkommener Stille umhüllt gewesen waren; dass sie nie das nächste Gefühl der Unendlichkeit erlebt haben. Oder genauer: Sie wissen nicht mehr, wie es sich angefühlt hat.

Sie sind wie Ada.

ANTON TSCHECHOW

Die Stachelbeeren

Regenwolken bedeckten schon vom frühen Morgen an den ganzen Himmel; es war still, nicht schwül und eintönig, wie es an grauen, trüben Tagen zu sein pflegt, wenn über dem Felde lange schon Wolken hängen, und man auf den Regen wartet, der immer nicht kommt. Der Veterinärarzt Iwan Iwanytsch und der Gymnasiallehrer Burkin waren des Gehens müde geworden, und das Feld schien ihnen unendlich. Weit vor ihnen konnte man die Windmühlen des Dorfes Mironossizkoje kaum noch sehen, rechts zog sich eine Hügelkette hin und verschwand dann weit jenseits des Dorfes; sie wußten, daß dies das Flußufer sei, daß es dort Wiesen, grüne Weidensträucher, Gutshöfe gebe – und stellte man sich auf einen der Hügel, so konnte man von dort ein ebensoweit ausgedehntes Feld, Telegraphenstangen und den Zug sehen, der von weitem einer kriechenden Raupe ähnlich schien, ja bei klarem Wetter war sogar die Stadt zu sehen. Jetzt, bei dem stillen Wetter, da die ganze Natur sanft und nachdenklich schien, waren Iwan Iwanytsch und Burkin von Liebe zu diesen Feldern erfüllt, und beide dachten daran, wie groß, wie wunderschön doch dies Land sei.

»Das letztemal, als wir beim Starosten Prokofij in der Scheune saßen«, sagte Burkin, »wollten Sie mir eine Geschichte erzählen.«

»Ja, ich wollte damals von meinem Bruder erzählen.«

Iwan Iwanytsch seufzte schwer und steckte sich seine Pfeife an, um mit der Erzählung zu beginnen, aber gerade in diesem Augenblick setzte der Regen ein. Und nach einigen Minuten strömte aus dem grauen Himmel ein kräftiger Regen herab, und es war schwer vorauszusehen, wann er aufhören werde. Iwan Iwanytsch und Burkin blieben nachdenklich stehen; die Hunde, bereits ganz naß, standen mit eingezogenen Schwänzen da und blickten wehmutsvoll ihre Herren an.

»Wir müssen uns irgendwo unterstellen«, sagte Burkin. »Gehen wir zu Alechin. Es ist nicht weit.«

»Einverstanden.«

Sie bogen seitwärts ab und schritten über ein abgeerntetes Feld, zuerst geradeaus, dann sich rechts haltend, bis sie die Straße erreicht hatten. Bald tauchten Pappeln, der Garten, dann die roten Dächer der Speicher auf; der Fluß erglänzte, und es öffnete sich die Aussicht auf einen breiten See mit einer Mühle und einer weißgestrichenen Badeanstalt.

Es war Sofjino, wo Alechin wohnte.

Die Mühle arbeitete und übertönte das Rauschen des Regens; das Wehr schütterte. Dort an den Bauernwagen standen nasse Pferde mit gesenkten Köpfen, Leute, die sich mit Säcken bedeckt hatten, gingen hin und her. Es war feucht, schmutzig, ungemütlich, und die Luft am Flusse war kalt und unfreundlich. Iwan Iwanytsch und Burkin verspürten bereits am ganzen Leibe das Gefühl von Nässe, Unsauberkeit, Unbehagen, die Füße waren durch den Schmutz schwer geworden, und als sie das Wehr passierten und zu den herrschaftlichen Speichern hinaufstiegen, schwiegen sie, als ob sie aufeinander böse wären.

In einem der Speicher tönte eine Futterschwinge; die Türe war offen, und Staub wirbelte heraus. Auf der Schwelle stand Alechin selbst, ein Mann von etwa vierzig Jahren, hochgewachsen, stark, mit langen Haaren, mehr einem Professor oder Künstler als einem Gutsbesitzer ähnlich. Er hatte ein weißes, schon lange nicht gewaschenes Hemd an mit einem hänfenen Gürtel, statt Hosen trug er Unterhosen; auch seine Stiefel starrten von Schmutz und Stroh. Nase und Augen waren schwarz von Staub. Er erkannte Iwan Iwanytsch und Burkin und freute sich sichtlich sie zu sehen.

»Gehen Sie bitte ins Haus, meine Herren«, sagte er lächelnd. »Ich komme im Augenblick.«

Das Haus war groß und zweistöckig. Alechin bewohnte unten zwei Zimmer mit Gewölben und kleinen Fenstern, wo einst die Verwalter gewohnt hatten. Die Einrichtung war einfach, es roch nach Roggenbrot, billigem Schnaps und Pferdegeschirr. Im oberen Stockwerk aber, in den Paradezimmern, hielt er sich selten auf, nur wenn Gäste kamen. Iwan Iwanytsch und Burkin empfing im Haus das Zimmermädchen, ein junges, so schönes Geschöpf, daß sie beide zugleich stehenblieben und sich ansahen.

»Sie können sich nicht vorstellen, wie ich mich freue, Sie zu sehen, meine Herren«, sagte Alechin, der nach ihnen in den Flur getreten war. »Das hatte ich nicht erwartet! Pelageja«, wandte er sich an das Zimmermädchen, »sorgen Sie dafür, daß die Gäste sich umkleiden können. Übrigens werde auch ich das tun. Nur muß man zuerst baden gehen. Ich glaube, ich habe seit dem Frühjahr nicht gebadet. Meine Herren, wollen Sie nicht zum Flußbad gehen; inzwischen wird hier alles vorbereitet werden.«

Die schöne Pelageja, die so anziehend und dem Äußeren nach so weich war, brachte Laken und Seife, und Alechin begab sich mit seinen Gästen ins Bad.

»Ja, ich habe schon lange nicht mehr gebadet«, sagte er, während er sich auszog. »Ich habe, wie Sie sehen, ein hübsches Bad, noch mein Vater hat es erbaut, aber zum Baden habe ich immer keine Zeit.«

Er setzte sich auf eine Stufe hin und seifte seine langen Haare und seinen Hals ein, und das Wasser um ihn wurde ganz braun.

»Ja, ich muß gestehen...«, sagte Iwan Iwanytsch bedeutsam und betrachtete Alechins Haare...

»Schon lange habe ich mich nicht gewaschen...«, wiederholte Alechin etwas verwirrt und seifte sich noch einmal ein, und das Wasser wurde um ihn herum dunkelblau wie Tinte.

Iwan Iwanytsch ging hinaus, warf sich geräuschvoll ins Wasser und schwamm während des Regens, mit den Armen weit ausholend; von ihm gingen Wellen aus, und auf den Wellen schaukelten weiße Lilien; er schwamm bis zur Mitte des Sees, tauchte unter, erschien nach einem Augenblick an einer anderen Stelle, schwamm weiter, tauchte wieder unter und versuchte, den Grund zu erreichen. »Ach, mein Gott...«, rief er fortwährend voll Entzücken aus. »Ach, mein Gott...«– Er schwamm zur

Mühle, unterhielt sich dort mit den Bauern und kehrte dann um, legte sich in der Mitte des Sees auf den Rücken, sein Gesicht dem Regen aussetzend. Burkin und Alechin hatten sich bereits angezogen und machten sich daran, fortzugehen, aber er schwamm und tauchte noch immer unter.

»Ach, mein Gott...«, sagte er. »Ach, Gott erbarme dich.«

»Nun haben Sie aber genug!« rief ihm Burkin zu.

Sie kehrten ins Haus zurück. Und erst nachdem man in der oberen Etage im großen Salon die Lampe angezündet hatte und Burkin und Iwan Iwanytsch, mit seidenen Schlafröcken und warmen Pantoffeln versehen, in den Lehnstühlen saßen, Alechin selbst, gewaschen, frisiert, in einem neuen Rock, im Salon auf und ab ging, sichtlich voller Genuß die Wärme, Sauberkeit, die trockene Kleidung, das leichte Schuhwerk an sich fühlend, als die schöne Pelageja, geräuschlos über den Teppich gehend und weich lächelnd, auf einem Tablett Tee mit Warenje herumreichte, erst da machte sich Iwan Iwanytsch an seine Erzählung, und man hatte den Eindruck, daß ihn nicht nur Burkin und Alechin anhörten, sondern auch die alten und jungen Damen und Offiziere, die ruhig und streng aus ihren goldenen Rahmen herausschauten.

»Wir sind zwei Brüder«, begann er, »ich, Iwan Iwanytsch, und Nikolai Iwanytsch, der zwei Jahre jünger ist. Ich ergriff einen gelehrten Beruf und wurde Veterinär, wahrend Nikolai Iwanytsch schon mit neunzehn Jahren im Steueramt diente. Unser Vater Tschischma Gimalaiskij war Soldat, er verdiente sich aber den Offiziersrang und hinterließ uns den Erbadel und ein kleines Erbgut. Das Gütchen prozessierte man uns nach seinem Tode wegen der Schulden weg, aber, wie dem auch sei, unsere Kindheit verlebten wir in voller Freiheit auf dem Lande. Ganz wie Bauernkinder verbrachten wir Tage und Nächte im Feld, im Wald, hüteten die Pferde, schälten Bast, fingen Fische und taten dergleichen mehr... Und Sie wissen, wer auch nur einmal im Leben einen Kaulbarsch fing oder im Herbst die wandernden Drosseln sah, wie sie an klaren, kühlen Tagen in Schwärmen über das Dorf ziehen, der ist kein rechter Stadtbewohner mehr, und bis zum Lebensende wird er sich nach Freiheit sehnen. Mein Bruder härmte sich im Steueramt ab. Die Jahre gingen dahin, und immer saß er auf einem Fleck, schrieb immer ein und dieselben Papiere und dachte immer an ein und dasselbe, nämlich, wie er auf das Land gelangen könnte. Und diese Sehnsucht nahm nach und nach die Form eines bestimmten Wunsches, eines Traumbildes an, sich ein kleines Gütchen irgendwo am Ufer von Fluf oder See zu kaufen.

Er war ein herzensguter, sanfter Mensch, ich liebte ihn, aber ich sympathisierte niemals mit diesem Wunsch, sich für das ganze Leben auf einem eigenen Besitz zu vergraben. Herkömmlicherweise sagt man, daß der Mensch nur drei Arschin Land brauche. Aber drei Arschin Land braucht doch der Leichnam und nicht der lebende Mensch. Man sagt jetzt auch, daß es gut sei, wenn unsere Intelligenz jetzt zum Landleben neigt und nach Landbesitz strebt. Aber dieser Landbesitz bedeutet doch eben diese drei Arschin Land. Die Stadt fliehen, den Kampf, den Lärm des Lebens, dem zu entfliehen und sich auf seinem Landgut zu verstecken – das ist kein Leben, das ist Egoismus, Trägheit, das ist eine besondere Art Mönchtum, aber ein Mönchtum ohne Heldentum. Der Mensch braucht nicht drei Arschin Land, nicht ein Landgut, sondern den ganzen Erdball, die ganze Natur, wo er im freien weiten Raum alle Eigenschaften und Besonderheiten seines freien Geistes offenbaren kann.

Mein Bruder Nikolai träumte, wenn er in seiner Kanzlei saß, davon, wie er seine eigene Kohlsuppe essen würde, von deren so verlockendem Geruch der ganze Hof erfüllt sein würde – träumte, wie er auf dem grünen Rasen essen, in der Sonne schlafen, ganze Stunden am Tor auf dem Bänkchen sitzen und in Feld und Wald hinausschauen würde. Landwirtschaftliche Bücher und alle die Ratschläge in den Kalendern bildeten seine Freude, seine geistige Lieblingsnahrung; er schätzte es auch, Zeitungen zu lesen, aber er las in ihnen nur die Anzeigen, daß so und so viel Deßjatinen Ackerland und Wiesen samt Hof, Fluß, Garten,

Mühlen, mit von Bächen durchzogenen Teichen zu verkaufen seien. Und er stellte sich in seinem Kopf die Gartenwege, Blumen, Obstbäume, Starkästen, Karauschen in den Teichen vor und, wissen Sie, lauter solche Dinge ... Diese Bilder seiner Phantasie waren verschiedenartig je nach den Anzeigen, die ihm vor die Augen kamen, aber aus irgendeinem Grunde kamen in jeder Vorstellung unbedingt Stachelbeeren vor. Kein Landgut, keinen poetischen Winkel konnte er sich vorstellen, ohne daß es dort Stachelbeeren gab.

›Das Landleben hat seine großen Vorzüge‹, sagte er häufig. ›Man sitzt auf dem Balkon und trinkt Tee, auf dem Teich schwimmen deine Enten, es riecht so gut, und ... und die Stachelbeeren reifen.‹

Er zeichnete einen Plan seines Gutes, und jedesmal kam auf dem Plan ein und dasselbe heraus: a) das Herrenhaus, b) das Leutehaus, c) der Gemüsegarten, d) die Stachelbeeren. Er lebte knickrig, aß und trank sich nicht satt, kleidete sich Gott weiß wie, beinahe wie ein Bettler, häufte alles Geld auf und brachte es auf die Bank. Er war schrecklich habgierig. Mich schmerzte es, ihn anzusehen, und ich gab ihm das eine und das andere, schickte ihm auch zu den Festen etwas – aber auch das sparte er auf. Wenn ein Mensch in eine Idee verrannt ist, kann man nichts machen. Die Jahre vergingen, man versetzte ihn in ein anderes Gouvernement, er war bereits über vierzig Jahre alt, und immer noch las er die Zeitungsanzeigen und häufte Geld auf. Dann hörte ich, daß er sich verheiratet hätte. Alles mit dem gleichen Ziel, sich ein Gut mit Stachelbeersträuchern zu kaufen; er verheiratete sich mit einer alten, häßlichen, ganz gefühllosen Witwe, und nur, weil sie Geld hatte. Auch mit ihr lebte er knickrig, ließ sie halb verhungern, ihre Gelder aber gab er unter seinem Namen auf die Bank. Früher war sie die Frau eines Postmeisters gewesen und an Piroggen und Liköre gewöhnt, bei ihrem zweiten Mann aber bekam sie nicht einmal genug schwarzes Brot; bei einem solchen Leben begann sie hinzusiechen, und nach etwa drei Jahren starb sie. Und natürlich dachte mein Bruder auch nicht einen Augenblick daran, daß er an ihrem Tode schuld sei. Das Geld genauso wie der Schnaps machen den Menschen zum Sonderling. In unsrer Stadt starb ein Kaufmann. Vor dem Tode ließ er sich einen Teller Honig reichen und aß alle seine Banknoten und Gewinnlose zusammen mit dem Honig auf, damit niemand etwas bekäme. Einst besah ich auf dem Bahnhof die Viehherden; in diesem Augenblick geriet ein Viehhändler unter die Lokomotive, und ein Bein wurde ihm abgefahren. Wir tragen ihn in den Wartesaal, das Blut fließt in Strömen – es war schrecklich, er aber bittet immerzu, man möge sein Bein suchen, und ist in Unruhe: im Stiefel des abgerissenen Beines waren zwanzig Rubel – er fürchtete, sie könnten verlorengehen.«

»Das ist nun schon ein anderes Lied«, sagte Burkin.

»Nach dem Tode seiner Frau«, fuhr Iwan Iwanytsch fort, nachdem er kurze Zeit nachgedacht hatte, »begann sich mein Bruder ein Gut auszusuchen. Natürlich, wenn man auch fünf Jahre sich etwas aussucht, zu guter Letzt irrt man sich doch und kauft gar nicht das, wovon man träumte. Bruder Nikolai kaufte durch einen Kommissionär unter Übertragung der Schuld hundertundzwölf Deßjatinen Land mit Herrenhaus, Leutehaus, Park, aber es waren weder ein Obstgarten noch Stachelbeersträucher dabei, noch Teiche mit Entlein; es war wohl ein Fluß da, aber das Wasser war kaffeebraun, weil auf der einen Seite des Gutes eine Ziegelei, auf der andern eine Knochenbrennerei war. Jedoch mein Nikolai Iwanytsch kümmerte sich nicht darum; er bestellte sich zwanzig Stachelbeersträucher, pflanzte sie an und begann, als Gutsbesitzer zu leben.

Im vorigen Jahre fuhr ich zu ihm auf Besuch. Will doch einmal hinfahren, denke ich, und mir ansehen, wie er lebt und was dort los ist. In seinen Briefen hatte mein Bruder sein Gut die Tschumbaroklsche Wildnis, auch Gimalaiskoje benannt.

Ich langte nachmittags in ›Gimalaiskoje‹ an. Es war heiß. Überall Gräben, Bretter- und Stangenzäune, Tannen sind reihenweise angepflanzt, so daß man nicht weiß, wie man in den Hof fahren, wo man das Pferd lassen soll. Ich gehe zum Hause, ein roter, dicker, einem Schwein ähnlicher Hund läuft mir entgegen. Er möchte wohl bellen, ist aber zu faul dazu. Aus der Küche kommt die Köchin, barfuß, dick, auch einem Schweine ähnlich, und sagt, daß der Herr nach dem Essen der Ruhe pflege. Ich gehe zum Bruder hinein; er sitzt im Bett, die Knie mit einer Decke bedeckt; er ist alt und voll geworden, wie aufgedunsen; Backen, Nase und Lippen springen nach vorne vor – ehe man sich's versieht, wird er zu grunzen anheben.

Wir umarmten uns, weinten vor Freude und aus Trauer darüber, daß wir einst jung waren und beide jetzt alt sind und es Zeit zum Sterben sei. Er zog sich an und führte mich, um mir sein Gut zu zeigen.

›Nun, wie geht es dir denn?‹ fragte ich.

›Es macht sich, Gott sei Dank; ich lebe gut!‹

Das war nicht mehr der frühere schüchterne, arme Beamte, sondern ein richtiger Gutsbesitzer und Herr. Er hatte sich hier ganz eingelebt, sich eingewöhnt und war auf den Geschmack gekommen; er aß reichlich, wusch sich in der Badestube, war dick geworden, prozessierte bereits mit der Gemeinde und beiden Fabriken und war sehr gekränkt, wenn die Bauern ihn nicht ›Euer Hochwohlgeboren‹ anredeten. Auch für seine Seele sorgte er in solider Herrenart und tat gute Werke nicht schlicht, sondern voller Würde. Und was waren das für gute Werke? Er heilte die Bauern von allen Krankheiten mit Soda und Rizinusöl, an seinem Namenstage ließ er inmitten des Dorfes einen Dankgottesdienst abhalten und spendierte dann einen halben Eimer Schnaps, weil er das für nötig hielt. Ach, diese schrecklichen halben Eimer! Heute schleppt der dicke Gutsbesitzer seine Bauern zum Landeshauptmann, weil ihr Vieh auf seinen Ländereien gegrast hat, morgen aber, am Feiertag, spendiert er ihnen einen halben Eimer – und sie trinken und schreien hurra, und betrunken verbeugen sie sich vor ihm bis zur Erde... Die Verbesserung der Lebensmöglichkeiten, Sattheit und Müßiggang entwickeln in uns Russen den unverschämtesten Eigendünkel. Nikolai Iwanytsch, der einst im Steueramt Angst hatte, sogar rein persönlich für sich eigene Meinungen zu haben, äußerte jetzt nur noch ›Wahrheiten‹ im Ton eines Ministers. ›Bildung ist notwendig, aber für das Volk verfrüht, körperliche Strafen sind im allgemeinen schädlich, in besonderen Fällen aber nützlich und unersetzlich.‹

›Ich kenne das Volk und verstehe mit ihm umzugehen‹, sagte er. ›Mich liebt das Volk. Ich brauche nur den Finger zu rühren, und das Volk tut für mich alles, was ich will.‹

Und all das, wohlgemerkt, war von einem klugen und freundlichen Lächeln begleitet. An die zwanzigmal wiederholte er: ›wir Adligen‹, ›ich als Adliger‹; er erinnerte sich augenscheinlich nicht mehr daran, daß unser Großvater Bauer und unser Vater Soldat gewesen war. Sogar unser Familienname, der im Grunde unvereinbar war mit Adel, erschien ihm jetzt tönend, vornehm und angenehm.

Aber es handelt sich eigentlich nicht um ihn, sondern um mich selbst. Ich will Ihnen erzählen, was für eine Veränderung in diesen wenigen Stunden, die ich auf seinem Landgut verbrachte, mit mir vorging. Als wir abends Tee tranken, stellte die Köchin einen Teller voller Stachelbeeren auf den Tisch. Es waren nicht gekaufte, sondern eigene, zum ersten Male, seit die Sträucher gepflanzt waren, gepflückte Beeren. Nikolai Iwanytsch lachte fröhlich auf und sah einen Augenblick schweigend, Tränen in den Augen, die Stachelbeeren an – er konnte vor Aufregung nicht sprechen, legte dann eine Beere in den Mund, blickte mich triumphierend an wie ein Kind, das endlich sein Lieblingsspielzeug erhalten hat, und sagte: ›Wie schmackhaft!‹

Und gierig aß er sie und wiederholte immerzu: ›Ach, wie schmackhaft! Probiere sie nur!‹

Sie waren hart und sauer; aber, wie Puschkin sagte: ›Teurer als alle Wahrheit ist uns ein uns erhebender Betrug.‹ Ich sah einen glücklichen Menschen vor mir, dessen heiligster Traum sich so ganz offensichtlich verwirklicht, der sein Lebensziel erreicht und das bekommen hatte, was er wollte, der mit seinem Schicksal, mit sich selbst zufrieden war.

Meinen Gedanken über das menschliche Glück hatte sich stets ein Gefühl der Wehmut beigesellt, jetzt aber, beim Anblick dieses glücklichen Menschen, beherrschte mich ein schweres, der Verzweiflung nahes Gefühl. Besonders schwer war mir nachts zumute. Man schlug mir das Bett im Zimmer neben der Schlafstube meines Bruders auf, und ich konnte hören, wie er nicht schlief, wie er aufstand und zu dem Teller mit Stachelbeeren ging und immer eine Beere nahm. Ich überlegte bei mir, wie viele im Grunde zufriedene und glückliche Menschen es gibt! Was ist das für eine überwältigende Macht! Schauen Sie sich dieses Leben an: die Unverfrorenheit und der Müßiggang der Starken, die Ignoranz und Tierähnlichkeit der Schwachen, ringsum eine unmögliche Armut, Bedrängtheit, Entartung, Trunksucht, Heuchelei, Lügensucht... Dabei herrscht in allen Häusern und auf den Straßen Stille und Ruhe; von fünfzigtausend Stadtbewohnern nicht einer, der aufschreien und sich laut erregen würde. Wir sehen nur die, die auf den Markt gehen, um ihre Lebensmittel einzukaufen, die am Tage essen, in der Nacht schlafen, die all ihr dummes Zeug zusammenreden, sich verheiraten, alt werden und seelenruhig ihre Verstorbenen auf den Friedhof bringen; aber wir sehen und hören nichts von denen, die leiden, und das, was schrecklich am Leben ist, spielt sich irgendwo hinter den Kulissen ab. Alles geht still und ruhig vor sich, und nur die stumme Statistik protestiert: soundso viele sind wahnsinnig geworden, soundso viele Tonnen Schnaps wurden ausgetrunken, soundso viele Kinder kamen infolge Unterernährung um... Und anscheinend ist eine derartige Ordnung notwendig; anscheinend fühlt sich der Glückliche nur darum wohl, weil die Unglücklichen ihre Last schweigend tragen, und ohne dies Schweigen wäre Glück unmöglich. Das ist eine allgemeine Hypnose. An der Türe jedes zufriedenen, glücklichen Menschen müßte irgend jemand mit einem Hämmerchen stehen und ihn beständig klopfend mahnen, daß es Unglückliche gibt, daß das Leben, so glücklich er auch sei, ihm früher oder später seine Klauen zeigen werde, daß über ihn allerhand Not – Krankheit, Armut, Verluste hereinbrechen werde und daß ihn niemand sehen und hören werde, so wie er jetzt die andern nicht sehe und nicht höre. Jedoch diesen Menschen mit dem Hämmerchen gibt es nicht, der Glückliche lebt für sich dahin, und die kleinlichen Lebenssorgen erregen ihn nur leichthin, so wie der Wind die Espe und alles steht vollkommen gut...«

»In jener Nacht wurde es mir deutlich, wie auch ich zufrieden und glücklich war«, fuhr Iwan Iwanytsch fort und erhob sich. »Auch ich pflegte beim Mittagessen und auf der Jagd zu lehren, wie man leben, was man glauben, wie man das Volk regieren solle. Auch ich pflegte zu sagen, daß Unterricht ein Licht, daß Bildung notwendig sei, daß aber für die einfachen Leute einstweilen das Schreiben- und Lesenkönnen genüge. Die Freiheit sei ein Gut, so sagte ich, ohne das man ebensowenig wie ohne Luft leben könne – aber man müsse mit ihr noch warten. Ja, so pflegte ich zu reden, und jetzt frage ich: »Weshalb soll man dann warten?« fragte Iwan Iwanytsch und blickte ärgerlich Burkin an – »Weshalb soll man warten, frage ich Sie? Aus welchen Gründen? Man sagt mir, daß nicht alles auf einmal gehe, daß jegliche Idee im Leben nur Schritt für Schritt, zu ihrer Zeit verwirklicht werde. Aber wer sagt denn das? Wo sind die Beweise dafür, daß das richtig ist? Sie berufen sich auf die natürliche Ordnung der Dinge, auf die Gesetzmäßigkeit der Erscheinungen; aber liegt denn darin Ordnung und Gesetzmäßigkeit, daß ich, der lebende und denkende Mensch, am Graben stehe und warte, daß er von selbst zuwachse oder von Schlamm ausgefüllt werde, währenddessen ich vielleicht über ihn hinüberspringen oder eine Brücke über ihn schlagen kann? Und noch einmal: Weshalb sollen wir warten? Warten, bis man zum Leben keine Kraft mehr hat – und mittlerweile muß man und will man leben!

Ich fuhr damals frühmorgens von meinem Bruder fort, und seitdem wurde es mir unerträglich, in der Stadt zu leben. Mich bedrücken die Stille und Ruhe, ich fürchte mich, in die Fenster zu schauen, weil es für mich jetzt keinen schwereren Augenblick gibt als eine glückliche Familie, die am Tisch sitzt und Tee trinkt. Ich bin schon alt und tauge nicht zum Kampf, ich bin sogar unfähig zu hassen. Ich härme mich nur in meiner Seele ab, ich bin gereizt und ärgerlich, in den Nächten glüht mir der Kopf infolge des Zustroms der Gedanken, und ich kann nicht schlafen... Ach, wenn ich jung wäre!«

Iwan Iwanytsch ging aufgeregt aus einer Ecke in die andere und wiederholte: »Wenn ich doch jung wäre!«

Plötzlich trat er an Alechin heran und begann ihm bald die eine, bald die andere Hand zu drücken.

»Pawel Konstantinytsch«, sagte er mit flehender Stimme, »ergeben Sie sich nicht der Ruhe, lassen Sie nicht zu, daß Sie in Schlaf versinken! Hören Sie nicht auf, Gutes zu wirken, solange sie jung, stark und frisch sind! Es gibt kein Glück und es soll auch keins geben, aber wenn im Leben ein Sinn und ein Ziel liegt, so liegt dieser Sinn und dieses Ziel durchaus nicht in unserm Glück, sondern in etwas Vernünftigerem und Größerem. Wirken Sie Gutes!«

Und alles das sagte Iwan Iwanytsch mit einem kläglichen, flehenden Lächeln, so als ob er es persönlich für sich erbäte.

Dann saßen alle drei an verschiedenen Enden des Salons in ihren Lehnstühlen und schwiegen. Die Erzählung von Iwan Iwanytsch befriedigte weder Burkin noch Alechin. Während Generale und Damen, die in der Abenddämmerung lebendig schienen, aus ihren Goldrahmen herausschauten, war es langweilig, die Erzählung von dem armen Teufel von Beamten, der Stachelbeeren aß, anzuhören. Sie wollten etwas von vornehmen Menschen, von Frauen hören. Und daß sie jetzt im Salon saßen, wo alles – der verhüllte Lüster, die Lehnstühle, die Teppiche unter den Füßen – davon erzählte, daß einstmals hier dieselben Leute gingen, saßen, Tee tranken, die jetzt aus den Rahmen schauten, und auch daß jetzt hier die schöne Pelageja geräuschlos umherging – alles das war besser als alle Erzählungen.

Alechin sehnte sich sehr nach Schlaf; er war früh, in der dritten Morgenstunde aufgestanden, um nach der Wirtschaft zu sehen, und jetzt fielen ihm die Augen fast zu, aber er fürchtete, die Gäste könnten in seiner Abwesenheit etwas Interessantes erzählen, und so ging er nicht weg. Ob das klug, ob das gerecht war, was Iwan Iwanytsch soeben geäußert hatte, das prüfte er nicht, die Gäste sprachen nicht von Grütze, nicht von Heu oder Teer, sondern von etwas, das keine unmittelbare Beziehung zu seinem Leben hatte, und er freute sich dessen und wollte, daß sie weitererzählten...

»Jedoch, nun ist es Schlafenszeit«, sagte Burkin und erhob sich. »Erlauben Sie, daß ich Ihnen gute Nacht wünsche.«

Alechin verabschiedete sich und ging zu sich hinunter, während die Gäste oben blieben. Man hatte ihnen für die Nacht ein großes Zimmer angewiesen, wo zwei alte Holzbetten mit Schnitzereien standen, und in der Ecke hing ein Kruzifix aus Elfenbein; ihre breiten und kühlen Betten, die ihnen die schöne Pelageja gemacht hatte, dufteten angenehm nach frischer Wäsche.

Iwan Iwanytsch zog sich schweigend aus und legte sich nieder.

»Herr Gott, sei uns Sündern gnädig!« sagte er und zog die Decke über den Kopf.

Von seiner Pfeife, die auf dem Tisch lag, duftete es stark nach Tabaksüberresten, und Burkin schlief lange nicht ein und konnte immer nicht begreifen, woher dieser schwere Geruch kam.

Der Regen schlug an die Fenster während der ganzen Nacht...

Oscar Wilde

Der glückliche Prinz

Hoch über der Stadt stand auf einer hohen Säule die Statue des glücklichen Prinzen. Sie war über und über mit dünnen Blättchen von feinem Golde bedeckt, zwei glänzende Saphire hatte sie als Augen und ein großer, roter Rubin glühte am Schwertknauf.

Die Statue wurde von allen aufs höchste bewundert.

»Sie ist so schön wie ein Wetterhahn«, bemerkte einer der Stadträte, dem viel daran gelegen war, als ein geschmackvoller Mann in Kunstdingen zu gelten; »wenn auch nicht ganz so nützlich«, fügte er hinzu, aus Furcht, man könnte ihn für unpraktisch halten, was er aber in der Tat nicht war.

»Warum nimmst du dir kein Beispiel an dem glücklichen Prinzen?«, fragte eine gefühlvolle Mutter ihren kleinen Buben, der den Mond haben wollte und bitterlich weinte. »Der glückliche Prinz denkt nicht ans Weinen, wenn er etwas nicht bekommen kann.«

»Ich bin froh, dass es in der Welt wenigstens einen gibt, der ganz glücklich ist«, murmelte ein Enttäuschter, indem er die wundervolle Bildsäule betrachtete.

»Er sieht aus wie ein Engel; genau so«, sagten die Waisenkinder, die in ihren glänzenden Purpurröcken und den sauberen weißen Lätzchen aus der Kathedrale kamen.

»Woher wisst ihr das«, sagte der Mathematiklehrer, »da ihr noch nie einen Engel gesehen habt?«

»O doch, in unseren Träumen«, antworteten die Kinder; und der Mathematiklehrer runzelte die Brauen und blickte finster drein, denn er war damit nicht einverstanden, dass Kinder träumten.

Da flog eines Nachts ein kleines Schwalbenmännchen über die Stadt. Seine Freunde waren schon vor sechs Wochen nach

Ägypten gezogen, aber er blieb noch zurück, denn er liebte eine ganz wunderschöne Schilfblüte. Zeitig im Frühjahr hatte er sie erblickt, als er grade hinter einer dicken gelben Motte her den Fluss hinunterflog, und die schlanke Taille der Rispe hatte ihm so gefallen, dass er sich niedersetzte, um mit ihr zu plaudern.

»Soll ich dich lieben?«, sagte das Schwalbenmännchen, das gerne geradewegs auf sein Ziel losging, und das Schilffräulein machte ihm eine tiefe Verbeugung. So flog der Schwälberich dann rund um das Rohr herum und berührte das Wasser mit seinen Flügelspitzen und zeichnete silberne Kreise hinein. So machte er ihr den Hof und das dauerte den ganzen Sommer über.

»Es ist ein lächerliches Verhältnis!«, zwitscherten die anderen Schwalben. »Die Rohrdame hat kein Geld und viel zu viel Verwandtschaft.«

Und in der Tat war der ganze Fluss voll Schilf. Und als dann der Herbst kam, flogen auch richtig alle Schwalben davon.

Und als sie fortgeflogen waren, da fühlte sich das Schwälbchen sehr einsam und begann seinen Minnedienst etwas langweilig zu finden. »Es plaudert sich schlecht mit ihr, und ich fürchte sehr, dass sie kokett ist, denn sie flirtet immer mit dem Junker Wind.«

Und es war Tatsache, dass die Schilfrispe, sooft der Wind blies, ihm die graziösesten Verbeugungen machte. »Ich gebe zu, dass sie häuslich ist«, fuhr das Schwälbchen fort, »aber ich liebe das Reisen und mein Weib muss also das Reisen ebenfalls gern haben.«

»Willst du mit mir kommen?«, sagte der Schwälberich endlich zu ihr. Aber das Rohrblümchen schüttelte den Kopf, denn es war ja an den Boden gebunden.

»Du hast deinen Scherz mit mir getrieben«, schrie der Schwälberich, »ich reise zu den Pyramiden. Leb wohl!« Und der Schwälberich flog fort.

Den ganzen Tag lang flog er, und als die Nacht hereinbrach, erreichte er die Stadt. »Wo soll ich absteigen?«, fragte er sich. »Ich hoffe, die Stadt hat einige Empfangsvorbereitungen getroffen!«

Da gewahrte der Schwälberich die Statue auf der gewaltigen Säule.

»Hier will ich absteigen!«, rief er aus. »Das ist ein schönes Plätzchen und frische Luft gibt es hier genug.« Und er ließ sich gerade zwischen den Füßen des glücklichen Prinzen nieder.

»Ich habe ja ein goldenes Schlafzimmer«, sagte er erfreut zu sich selbst, indem er sich umsah und sich zum Schlafen vorbereitete. Aber gerade wie er seinen Kopf unter die Flügel stecken wollte, fiel ein schwerer Wassertropfen nieder. »Wie seltsam!«, rief das Schwälbchen; »am Himmel steht keine einzige Wolke, die Sterne sind ganz hell und klar und doch regnet es. Das Klima im nördlichen Europa ist doch wirklich abscheulich. Das Rohrblümchen liebte ja den Regen, aber das war nichts als Egoismus.«

Ein zweiter Tropfen fiel.

»Wozu ist denn eine Bildsäule eigentlich da, wenn sie nicht einmal den Regen abhalten kann«, sagte er. »Ich schaue mich lieber nach einem braven Schornstein um!« Und der Vogel wollte schon davonfliegen.

Aber bevor er noch seine Flügel entfaltet hatte, fiel ein dritter Tropfen und er blickte empor und sah – ach, was sah er?

Die Augen des glücklichen Prinzen waren voll Tränen und die Tränen rollten an den goldenen Wangen nieder. Und sein Gesicht war so wunderschön im Mondlicht, dass der Schwälberich wirklich ein tiefes Mitleid empfand.

»Wer bist du?«, fragte er.

»Ich bin der glückliche Prinz.«

»Warum weinst du dann?«, fragte der Vogel weiter. »Ich bin ja schon fast ganz durchnässt.«

»Als ich lebte und noch ein menschliches Herz hatte«, antwortete die Statue, »da wusste ich nicht, was Tränen sind, denn ich lebte im Palaste Sorgenfrei, dessen Schwelle die Sorge nicht betreten darf. Tagsüber spielte ich mit meinen Gefährten im Garten und abends führte ich in der großen Halle den Tanz an. Rings um den Garten lief eine sehr hohe Mauer, aber ich kümmerte mich niemals darum, was hinter der Mauer lag, denn alles um mich her war eitel Schönheit. Meine Hofleute nannten mich den glücklichen Prinzen, und ich war in der Tat glücklich, wenn Vergnügen dasselbe ist wie Glück. So lebte ich und so starb ich. Und nun, da ich gestorben bin, haben sie mich hier so hoch hinaufgestellt, dass ich alle Hässlichkeit und alles Elend meiner Stadt sehen kann, und obgleich mein Herz aus Blei ist, kann ich nichts anderes tun als weinen.«

»Wie, es ist nicht durch und durch aus Gold?«, sprach das Schwälbchen zu sich selbst, denn es war doch zu höflich, um solch eine persönliche Bemerkung laut werden zu lassen.

»Weit, weit von hier«, fuhr die Bildsäule mit einer tiefen, klangvollen Stimme fort, »weit, weit von hier steht ein armseliges Häuschen in einer kleinen Straße. Eines der Fenster steht offen und ich sehe eine Frau an einem Tische sitzen. Ihr Gesicht ist schmalwangig und verhärmt, und sie hat raue, rote Hände, ganz zerstochen von der Nadel, denn sie ist eine Näherin. Sie stickt Passionsblumen in ein Seidengewand für das lieblichste aller Ehrenfräulein der Königin, um es auf dem nächsten Hofball zu tragen. In einem Bett in einer Ecke des Zimmers liegt ihr kleiner kranker Sohn. Ihn schüttelt das Fieber und er möchte Apfelsinen haben. Seine Mutter aber kann ihm nichts geben als Wasser aus dem Fluss, und daher weint er. Schwälbchen, Schwälbchen, kleines Schwälbchen, willst du ihr nicht den Rubin aus meinem Schwertgriff bringen? Meine Füße sind auf dem Sockel festgenietet und ich kann mich nicht bewegen.«

»Man erwartet mich in Ägypten«, sagte der Vogel. »Meine Freunde fliegen den Nil auf und ab und flüstern mit den großen Lotosblumen. Bald werden sie schlafen gehen im Grabe des großen Königs. Der liegt in einer gemalten Truhe und ist in gelbes Linnen gehüllt und mit Gewürzen balsamiert. Um seinen Hals liegt eine Kette aus blassem, grünem Nephrit und seine Hände gleichen vertrockneten Blättern.«

»Schwälbchen, Schwälbchen, kleines Schwälbchen«, sagte der Prinz, »willst du nicht noch diese eine Nacht bei mir bleiben und mein Bote sein? Der Knabe hat so großen Durst und die Mutter ist so traurig.«

»Weißt du, ich mache mir wenig aus Knaben«, antwortete das Schwälbchen. »Als ich im letzten Sommer am Flusse wohnte, da waren zwei rohe Buben dort, die Söhne des Müllers, und sie warfen Steine nach mir. Natürlich trafen sie mich nicht. Wir Schwalben fliegen viel zu schnell, und überdies stamme ich aus einer Familie, die wegen ihrer Hurtigkeit berühmt ist. Trotzdem war es ein Zeichen mangelnden Respekts.«

Aber der glückliche Prinz blickte so traurig drein, dass der kleine Schwalbenmann ganz betrübt wurde. »Es ist zwar kalt hier«, sagte er, »aber ich will eine Nacht bei dir bleiben und dein Bote sein.«

»Ich danke dir, kleine Schwalbe«, sagte der Prinz.

Und der Schwälberich pickte den großen Rubin aus dem Schwerte des Prinzen und fasste ihn mit dem Schnabel und flog damit über die Dächer der Stadt.

Er flog am Turm der Kathedrale vorbei, wo die weißen Marmorengel stehen, er flog am Palast vorbei und hörte darin Tanz und Musik. Ein schönes Mädchen kam mit dem Geliebten auf den Balkon. »Wie wundervoll die Sterne sind«, sagte er zu ihr, »und wie wundervoll die Macht der Liebe ist!«

»Ich hoffe, mein Kleid wird für den Hofball fertig werden«, antwortete sie. »Ich habe mir Passionsblumen daraufsticken lassen, aber die Schneiderinnen sind so faul.«

Er flog über den Fluss und sah die Laternen blinken an den Masten der Schiffe. Er flog über das Ghetto und sah die alten Juden miteinander handeln und das Geld in kupfernen Schalen wiegen. Endlich kam er zu dem armseligen Häuschen und schaute hinein. Der Knabe lag fiebernd in seinem Bett und die Mutter war vor Müdigkeit eingeschlafen. Der Schwälberich hüpfte ins Zimmer und legte den großen Rubin auf den Tisch grade neben den Fingerhut der Frau. Dann kreiste er mit leichtem Flügelschlag um das Bett und fächelte mit seinen Schwingen die Stirne des Knaben. »Ach, wie kühl es wird«, sagte das Kind,

»jetzt wird mir gewiss besser werden.« Und der Knabe sank in einen süßen Schlaf.

Dann flog der Vogel zurück zum glücklichen Prinzen und erzählte ihm, was er getan hatte. »Es ist seltsam«, fügte er hinzu, »aber mir ist mit einem Male ganz warm geworden, obgleich es doch so kalt ist.«

»Das kommt daher, weil du eine gute Tat vollbracht hast«, sagte der Prinz. Und das kleine Schwälbchen begann nachzudenken und dann schlief es ein. Denken machte es immer schläfrig.

Als der Tag anbrach, flog der Schwälberich zum Flusse und nahm ein Bad. »Welch ein seltsames Phänomen«, sagte der Professor der Ornithologie, der gerade über die Brücke ging. »Eine Schwalbe im Winter!« Und er schrieb darüber einen langen Brief an die Neuesten Nachrichten. Jedermann sprach davon, aber der Artikel war so voll Gelehrsamkeit, dass ihn keiner so recht verstand.

»Heute Nacht reise ich nach Ägypten«, sagte der Vogel und war äußerst vergnügt bei dieser Aussicht. Er besuchte alle öffentlichen Denkmälerbauten und saß lange Zeit auf der Kirchturmspitze. Wohin er kam, zwitscherten die Sperlinge und sagten zueinander: »Welch ein vornehmer Fremdling!« Und das freute den Schwälberich gar sehr.

Als der Mond aufging, flog er zurück zum glücklichen Prinzen. »Hast du was zu bestellen in Ägypten?«, rief er. »Ich reise jetzt hin!«

»Schwälbchen, Schwälbchen, kleines Schwälbchen«, sagte der Prinz, »willst du nicht noch eine Nacht bei mir bleiben?«

»Man erwartet mich in Ägypten«, antwortete der Vogel. »Morgen fliegen meine Freunde bis zum zweiten Katarakt. Dort liegt das Nilpferd im hohen Riedgrase und auf einem großen granitnen Thron sitzt der Gott Memnon. Jede Nacht blickt er die Sterne an, und wenn der Morgenstern aufblitzt, so stößt er einen Freudenschrei aus und dann ist er wieder stumm. Und zu Mittag kommen die gelben Löwen ans Ufer zur Tränke. Sie haben Augen wie grüne Berylle und ihr Brüllen ist lauter als das Brüllen des Katarakts.«

»Schwälbchen, Schwälbchen, kleines Schwälbchen«, sagte der Prinz. »Weit, weit am andern Ende der Stadt seh ich einen jungen Mann in einer Dachstube. Er sitzt an seinem Schreibtisch, der über und über mit Papieren bedeckt ist, und in einem Glase neben ihm steckt ein Sträußchen verwelkter Veilchen. Sein Haar ist braun und lockig und seine Lippen sind rot wie eine Granatblüte und er hat große, verträumte Augen. Er versucht an einem Schauspiel für das Theater zu arbeiten, aber er kann vor Kälte die Finger nicht rühren. Im Ofen gibt es kein Feuer mehr und der Hunger hat ihn schwach gemacht.«

»Ich will abermals eine Nacht bei dir bleiben«, sagte der Schwälberich, der wirklich ein gutes Herz hatte; »soll ich ihm auch einen Rubin bringen?«

»Ach, ich habe keinen Rubin mehr«, sagte der Prinz, »meine Augen sind alles, was ich noch habe. Sie sind aus kostbaren Saphiren gemacht, die man vor vielen tausend Jahren aus Indien herbeibrachte. Picke eines meiner Augen aus und bringe es ihm. Er wird es zu einem Juwelier tragen, er wird sich Nahrung und Feuerung dafür kaufen und sein Stück zu Ende bringen können.«

»Teurer Prinz«, sagte der Vogel, »das kann ich nicht tun!« Und er begann zu weinen.

»Schwälbchen, Schwälbchen, kleines Schwälbchen«, sagte der Prinz, »tu, wie ich dir befahl.«

So pickte der Schwälberich dem Prinzen ein Auge aus und flog damit zur Dachkammer des Studenten. Es war leicht hineinzukommen, denn im Dache war ein Loch. Durch dieses Loch schlüpfte der Vogel ins Zimmer. Der junge Mann hatte seinen Kopf in den Händen vergraben und hörte darum das Flattern der Flügel nicht, und als er aufsah, fand er den schönen Saphir auf dem verwelkten Veilchenstrauß.

»Man beginnt mich zu würdigen«, rief er aus. »Dieser Stein kommt gewiss von irgendeinem meiner Bewunderer. Nun kann ich mein Stück vollenden!« Und er blickte ganz glücklich darein.

Am nächsten Tage flog das Schwälbchen zum Hafen hinunter, setzte sich auf den Mast eines großen Schiffes und sah zu, wie die Matrosen große Ballen an Seilen aus dem Schiffsraum nach oben wanden. »Ahoi!«, schrien sie, sooft ein Ballen emporkam. »Ich reise nach Ägypten«, rief das Schwälbchen, aber niemand kümmerte sich darum, und als der Mond aufging, flog der Vogel zurück zu dem glücklichen Prinzen.

»Ich komme, um dir Lebewohl zu sagen«, rief er ihm zu.

»Schwälbchen, Schwälbchen, kleines Schwälbchen, willst du nicht noch eine Nacht bei mir bleiben?«

»Es ist Winter«, antwortete das Schwälbchen, »und der hohe Schnee wird bald da sein. In Ägypten ist die Sonne warm und die Palmen sind grün und die Krokodile liegen im Schlamm und blinzeln faul vor sich hin. Meine Gefährten bauen ihr Nest im Tempel von Baalbek und rot- und weißgesprenkelte Tauben schauen zu und gurren. Teurer Prinz, ich muss dich verlassen, aber ich werde dich nie vergessen, und im nächsten Frühjahr bringe ich dir zwei schöne Juwelen mit an Stelle derer, die du weggegeben hast. Der Rubin soll roter sein als eine rote Rose und der Saphir so blau wie das weite Meer.«

»Unten auf dem Platze«, sagte der glückliche Prinz, »steht ein kleines Zündhölzchenmädel, die hat ihre Zündhölzchen in die Gosse fallen lassen, und nun sind sie alle verdorben. Ihr Vater wird sie schlagen, wenn sie kein Geld nach Hause bringt, und dann weint sie. Sie hat nicht Schuhe noch Strümpfe und ihr kleiner Kopf ist bloß. Picke nun das andere Auge aus und bring es ihr und ihr Vater wird sie nicht schlagen.«

»Ich will noch eine Nacht bei dir bleiben«, sagte der Schwälberich, »aber ich kann dein anderes Auge nicht auspicken. Dann wärest du ja ganz blind.«

»Schwälbchen, Schwälbchen, liebes Schwälbchen«, sagte der Prinz, »tu, wie ich dir befahl.«

So pickte der kleine Vogel dem Prinzen das andere Auge auch

aus und flog damit hernieder. Er flitzte an dem Zündhölzchenmädel vorüber und ließ das Juwel in ihre Hand fallen. »Welch ein entzückendes Stückchen Glas!«, rief das kleine Mädchen und lief lachend nach Hause.

Dann kam das Schwälbchen zurück zum Prinzen. »Nun bist du blind«, sagte es, »und ich werde immer bei dir bleiben.«

»Nein, kleines Schwälbchen«, sagte der Prinz, »du musst fort nach Ägypten.«

»Ich will immer bei dir bleiben«, sagte das Schwälbchen und schlief zu den Füßen des Prinzen ein.

Den ganzen nächsten Tag saß der Vogel auf des Prinzen Schulter und erzählte ihm Geschichten von all den fremden Ländern, die er gesehen hatte. Er erzählte ihm von den roten Ibissen, die in langen Reihen an den Ufern des Niles stehen und Goldfische mit ihren Schnäbeln fangen; von der Sphinx, die so alt ist wie die Welt und in der Wüste lebt und alles weiß; von Kaufleuten, die langsam neben den Kamelen einhertrotten und Ambrakügelchen durch die Finger gleiten lassen; vom König der Mondberge, der so schwarz ist wie Ebenholz und einen großen Kristall anbetet; von der langen grünen Schlange, die auf einer Palme lebt und zwanzig Priester hat, die sie mit Honigkuchen füttern; und von den Pygmäen, die auf breiten flachen Blättern über einen großen See hinsegeln und immer mit den Schmetterlingen Krieg führen.

»Liebes, kleines Schwälbchen«, sagte der Prinz, »du erzählst mir von wunderbaren Dingen, aber wunderbarer als alles ist das Leiden von Mann und Weib. Das Mysterium des Elends ist das größte von allen. Fliege über meine Stadt, kleines Schwälbchen, und erzähle mir, was du darin siehst.«

So flog denn der Schwälberich über die große Stadt und sah, wie die Reichen glücklich waren in den schönen Häusern, indes die Bettler vor den Toren kauerten. Er flog in dunkle Gässchen und sah die bleichen Gesichter hungernder Kinder, die mit abgestumpften Blicken gleichgültig die schwarze Straße hinabschauten. Unter einem Brückenbogen lagen zwei kleine Knaben, einer in des andern Arm, und versuchten aneinander warm zu werden. »Wir haben solchen Hunger«, sagten sie. »Ihr dürft hier nicht liegen!«, schrie sie der Wächter an und sie wanderten hinaus in den Regen.

Da flog das Schwälbchen zurück und erzählte dem Prinzen, was es gesehen hatte.

»Ich bin ganz bedeckt mit feinem Golde«, sagte der Prinz, »und das musst du ablösen, Blättchen für Blättchen. Dann gib es meinen Armen. Die Lebenden glauben immer, dass sie das Gold glücklich machen kann.«

Das Schwälbchen pickte Blättchen für Blättchen des feinen Goldes fort, bis der glückliche Prinz ganz stumpf und düster aussah. Und Blättchen für Blättchen des feinen Goldes brachte das Schwälbchen den Armen und die Gesichter der Kindlein wurden rosig und sie lachten und spielten in den Straßen und riefen: »Nun haben wir Brot!«

Dann kam der Schnee und nach dem Schnee kam der Frost. Die Straßen sahen aus, als wären sie mit Silber gepflastert, und sie glänzten und glitzerten. Lange Eiszapfen hingen gleich kristallenen Dolchen von den Dachtraufen der Häuser herunter, die Leute gingen in dicken Pelzen und die kleinen Buben trugen scharlachrote Mützen mit Ohrenklappen und liefen Schlittschuh auf dem Eise. Dem armen kleinen Schwälbchen wurde kälter und kälter, aber es wollte den Prinzen nicht verlassen, denn es liebte ihn zu sehr. Es pickte Brotkrumen vor des Bäckers Tür auf, wenn der Bäcker grade nicht hinsah, und versuchte sich zu erwärmen, indem es mit den Flügeln schlug.

Aber endlich wusste der Schwälberich, dass er sterben müsse. Er hatte gerade noch so viel Kraft, um noch einmal auf die Schulter des Prinzen zu flattern. »Leb wohl, teurer Prinz!«, lispelte er ganz leise; »willst du mich deine Hand küssen lassen?«

»Ich bin froh, dass du endlich nach Ägypten gehst, kleines Schwälbchen!«, sagte der Prinz. »Du bist zu lange hiergeblieben, lieber Vogel. Aber du musst mich auf die Lippen küssen, denn ich liebe dich!«

»Ich gehe nicht nach Ägypten«, sagte das Schwälbchen. »Ich gehe zum Hause des Todes. Der Tod ist der Bruder des Schlafes, nicht wahr?«

Und das Schwälbchen küsste den glücklichen Prinzen auf die Lippen und fiel tot nieder zu seinen Füßen.

In diesem Augenblicke gab es ein merkwürdiges Knacken in der Bildsäule, als ob etwas gebrochen sei. Und wirklich war das bleierne Herz in zwei Teile gesprungen. Der Frost war aber auch furchtbar streng.

Früh am nächsten Morgen spazierte der Bürgermeister unten auf dem Platz in Gesellschaft der Stadträte. Als sie an der Säule vorüberkamen, sah er an dem Standbild hinauf.

»O du meine Güte«, sagte er, »wie schäbig doch der glückliche Prinz aussieht!«

»Schrecklich schäbig!«, riefen die Stadträte, die immer mit dem Bürgermeister einer Meinung waren; und sie gingen hinauf, um die Sache näher in Augenschein zu nehmen.

»Der Rubin ist aus dem Schwertgriff herausgefallen, seine Augen sind fort und die Vergoldung ist weg«, sagte der Bürgermeister. »Er sieht wirklich aus wie ein Bettler.«

»Ganz wie ein Bettler«, sagten die Stadträte.

»Und da liegt noch ein toter Vogel zu seinen Füßen«, fuhr der Bürgermeister fort. »Wir müssen wirklich ein Dekret erlassen, dass die Vögel hier nicht sterben dürfen.« Und der Stadtschreiber notierte sich den wichtigen Vorschlag.

Und so wurde das Standbild des glücklichen Prinzen von seiner Säule heruntergenommen.

»Da es nicht mehr schön ist, hat es auch weiter keinen Zweck mehr«, sagte der Professor der Kunstgeschichte an der Universität.

Dann wurde die Statue in einem Brennofen zerschmolzen, und der Bürgermeister rief eine Ratssitzung ein, um zu entscheiden, was mit dem Metall zu geschehen habe. »Wir müssen natürlich ein anderes Denkmal haben«, sagte er, »und das soll mein Bildnis sein.«

»Mein Bildnis!«, sagte jeder der Stadträte und sie gerieten in Streit. Als ich zuletzt von ihnen hörte, zankten sie sich noch immer darum.

»Wie merkwürdig«, sagte der Werkführer in der Schmelzhütte. »Dieses gebrochene Bleiherz will im Ofen nicht schmelzen. Wir müssen es wohl wegwerfen.« So warfen sie es auf einen Schutthaufen, wo auch schon das tote Schwälbchen lag.

»Bringe mir die beiden kostbarsten Dinge aus dieser Stadt«, sagte Gott zu einem seiner Engel. Und der Engel brachte ihm das bleierne Herz und den toten Vogel.

»Du hast gut gewählt«, sagte Gott; »denn im Garten des Paradieses soll dieser kleine Vogel nun für Ewigkeit singen und in meiner goldenen Stadt soll mich der glückliche Prinz lobpreisen.«

»Ich lege mich hin in einen Liegestuhl«

Von der Kunst, das Leben zu genießen

Heinrich Böll

Anekdote zur Senkung der Arbeitsmoral

In einem Hafen an der westlichen Küste Europas liegt ein ärmlich gekleideter Mann in seinem Fischerboot und döst. Ein schick angezogener Tourist legt eben einen neuen Farbfilm in seinen Fotoapparat, um das idyllische Bild zu fotografieren: blauer Himmel, grüne See mit friedlichen, schneeweißen Wellenkämmen, schwarzes Boot, rote Fischermütze. Klick. Noch einmal: klick, und da aller guten Dinge drei sind und sicher sicher ist, ein drittes Mal: klick. Das spröde, fast feindselige Geräusch weckt den dösenden Fischer, der sich schläfrig aufrichtet, schläfrig nach seiner Zigarettenschachtel angelt, aber bevor er das Gesuchte gefunden, hat ihm der eifrige Tourist schon eine Schachtel vor die Nase gehalten, ihm die Zigarette nicht gerade in den Mund gesteckt, aber in die Hand gelegt, und ein viertes Klick, das des Feuerzeuges, schließt die eilfertige Höflichkeit ab. Durch jenes kaum messbare, nie nachweisbare Zuviel an flinker Höflichkeit ist eine gereizte Verlegenheit entstanden, die der Tourist – der Landessprache mächtig – durch ein Gespräch zu überbrücken versucht.

»Sie werden heute einen guten Fang machen.«

Kopfschütteln des Fischers.

»Aber man hat mir gesagt, dass das Wetter günstig ist.«

Kopfnicken des Fischers.

»Sie werden also nicht ausfahren?«

Kopfschütteln des Fischers, steigende Nervosität des Touristen. Gewiss liegt ihm das Wohl des ärmlich gekleideten Menschen am Herzen, nagt an ihm die Trauer über die verpasste Gelegenheit.

»Oh, Sie fühlen sich nicht wohl?«

Endlich geht der Fischer von der Zeichensprache zum wahrhaft gesprochenen Wort über. Ich fühle mich großartig, sagt er.

»Ich habe mich nie besser gefühlt.« Er steht auf, reckt sich, als wollte er demonstrieren, wie athletisch er gebaut ist. »Ich fühle mich phantastisch.«

Der Gesichtsausdruck des Touristen wird immer unglücklicher, er kann die Frage nicht mehr unterdrücken, die ihm sozusagen das Herz zu sprengen droht: »Aber warum fahren Sie dann nicht aus?«

Die Antwort kommt prompt und knapp. »Weil ich heute Morgen schon ausgefahren bin.«

»War der Fang gut?«

»Er war so gut, dass ich nicht noch einmal auszufahren brauche, ich habe vier Hummer in meinen Körben gehabt, fast zwei Dutzend Makrelen gefangen…«

Der Fischer, endlich erwacht, taut jetzt auf und klopft dem Touristen beruhigend auf die Schulter. Dessen besorgter Gesichtsausdruck erscheint ihm als ein Ausdruck zwar unangebrachter, doch rührender Kümmernis.

»Ich habe sogar für morgen und übermorgen genug«, sagt er, um des Fremden Seele zu erleichtern, »Rauchen Sie eine von meinen?«

»Ja, danke.«

Zigaretten werden in Münder gesteckt, ein fünftes Klick, der Fremde setzt sich kopfschüttelnd auf den Bootsrand, legt die Kamera aus der Hand, denn er braucht jetzt beide Hände, um seiner Rede Nachdruck zu verleihen.

»Ich will mich ja nicht in Ihre persönlichen Angelegenheiten mischen«, sagt er, »aber stellen Sie sich mal vor, Sie führen heute ein zweites, ein drittes, vielleicht sogar ein viertes Mal aus und Sie würden drei, vier, fünf, vielleicht gar zehn Dutzend Makrelen fangen… stellen Sie sich das mal vor.«

Der Fischer nickt.

»Sie würden«, fährt der Tourist fort, »nicht nur heute, sondern morgen, übermorgen, ja, an jedem günstige Tag zwei, drei Mal, vielleicht vier Mal ausfahren – wissen Sie, was geschehen würde?«

Der Fischer schüttelt den Kopf.

»Sie würden sich in spätestens einem Jahr einen Motor kaufen können, in zwei Jahren ein zweites Boot, in drei oder vier Jahren könnten Sie vielleicht einen kleinen Kutter haben, mit zwei Booten oder dem Kutter würden Sie natürlich viel mehr fangen – eines Tages würden Sie zwei Kutter haben, Sie würden ...«, die Begeisterung verschlägt ihm für ein paar Augenblicke die Stimme, »Sie würden ein kleines Kühlhaus bauen, vielleicht eine Räucherei, später eine Marinadenfabrik, mit einem eigenen Hubschrauber rundfliegen, die Fischschwärme ausmachen und Ihren Kuttern per Funk Anweisung geben. Sie könnten die Lachsrechte erwerben, ein Fischrestaurant eröffnen, den Hummer ohne Zwischenhändler direkt nach Paris exportieren und dann ...«, wieder verschlägt die Begeisterung dem Fremden die Sprache. Kopfschüttelnd, im tiefsten Herzen betrübt, seiner Urlaubsfreude schon fast verlustig, blickt er auf die friedlich hereinrollende Flut, in der die ungefangenen Fische munter springen.

»Und dann«, sagt er, aber wieder verschlägt ihm die Erregung die Sprache. Der Fischer klopft ihm auf den Rücken, wie einem Kind, das sich verschluckt hat. »Was dann?«, fragt er leise.

»Dann, sagt der Fremde mit stiller Begeisterung, »dann könnten Sie beruhigt hier im Hafen sitzen, in der Sonne dösen – und auf das herrliche Meer blicken.«

»Aber das tu ich ja schon jetzt«, sagt der Fischer, »ich sitze beruhigt am Hafen und döse, nur Ihr Klicken hat mich dabei gestört.«

Tatsächlich zog der solcherlei belehrte Tourist nachdenklich von dannen, denn früher hatte er auch einmal geglaubt, er arbeite, um eines Tages einmal nicht mehr arbeiten zu müssen, und es blieb keine Spur von Mitleid mit dem ärmlich gekleideten Fischer in ihm zurück, nur ein wenig Neid.

Die Kunst spazierenzugehen

Diese altertümliche Fortbewegungsform auf zwei Beinen sollte gerade in unserer Zeit, in der es soviel andre zweckmäßigere Transportmittel gibt, zu einem besonders reinen zweckentbundenen Genuß werden. Zu deinen Zielen bringen dich die privaten und öffentlichen Benzinvulkane und andre Vehikel. Für deine Gesundheit magst du das sogenannte footing machen, diese Art beschwingteren Exerzierens, bei dem man so damit beschäftigt ist, die Bewegungen richtig auszuführen und mit richtigem Atmen zu verbinden, daß man nicht dazu kommt, gemächlich nach rechts und links zu schauen. Spazierengehn ist weder nützlich noch hygienisch, es ist ein Übermut, wie – nach Goethe – das Dichten. Es ist wie jedes Gehen und mehr als jedes andre Gehen zugleich ein Sichgehenlassen: Man fällt von einem Fuß auf den andern und balanciert diesen Vorgang. Kindertaumel ist in unserm Gehen und das selige Schweben, das wir Gleichgewicht nennen.

Ich darf in diesen »ernsten Zeiten« das Spazierengehn getrost empfehlen. Es ist wirklich kein spezifisch bürgerlich-kapitalistischer Genuß. Es ist ein Schatz der Armen und fast ihr Vorrecht.

Gegen den zunächst berechtigt erscheinenden Einwand der Beschäftigten: »Wir haben keine Zeit, spazierenzugehn!« mache ich dem, der diese Kunst erlernen oder nicht verlernen möchte, den Vorschlag: Steige gelegentlich auf deinen Wegen eine Station vor dem Ziel aus dem Autobus oder Auto und ergehe dich ein paar Minuten. Wie oft bist du zu früh am Ziel und mußt eine öde Wartezeit in Büros und Vorzimmern mit Zeitungslektüre und Ungeduld verbringen. Mach Ferien des Alltags aus solchen Minuten und flaniere ein Stück Wegs. In jedem von uns lebt ein heimlicher Müßiggänger, der seine leidigen Beweggründe bisweilen vergessen und sich grundlos bewegen will. Dem wird die

Straße ein Wachtraum, Schaufenster sind ihm nicht Angebote, sondern Landschaften, Firmennamen, besonders die Doppelnamen mit dem so Verschiedenes verbindenden »&« in der Mitte werden ihm mythologische Gestalten und Märchenpersonen, die Anschläge an Häusern und Hauseingängen kuriose, erheiternde oder grausige Abkürzungen des Lebens und Treibens. Keine Zeitung liest sich so spannend wie die leuchtende Wanderschrift, die dachentlang über Reklameflächen gleitet. Und das Verschwinden dieser Schrift, die man nicht zurückblättern kann wie ein Buch, ist ein augenfälliges Symbol der Vergänglichkeit – einer Sache, die der echte Genießer immer wieder gern eingeprägt bekommt, um die Wichtigkeit und Einzigkeit seines zwecklosen Tuns im Bewußtsein zu behalten.

Ich schicke dich zeitgenössischen Spaziergangsaspiranten nicht in fremde Gegenden und zu Sehenswürdigkeiten. Besuche deine eigne Stadt, spaziere in deinem Stadtviertel, ergehe dich in dem steinernen Garten, durch den Beruf, Pflicht und Gewohnheit dich führen, erlebe im Vorübergehn die Geschichte von ein paar Dutzend Straßen. Beobachte ganz nebenbei, wie sie einander das Leben zutragen und wegsaugen, wie sie abwechselnd oder fortfahrend stiller und lebhafter, vornehmer und ärmlicher, kompakter und bröckliger werden, wie alte Gärten sich inselhaft erhalten oder, von nachbarlichen Brandmauern bedrängt, absterben. Erlebe, wie und wann die Straßen fieberhaft oder schläfrig werden, wo das Leben zum stoßweis drängenden Verkehr, wo es zum behaglich drängelnden Betrieb wird. Lern Schwellen kennen, die immer stiller werden, weil immer seltener fremde Füße sie beschreiten und sie die bekannten, die täglich kommen, im Halbschlaf einer alten Hausmeisterin wiedererkennen. Und neben all diesem Bleibenden oder langsam Vergehenden bietet sich deiner Wanderschau und ambulanten Nachdenklichkeit die Schar der vorläufigen, provisorischen Baulichkeiten, der Abbruchgerüste, Neubauzäune, der Bretterverschläge, die zu leuchtenden Farbflecken werden im Dienst der Reklame, zu Stimmen der Stadt, zu Wesen, die rufend und winkend auf dich einstürmen, während die alten Häuser von dir wegrücken. Und hinter den Latten, durch Lücken sichtbar, Schlachtfelder aus Steinen, widerstandlose Massen von Material, in welche eiserne Krane und stählerne Hebel greifen.

Verfolge en passant die Lebensgeschichte der Läden und der Gasthäuser. Lern das Gesetz, das einen abergläubisch machen kann, von den Stätten, die kein Glück haben, obwohl sie günstig gelegen scheinen, den Stätten, wo die Besitzer und die Art des Feilgebotenen immer wieder wechseln. Wie sie sich, wenn ihnen der Untergang droht, fieberhaft übertreiben, diese Läden mit Ausverkauf, aufdringlichem Angebot und groß geschriebenen niedrigen Preisen! Wieviel Schicksal, Gelingen und Versagen kannst du von Warenauslagen und Speisekartenpreisen ablesen, ohne daß du durch Türen trittst und Besitzer und Angestellte siehst. Ja, was da liegt, hängt, zu lesen ist, sagt dir oft mehr als Worte und Benehmen der Menschen. Und da komm ich auf ein wichtiges Erlebnis des Spaziergängers: Er braucht nicht einzutreten, er braucht sich nicht einzulassen. Ihm genügen Schaufenster und das Schauspiel der Aus- und Eingänge. Von Aufschriften liest er das Leben ab. Und wenn er aufblickt und wegblickt von den Dingen, sagen ihm auch die Gesichter der vorübergehenden Unbekannten mit einmal mehr.

Es ist das unvergleichlich Reizvolle am Spazierengehn, daß es dich ablöst von deinem mehr oder weniger leidigen Privatleben. Du verkehrst, du kommunizierst mit lauter fremden Zuständen und Schicksalen. Das merkt der echte Spaziergänger an dem merkwürdigen Erschrecken, das er verspürt, wenn in der Traumstadt seines Flanierens ihm plötzlich ein Bekannter begegnet und er dann mit jähem Ruck wieder ganz einfach ein feststellbares Individuum ist.

Das Spazierengehn ist nur selten eine gesellige Angelegenheit wie etwa das Promenieren, das wohl früher einmal (jetzt nur noch in Städten, wo es eine Art Korso gibt) ein hübsches Gesellschaftsspiel, eine reizvolle theatralische oder novellistische Situation gewesen sein mag. Es ist gar nicht leicht, mit einem Begleiter spazierenzugehn. Nur wenig Leute verstehen sich auf diese Kunst. Kinder, diese sonst in vielem vorbildlichen Geschöpfe, machen aus dem Spazieren ein Unternehmen mit heimlichen Spielregeln, sind so beschäftigt, beim Beschreiten des Pflasters das Berühren der Randflächen und sandigen Ritzen zu vermeiden, daß sie nicht aufschauen können; oder sie benutzen die Reihenfolge der Dinge, an denen sie vorbeikommen, zu seltsam abergläubischen Berechnungen, sie trödeln oder eilen, sie gehen nicht spazieren. Leute, die berufsmäßig beobachten, Maler und Schriftsteller, sind oft sehr störende Begleiter, weil sie ausschneiden und umrahmen, was sie sehn, oder es ausdeuten und umdeuten, auch zu plötzlich stehnbleiben, statt das Wanderbild wunschlos in sich aufzunehmen. Und so bist du echter Spaziergänger meist allein und mußt dich hüten, zu der düstern Romanfigur zu werden, die ihr eignes Leben von den Häuserkulissen abliest, wenn sie mit melancholisch hallenden Schritten die Straße durchmißt, um dem Autor des Buches zur Exposition seiner Geschichte Gelegenheit zu geben.

Der richtige Spaziergänger ist wie ein Leser, der ein Buch nur zu seinem Zeitvertreib und Vergnügen liest – ein selten werdender Menschenschlag heutzutage, da die meisten Leser in falschem Ehrgeiz wie auch die Theaterbesucher sich für verpflichtet halten, ihr Urteil abzugeben (Ach, das viele Urteilen! Selbst die Kunstrichter sollten lieber weniger urteilen und mehr besprechen. Schön wär's, wenn Kritiker, was sie behandeln, besprechen könnten wie Zauberer die Krankheiten).

Also, eine Art Lektüre ist die Straße. Lies sie. Urteile nicht. Finde nicht zu schnell schön und häßlich. Das sind ja alles so unzuverlässige Begriffe. Laß dich auch täuschen und verführen von Beleuchtung, Stunde und dem Rhythmus deiner Schritte.

Werde Menge. Schließ dich zeitweilig Umzügen an. Mach Aufläufe mit. Wenn gerade irgendwo Geschäftsschluß oder das Theater aus ist, so bleib ein Weilchen stehn, als erwartetest du jemanden. Solche gespielte Absicht entrückt dich nicht der schönen Zwecklosigkeit deines Tuns.

Bei langem Gehn bekommst du nach einer ersten Müdigkeit neuen Schwung. Dann trägt das Pflaster dich mütterlich, es wiegt dich wie ein wanderndes Bett. Und was du alles siehst in diesem Zustand angeblicher Ermattung! Was dich alles ansieht! Immer vertrauter wird mit dir die Straße. Sie läßt ihre älteren Zeiten durchschimmern durch die Schicht Gegenwart. Was kannst du da, sogar in unserem Berlin, erleben in gar nicht offiziell historischen Gegenden. Ich brauche dich nicht in den Krögel oder nach Altcölln zu schicken.

Noch einen Rat: Es empfiehlt sich, nicht ganz ziellos zu gehn. Du wunderst dich nach dem, was ich bisher gesagt habe, über diese Äußerung? Aber auch in dem »aufs Geratewohl« gibt es einen Dilettantismus, der ungünstig ist. Beabsichtige, irgendwohin zu gelangen. Vielleicht kommst du in angenehmer Weise vom Wege ab. Aber der Abweg setzt immer einen Weg voraus.

Wenn du unterwegs etwas ansehn willst, geh nicht zu gierig darauf los. Sonst entzieht es sich dir. Laß ihm Zeit, auch dich anzusehn. Es gibt ein Aug in Aug auch mit den sogenannten Dingen. Wohingegen es sich bei Menschen oft empfiehlt, sie ungesehen anzuschauen. Da geben sie ungewollt Leben her, das sie im streitbaren Treffen der Blicke verteidigend vorenthalten.

Da habe ich nun immer nur vom Spazieren in der Stadt gesprochen. Nicht von der merkwürdigen Zwischen- und Übergangswelt: Vorstadt, Weichbild, Bannmeile mit all ihrem Unaufgeräumten, Stehengebliebenen, mit den plötzlich abschneidenden Häuserreihen, mit Schuppen, Lagern, Schienensträngen, mit dem Laubhüttenfest der Schrebergärten. Aber da ist schon der Übergang zum Lande und zum Wandern. Und das Wandern ist wieder ein ganz andres Kapitel aus der Schule des Genusses. Schule des Genusses? Ja, in die müßten wir wieder gehn. Eine schwere Schule, ein holde und strenge Zucht. Am Ende aber gibt es sie gar nicht; und wenn man sie zu gründen versuchte, es käme ein schrecklicher »Ernst des Lebens« dabei heraus.

Stefan Zweig

Das Buch als Eingang zur Welt

Ich legte mich hin in einen Liegestuhl, sah hinauf in die weiche Nacht. Die merkwürdige Entdeckung ließ mir keine Ruhe. Ich hatte zum erstenmal einen Analphabeten gesehen, einen europäischen Menschen dazu, den ich klug wußte und mit dem ich wie mit einem Kameraden gesprochen hatte, und nun beschäftigte, ja quälte mich das Phänomen, wie sich die Welt in einem solchen der Schrift verrammelten Gehirn spiegeln möge. Ich versuchte mir die Situation auszudenken, wie das sein mußte, nicht lesen zu können; ich versuchte, mich in diesen Menschen hineinzudenken. Er nimmt eine Zeitung und versteht sie nicht. Er nimmt ein Buch, und es liegt ihm in der Hand, etwas leichter als Holz oder Eisen, viereckig, kantig, ein farbiges zweckloses Ding, und er legt es wieder weg, er weiß nicht, was damit anfangen. Er bleibt vor einer Buchhandlung stehen, und diese schönen, gelben, grünen, roten, weißen, rechteckigen Dinge mit ihren goldgepreßten Rücken sind für ihn gemalte Früchte oder verschlossene Parfümflaschen, hinter deren Glas man den Duft nicht spüren kann. Man nennt vor ihm die heiligen Namen Goethe, Dante, Shelley, und sie sagen ihm nichts, bleiben tote Silben, leerer, sinnloser Schall. Er ahnt nichts, der Arme, von den großen Entzückungen, die plötzlich aus einer einzigen Buchzeile brechen können wie der silberne Mond aus dem toten Gewölk, er kennt nicht die tiefen Erschütterungen, mit denen ein geschildertes Schicksal plötzlich in einem selbst zu leben beginnt. Er lebt völlig in sich vermauert, weil er das Buch nicht kennt, ein dumpfes troglodytisches Dasein, und – so fragte ich mich – wie erträgt man dieses Leben, abgespalten von der Beziehung zum Ganzen, ohne zu ersticken, ohne zu verarmen? Wie erträgt man es, nichts anderes zu kennen als das, was bloß das Auge, das Ohr zufällig faßt, wie kann man atmen ohne die Weltluft, die aus den Büchern strömt? Immer intensiver versuchte ich, mir die Situation des Nichtlesen-Könnenden, des von der geistigen Welt Ausgesperrten vorzustellen, ich bemühte mich, seine Lebensform mir so künstlich aufzubauen, wie etwa ein Gelehrter aus den Resten eines Pfahlbaues sich die Existenz eines Brachyzephalen oder eines Steinzeitmenschen zu rekonstruieren sucht. Doch ich konnte mich nicht zurückschrauben in das Gehirn eines Menschen, in eine Denkweise eines Europäers, der nie ein Buch gelesen, ich konnte es so wenig, wie ein Tauber sich eine Vorstellung von Musik aus Beschreibungen erzaubern kann.

Aber da ich ihn innerlich nicht verstand, den Analphabeten, versuchte ich nun, zur Denkhilfe mir mein eigenes Leben ohne Bücher vorzustellen. Ich versuchte also zuerst einmal, aus meinem Lebenskreis all das für eine Stunde wegzudenken, was ich von schriftlicher Übermittlung, vor allem von Büchern empfangen hatte. Aber schon dies gelang mir nicht. Denn das, was ich als mein Ich empfand, es löste sich gleichsam vollkommen auf, wenn ich versuchte, ihm zu nehmen, was ich an Wissen, an Erfahrung, an Gefühlskraft über mein Eigenerleben hinaus an Weltgefühl und Selbstgefühl von Büchern und Bildung empfangen hatte. An welches Ding, an welchen Gegenstand ich zu denken versuchte, überall banden sich Erinnerungen und Erfahrungen, die ich Büchern verdankte, und jedes einzelne Wort löste unzählige Assoziationen aus an ein Gelesenes oder Gelerntes. Wenn ich mich zum Beispiel erinnerte, daß ich jetzt nach Algier und Tunis fuhr, so schossen schon blitzartig, ohne daß ich es wollte, hundert Assoziationen sich kristallisch an das Wort »Algier« an – Karthago, der Baalsdienst, ›Salammbô‹, jene Szenen aus dem Livius, da Punier und Römer, Scipio und Hannibal einander bei Zama begegnen, und gleichzeitig dieselbe Szene in dem dramatischen Fragment von Grillparzer; ein Gemälde von Delacroix fuhr farbig dazwischen und eine Landschaftsschilderung Flauberts. Daß Cervantes bei dem Sturm auf Algier unter Kaiser Karl V verwundet worden war, und tausend andere Einzelheiten, sie waren mir mit dem Aussprechen oder dem

Bloßdenken der Worte Algier und Tunis magisch lebendig; zwei Jahrtausende Kämpfe und Geschichte im Mittelalter und unzählige andere Bindungen drängten sich aus dem Gedächtnis, all das seit meinen Kindertagen Gelesene und Gelernte bereicherte dieses eine hingeträumte Wort. Und ich verstand, daß die Gabe oder die Gnade, weiträumig zu denken und in vielen Verbindungen, daß diese herrliche und einzig richtige Art, gleichsam von vielen Flächen her die Welt anzuschauen, nur dem zuteil wird, der über seine eigene Erfahrung hinaus die in den Büchern aufbewahrte aus vielen Ländern, Menschen und Zeiten einmal in sich aufgenommen hat, und war erschüttert, wie eng jeder die Welt empfinden muß, der sich dem Buch versagt. Aber auch, daß ich all dies durchdachte, daß ich so vehement fühlen konnte, was diesem armen Giovanni fehlte an gesteigerter Weltlust; diese Gabe, erschüttert werden zu können von einem fremden, zufälligen Schicksal, dankte ich dies nicht der Beschäftigung mit dem Dichterischen? Denn wenn wir lesen, was tun wir anders, als fremde Menschen von innen heraus mitzuleben, mit ihren Augen zu schauen, mit ihrem Hirn zu denken? Und nun erinnerte ich mich immer lebhafter und erkenntlicher aus diesem einen belebten und dankbaren Augenblick an die unzähligen Beglückungen, die ich von Büchern empfangen; ein Beispiel nach dem anderen reihte sich innen, wie oben im Himmel Stern an Stern, ich besann mich auf einzelne, die mein Leben aus der Enge der Unwissenheit erweitert, mir die Werte gestuft hatten und dem Knaben schon Erregungen und Erfahrungen gegeben, die mächtiger waren als sein damals noch schmaler und unreifer Leib. Darum, jetzt verstand ich's, hatte sich auch so übermächtig dem Kinde die Seele gespannt, wenn es Plutarch las oder die Seeabenteuer des Midshipman oder die Jagden Lederstrumpfs, denn eine wildere und heißere Welt brach damals in die bürgerlichen Wohnungswände und riß gleichzeitig aus ihnen heraus: zum erstenmal aus Büchern hatte ich die Weite, die unausmeßbare, unserer Welt geahnt und die Lust, mich an sie zu verlieren. Einen Großteil all unserer Spannungen, jenes Über-uns-hinaus-

Begehrens, diesen besten Teil unseres Wesens, all diesen heiligen Durst, ihn danken wir dem Salz der Bücher, das uns zwingt, immer wieder neues Erlebnis in uns einzutrinken. Ich erinnerte mich an wichtige Entscheidungen, die mir von Büchern kamen, an Begegnungen mit längst abgestorbenen Dichtern, die mir wichtiger waren als manche mit Freunden und Frauen, an Liebesnächte mit Büchern, wo man wie in jenen anderen den Schlaf selig im Genuß versäumte; und je mehr ich nachdachte, um so mehr erkannte ich, daß unsere geistige Welt aus Millionen Monaden einzelner Eindrücke besteht, deren geringste Zahl nur aus Geschautem und Erfahrenem stammt – alles andere aber, die wesentliche verflochtene Masse, sie danken wir Büchern, dem Gelesenen, dem Übermittelten, dem Erlernten.

Es war wunderbar, all dem nachzusinnen. Langvergessene Beglückungen, die ich durch Bücher erfahren, fielen mir wieder ein, eine erinnerte mich an die andere, und so wie in dem nachtsamtenen Himmel über mir, wenn ich versuchte, die Sterne zu zählen, immer neue und unbemerkte auftauchten und mir das Zählen verwirrten, so wurde ich auch bei dieser Tiefschau in die innere Sphäre gewahr, daß auch dieser unser anderer Sternenhimmel überleuchtet ist von unerrechenbar vielen einzelnen Lichtflammen und daß wir durch das Genießenkönnen des Geistigen noch ein zweites Weltall haben, das um uns leuchtend kreist, gleichfalls von geheimer Musik erfüllt. Nie war ich den Büchern so nah gewesen wie in dieser Stunde, da ich keines in Händen hielt und nur an sie dachte, aber mit der gesammelten Erkenntlichkeit einer aufgetanen Seele. An dem kleinen Erlebnis mit dem Analphabeten, diesem armen Eunuchen des Geistes, der, ebenso gestaltet wie wir, infolge dieses einen Defektes nicht vermochte, liebend und schöpferisch in die höhere Welt einzudringen, empfand ich die ganze Magie des Buches, in dem jedem Wissenden das Universum täglich offen aufgeschlagen ist.

Wer aber einmal so den Wert des Geschriebenen, Gedruckten, der geistigen Sprachübermittlung in seiner ganzen unausmeßbaren Weite erlebt, ob an einem einzelnen Buch, ob an ihrem

Gesamtdasein, der lächelt dann mitleidig über die Kleinmütigkeit, die heute so viele und selbst Kluge ergreift. Die Zeit des Buches sei zu Ende, die Technik habe jetzt das Wort, so klagen sie, das Grammophon, der Kinematograph, das Radio als raffiniertere und bequemere Übermittlungsleiter des Wortes und des Gedankens begännen schon das Buch zu verdrängen, und bald würde seine kulturhistorische Mission der Vergangenheit angehören. Aber wie eng ist das gesehen, wie kurz gedacht! Denn wo wäre jemals der Technik ein Wunderbares gelungen, das jenes tausendjahralte des Buches überträfe, ja auch nur erreichte! Kein Explosivmittel hat die Chemie entdeckt, das so weitreichend und welterschütternd wirkte, keine Stahlplatte, keinen Eisenzement hat sie gehämmert, der an Beständigkeit diese kleinen Bündel bedruckten Papiers überdauerte. Noch hat keine elektrische Lichtquelle solche Erleuchtung geschaffen, wie sie von manchem dünnen Bändchen ausgeht, noch immer ist kein künstlicher Kraftstrom jenem vergleichbar, der die Seele bei der Berührung mit dem gedruckten Wort erfüllt. Alterslos und unzerstörbar, unveränderlich in den Zeiten, komprimierteste Kraft in winzigster und wandelhaftester Form, hat das Buch nichts von der Technik zu fürchten, denn sie selbst, wie anders erlernt und verbessert sie sich denn aus Büchern? Überall, nicht nur in unserem eigenen Leben, ist das Buch Alpha und Omega alles Wissens und jeder Wissenschaft Anfang. Und je inniger man mit Büchern lebt, desto tiefer erlebt man die Gesamtheit des Lebens, denn wunderbar vervielfacht, nicht nur mit dem eigenen Auge, sondern mit dem Seelenblick Unzähliger sieht und durchdringt dank ihrer herrlichen Hilfe der Liebende die Welt.

Ein Tag in der Sommerfrische

Zehn Uhr morgens. Der Postbote kommt in das Gastzimmer und schüttelt die Regentropfen ab. Von der Eisenbahnstation her hat er zwei und eine halbe Stunde durch Feld und Wald marschieren müssen.

Er gibt mir die Zeitung und tritt dann an den Schanktisch, wo schon der Wirt, der Forstgehilfe und der Reiter versammelt sind. Die Herren beschließen, einen kurzen Morgenstehschnaps zu veranstalten.

Durch das Fenster, an dem ich sitze und meine Zeitung lese, kann ich auf den Hof sehen; in der Mitte dieses Hofes steht eine Gans, die mich mit ihren gelben Augen unverwandt betrachtet.

Dahinter fern der See, schwarz im Regenwinde.

Zwölf Uhr. Ich verzehre an meinem Fenster einen Aal in Dill. Der Aal hat noch heute morgen im See geschwommen, und der Dill ist kein Büchsenersatz, sondern frischer grüner Dill. Fräulein Grete hat ihn mir soeben in der Küche lachend unter die Nase gehalten.

Was die Gans betrifft, so steht sie immer an derselben Stelle im Hofe, doch hat sie mir jetzt ihre hintere Seite zugekehrt. Nach meiner Uhr kann ich zählen, daß sie sechsmal in der Minute mit dem Schwanze wackelt.

Der Postbote aber, der Forstgehilfe, der Reiter und der Wirt haben den Morgenstehschnaps etwas lebhafter ausgestaltet und erzählen sich ihre Kriegserlebnisse.

Vier Uhr. Es scheint, daß ich an meinem Fenster ein wenig geschlafen habe. Beim Aufwachen bemerke ich, daß der See jetzt im hellen Sonnenschein glänzt. Du lieber Himmel, da ist ja Aussicht, daß die Fischer doch noch einen Hecht hereinbringen für heute abend.

Inzwischen hat die Gans sich hingesetzt, weil der Boden

schön warm geworden ist. Und ich mache die Beobachtung, daß eine Gans im Sitzen nicht mit dem Schwanz wackeln kann. (Oder nicht wackeln will?)

Der Reiter, der Forstgehilfe, der Wirt und der Postbote haben sich ebenfalls hingesetzt, aber aus einem anderen Grunde: sie sehen nämlich nicht ein, warum sie ihren Morgenstehschnaps nicht im Sitzen weiterführen sollten.

Acht Uhr abends. Der Hecht war vorzüglich; ein gebratenes Schwanzstück, fast ohne Gräten.

Nun ist die Gans zu Bett gegangen, und ich beschließe, ebenfalls zu Bett zu gehen; unmöglich abzuwarten, wann der Wirt, der Reiter, der Forstgehilfe und der Postbote mit ihrem Morgenstehschnaps zu Ende sein werden.

In das Schlafzimmer hinein, in dem ich liege, verdämmert durch die Vorhänge der selige Tag; und draußen singt der See um alle seine Ufer.

Aber was sind das für Vögel, die jetzt noch auf dem Wasser tätig sind und sich mit klangvollen Lauten rufen? Nun, dem wollen wir morgen nachforschen. Möge ein jeder Tag seine Aufgabe und seine Lehre bringen.

Frauen sind eitel. Männer? Nie –!

Das war in Hamburg, wo jede vernünftige Reiseroute aufzuhören hat, weil es die schönste Stadt Deutschlands ist – und es war vor dem dreiteiligen Spiegel. Der Spiegel stand in einem Hotel, das Hotel stand vor der Alster, der Mann stand vor dem Spiegel. Die Morgen-Uhr zeigte genau fünf Minuten vor einhalb zehn.

Der Mann war nur mit seinem Selbstbewußtsein bekleidet, und es war jenes Stadium eines Ferientages, wo man sich mit geradezu wollüstiger Langsamkeit anzieht, trödelt, Sachen im Zimmer umherschleppt, tausend überflüssige Dinge aus dem Koffer holt, sie wieder hineinpackt, Taschentücher zählt und sich überhaupt benimmt wie ein mittlerer Irrer: es ist ein geschäftiges Nichtstun, und dazu sind ja die Ferien auch da. Der Mann stand vor dem Spiegel. Männer sind nicht eitel. Frauen sind es. Alle Frauen sind eitel. Dieser Mann stand vor dem Spiegel, weil der dreiteilig war und weil der Mann zu Hause keinen solchen besaß. Nun sah er sich, Antinous mit dem Hängebauch, im dreiteiligen Spiegel und bemühte sich, sein Profil so kritisch anzusehen, wie seine egoistische Verliebtheit das zuließ … eigentlich … und nun richtete er sich ein wenig auf – eigentlich sah er doch sehr gut im Spiegel aus, wie –? Er strich sich mit gekreuzten Armen über die Haut, wie es die tun, die in ein Bad steigen wollen … und bei dieser Betätigung sah sein linkes Auge ganz zufällig durch die dünne Gardine zum Fenster hinaus. Da stand etwas.

Es war eine enge Seitenstraße, und gegenüber, in gleicher Etagenhöhe, stand an einem Fenster eine Frau, eine ältere Frau, schien's, die hatte die drübige Gardine leicht zur Seite gerafft, den Arm hatte sie auf ein kleines Podest gelehnt, und sie stierte, starrte, glotzte, äugte gerade auf des Mannes gespiegelten Bauch. Allmächtiger.

Der erste Impuls hieß den Mann vom Spiegel zurücktreten, in die schützende Weite des Zimmers, gegen Sicht gedeckt. So ein Frauenzimmer. Aber es war doch eine Art Kompliment, das war unleugbar; denn wenn jene auch dergleichen vielleicht immer zu tun pflegte – es war eine Schmeichelei. »An die Schönheit.« Unleugbar war das so. Der Mann wagte sich drei Schritt vor.

Wahrhaftig: da stand sie noch immer und äugte und starrte. Nun – man ist auf der Welt, um Gutes zu tun … und wir können uns doch noch alle Tage sehen lassen – ein erneuter Blick in den Spiegel bestätigte das – heran an den Spiegel, heran ans Fenster!

Nein. Es war zu schehnierlich … der Mann hüpfte davon, wie ein junges Mädchen, eilte ins Badezimmer und rasierte sich mit dem neuen Messer, das glitt sanft über die Haut wie ein nasses Handtuch, es war eine Freude. Abspülen (»Scharf nachwaschen?« fragte er sich selbst und bejahte es), scharf nachwaschen, pudern … das dauerte gut und gern seine zehn Minuten. Zurück. Wollen doch spaßeshalber einmal sehen –.

Sie stand wahr und wahrhaftig noch immer da; in genau derselben Stellung wie vorhin stand sie da, die Gardine leicht zur Seite gerafft, den Arm aufgestützt, und sah regungslos herüber. Das war denn doch – also, das wollen wir doch mal sehen.

Der Mann ging nun überhaupt nicht mehr vom Spiegel fort. Er machte sich dort zu schaffen, wie eine Bühnenzofe auf dem Theater: er bürstete sich und legte einen Kamm von der rechten auf die linke Seite des Tischchens; er schnitt sich die Nägel und trocknete sich ausführlich hinter den Ohren, er sah sich prüfend von der Seite an, von vorn und auch sonst … ein schiefer Blick über die Straße: die Frau, die Dame, das Mädchen – sie stand noch immer da.

Der Mann, im Vollgefühl seiner maskulinen Siegerkraft, bewegte sich wie ein Gladiator im Zimmer, er tat so, als sei das Fenster nicht vorhanden, er ignorierte scheinbar ein Publikum, für das er alles tat, was er tat: er schlug ein Rad, und sein ganzer Körper machte fast hörbar: Kikeriki! dann zog er sich, mit leisem Bedauern, an.

Nun war da ein manierlich bekleideter Herr, – die Person stand doch immer noch da! –, er zog die Gardine zurück und öffnete mit leicht vertraulichem Lächeln das Fenster. Und sah hinüber.

Die Frau war gar keine Frau.

Die Frau, vor der er eine halbe Stunde lang seine männliche Nacktheit produziert hatte, war – ein Holzgestell mit einem Mantel darüber, eine Zimmerpalme und ein dunkler Stuhl. So wie man im nächtlichen Wald aus Laubwerk und Ästen Gesichter komponiert, so hatte er eine Zuschauerin gesehen, wo nichts gewesen war als Holz, Stoff und eine Zimmerpalme. Leicht begossen schloß der Herr Mann das Fenster. Frauen sind eitel. Männer –? Männer sind es nie.

FELICITAS HOPPE

Die Handlanger

Kein Zweifel, mein Geliebter will nicht mehr Hand an mich legen, und es ist Zeit, daß ich mich nach neuen Handlangern umsehe. Ich ging auf die Straße und rümpfte die Nase, denn die hohe Kunst des Beweinens habe ich nicht gelernt. Ich kam in unseren Kurpark, wo die Schwäne schwimmen.

Da traf ich den Gärtner. Gleich kamen wir ins Gespräch. Der Gärtner legte die Gartenschere aus der Hand und die auf diese Weise frei gewordene Hand, jetzt ganz ohne die Kraft, mit der er bis eben noch die Schere gehalten hatte, auf meine Schulter. Er lud mich ein, mit ihm den Park zu begehen, die Pflanzen und die Tiere und die Spaziergänger zu bestimmen und ihm im Vorübergehen meine Lebensgeschichte zu erzählen.

Mein Geliebter, begann ich, erklärt, er könne nicht mehr Hand an mich legen, da aus mir nichts wird. Ist das denn wahr, fragte entzückt der Gärtner. Das allerdings ist wahr, entgegnete ich, denn mir fehlt dreierlei: erstens der Glanz des Ruhms, zweitens der Glanz des Geistes, drittens der Glanz des Körpers.

Diese Auflistung, rief begeistert der Gärtner, ist ganz nach den Gesetzen der Logik zusammengestellt, aber sie ist alles andere als vollständig. Und wie um die Leere meiner Rede durch entschlossenes Tun auszufüllen, zog er mich unter einen in der Nähe wachsenden Busch, wo er mich nach den Regeln des Gartenbaus zu trösten versuchte.

Vieles spricht nicht gegen das Schreiben. Es ist eine warme und geschützte Tätigkeit. Selbst bei schlechter Witterung gelingt hin und wieder ein lesbarer Satz. Natürlich neigt der Schreibende zur Rechthaberei, weshalb mein Geliebter nicht mehr Hand an mich legen will und mich zwingt, ohne Gartenschere unter einem Busch zu liegen.

Mein Bericht ermüdete den Gärtner. Erschöpft schlief er neben mir ein. Kichernd näherte sich eine Gruppe von Spaziergängern, die einen so fröhlichen Eindruck auf mich machten, daß ich auf ihre Gesellschaft nicht verzichten wollte. Ich zog mein Kleid glatt und hakte mich bei einem von ihnen unter, der, wie sich an der Biegung herausstellte, Sohn eines Erfrischungsgetränkefabrikanten war und ein kurzweiliges Leben führte. Wir kamen gleich ins Gespräch, erörterten unsere Vorliebe für erfrischende Getränke aller Art und gelangten zu einem kleinen Pavillon, in dessen Innerem wir uns auf einer Holzbank niederließen, um einander auch den Rest persönlicher Wahrheit nicht vorzuenthalten. Sie werden den Anschluß an ihre Gruppe verlieren, sagte ich. Er zuckte nur mit der Wimper und lud mich zum Abendessen im Kurparkrestaurant ein. Die Sonne stand noch nicht tief genug, um Abschied voneinander zu nehmen.

Wir betraten Arm in Arm mit Appetit das kleine Kurparkrestaurant. Der Sohn des Erfrischungsgetränkefabrikanten war offenbar ein gerngesehener Gast, denn nicht weniger als drei Kellner hielten uns die Speisekarten so dicht unter die Augen, daß ich mich beim besten Willen nicht entscheiden konnte. Nach langem Hin und Her entschied ich mich schließlich für den dritten. Wir zogen uns in das Billardzimmer zurück, wo ich ihm meine Lebensgeschichte erzählte, während aus der Gaststube das laute Schmatzen des Fabrikantensohns zu uns herüberdrang.

Der Kellner erwies sich als verständiger Zuhörer. Er stellte behutsam die eine oder andere Frage, ohne dabei seine Berufspflicht zu vernachlässigen. Ich kann sagen, daß ich an dem Abend gut gegessen habe, was hinterher zu einem kleinen Streit mit dem Sohn des Erfrischungsgetränkefabrikanten führte. Stammkundschaft bringt am Ende nichts als Ärger, hoch die Erwartung, groß die Enttäuschung, sagte der Wirt, schließlich ist man gezwungen, Hand anzulegen, ohne es zu wollen. Ach wenn Sie wüßten, wie gut ich Sie verstehe, rief ich laut, aber da hatten mich die Kellner bereits auf ihre Schultern gehoben. Sie trugen mich vorbei an dem Sohn des Erfrischungsgetränkefabrikanten, an dem See mit den Schwänen, die nicht wissen, wovon die Rede ist, hinaus in die Nacht.

Als wir an dem kleinen Musikpavillon vorbeikamen, in dem eine dünnbemannte Kapelle die übriggebliebenen Kurgäste aufzuheitern versuchte, sprang ich ab. Ich setzte mich auf einen kleinen gelb gestrichenen Klappstuhl in der ersten Reihe, um für den Rest des Abends dem Dirigenten unermüdlich Kußhände zuzuwerfen. Dreierlei beeindruckte mich: erstens die Größe seiner Gesten, zweitens ihre Dichte, drittens die Enge seines Fracks, viel zu eng für den Glanz seines Körpers.

Ich will von nun an mein Leben an der Seite des Dirigenten unseres Kurparkorchesters verbringen, der abends gegen zehn den Taktstock aus der Hand legt, um die Leere meiner Rede durch entschlossenes Tun auszufüllen.

»Ich versank in dem Strome von Empfindungen«

Von Sehnsucht und Erfüllung

Johann Wolfgang Goethe

»Ich lebe so glückliche Tage«

am 16. Juny.

Warum ich dir nicht schreibe? Fragst du das und bist doch auch der Gelehrten einer. Du solltest rathen, daß ich mich wohl befinde, und zwar – Kurz und gut, ich habe eine Bekanntschaft gemacht, die mein Herz näher angeht. Ich habe – ich weis nicht.

Dir in der Ordnung zu erzählen, wie's zugegangen ist, daß ich ein's der liebenswürdigsten Geschöpfe habe kennen lernen, wird schwer halten, ich bin vergnügt und glüklich, und so kein guter Historienschreiber.

Einen Engel! Pfuy! das sagt jeder von der seinigen! Nicht wahr? Und doch bin ich nicht im Stande, dir zu sagen, wie sie vollkommen ist, warum sie vollkommen ist, genug, sie hat all meinen Sinn gefangen genommen.

So viel Einfalt bey so viel Verstand, so viel Güte bey so viel Festigkeit, und die Ruhe der Seele bey dem wahren Leben und der Thätigkeit. –

Das ist alles garstiges Gewäsche, was ich da von ihr sage, leidige Abstraktionen, die nicht einen Zug ihres Selbst ausdrükken. Ein andermal – Nein, nicht ein andermal, jezt gleich will ich dir's erzählen. Thu ich's jezt nicht, geschäh's niemals. Denn, unter uns, seit ich angefangen habe zu schreiben, war ich schon dreymal im Begriffe die Feder niederzulegen, mein Pferd satteln zu lassen und hinaus zu reiten und doch schwur ich mir heut früh nicht hinaus zu reiten – und gehe doch alle Augenblikke ans Fenster zu sehen, wie hoch die Sonne noch steht.

Ich hab's nicht überwinden können, ich mußte zu ihr hinaus. Da bin ich wieder, Wilhelm, und will mein Butterbrod zu Nacht essen und dir schreiben. Welch eine Wonne das für meine Seele ist, sie in dem Kreise der lieben muntern Kinder ihrer acht Geschwister zu sehen! –

Wenn ich so fortfahre, wirst du am Ende so klug seyn wie am Anfange, höre denn, ich will mich zwingen ins Detail zu gehen.

Ich schrieb dir neulich, wie ich den Amtmann S. habe kennen lernen, und wie er mich gebeten habe, ihn bald in seiner Einsiedeley, oder vielmehr seinem kleinen Königreiche zu besuchen. Ich vernachläßigte das, und wäre vielleicht nie hingekommen, hätte mir der Zufall nicht den Schaz entdekt, der in der stillen Gegend verborgen liegt.

Unsere jungen Leute hatten einen Ball auf dem Lande angestellt, zu dem ich mich denn auch willig finden ließ. Ich bot einem hiesigen guten, schönen, weiters unbedeutenden Mädchen die Hand, und es wurde ausgemacht, daß ich eine Kutsche nehmen, mit meiner Tänzerinn und ihrer Baase nach dem Orte der Lustbarkeit hinausfahren, und auf dem Wege Charlotten S. mitnehmen sollte. Sie werden ein schönes Frauenzimmer kennen lernen, sagte meine Gesellschafterinn, da wir durch den weiten schön ausgehauenen Wald nach dem Jagdhause fuhren. Nehmen sie sich in Acht, versezte die Baase, daß Sie sich nicht verlieben! Wie so? sagt' ich: Sie ist schon vergeben, antwortete jene, an einen sehr braven Mann, der weggereist ist, seine Sachen in Ordnung zu bringen nach seines Vaters Tod, und sich um eine ansehnliche Versorgung zu bewerben. Die Nachricht war mir ziemlich gleichgültig.

Die Sonne war noch eine Viertelstunde vom Gebürge, als wir vor dem Hofthore anfuhren, es war sehr schwühle, und die Frauenzimmer äusserten ihre Besorgniß wegen eines Gewitters, das sich in weisgrauen dumpfigen Wölkchen rings am Horizonte zusammen zu ziehen schien. Ich täuschte ihre Furcht mit anmaßlicher Wetterkunde, ob mir gleich selbst zu ahnden anfieng, unsere Lustbarkeit werde einen Stoß leiden.

Ich war ausgestiegen. Und eine Magd, die an's Thor kam, bat uns, einen Augenblik zu verziehen, Mamsell Lottchen würde gleich kommen. Ich gieng durch den Hof nach dem wohlgebauten Hause, und da ich die vorliegenden Treppen hinaufgestiegen war und in die Thüre trat, fiel mir das reizendste Schauspiel in die Augen, das ich jemals gesehen habe. In dem Vorsaale wimmelten sechs Kinder, von eilf zu zwey Jahren, um ein Mädchen von schöner mittlerer Taille, die ein simples weisses Kleid mit blaßrothen Schleifen an Arm und Brust anhatte. Sie hielt ein schwarzes Brod und schnitt ihren Kleinen rings herum jedem sein Stük nach Proportion ihres Alters und Appetites ab, gabs jedem mit solcher Freundlichkeit, und jedes rufte so ungekünstelt sein: Danke! indem es mit den kleinen Händchen lang in die Höh gereicht hatte, eh es noch abgeschnitten war, und nun mit seinem Abendbrode vergnügt entweder wegsprang, oder nach seinem stillern Charakter gelassen davon nach dem Hofthore zugieng, um die Fremden und die Kutsche zu sehen, darinnen ihre Lotte wegfahren sollte. Ich bitte um Vergebung, sagte sie, daß ich Sie herein bemühe, und die Frauenzimmer warten lasse. Ueber dem Anziehen und allerley Bestellungen für's Haus in meiner Abwesenheit, habe ich vergessen meinen Kindern ihr Vesperstük zu geben, und sie wollen von niemanden Brod geschnitten haben als von mir. Ich machte ihr ein unbedeutendes Compliment, und meine ganze Seele ruhte auf der Gestalt, dem Tone, dem Betragen, und hatte eben Zeit, mich von der Ueberraschung zu erholen, als sie in die Stube lief ihre Handschuh und Fächer zu nehmen. Die Kleinen sahen mich in einiger Entfernung so von der Seite an, und ich gieng auf das jüngste los, das ein Kind von der glüklichsten Gesichtsbildung war. Es zog sich zurük, als eben Lotte zur Thüre herauskam, und sagte: Louis, gieb dem Herrn Vetter eine Hand. Das that der Knabe sehr freymüthig, und ich konnte mich nicht enthalten, ihn ohngeachtet seines kleinen Roznäschens herzlich zu küssen. Vetter? sagt' ich, indem ich ihr die Hand reichte, glauben Sie, daß ich des Glüks werth sey, mit Ihnen verwandt zu seyn? O! sagte sie, mit einem leichtfertigen Lächeln, unsere Vetterschaft ist sehr weitläuftig, und es wäre mir leid, wenn sie der Schlimmste drunter seyn sollten. Im Gehen gab sie Sophien, der ältsten Schwester nach ihr, einem Mädchen von ohngefähr eilf Jahren, den Auftrag, wohl auf die Kleinen Acht zu haben, und den Papa zu grüssen, wenn er vom Spazierritte zurükkäme. Den Kleinen sagte sie, sie sollten ihrer Schwester Sophie folgen, als wenn sie's selbst wäre, das denn auch einige ausdrüklich versprachen. Eine kleine nasweise Blondine aber, von ohngefähr sechs Jahren, sagte: du bist's doch nicht, Lottchen! wir haben dich doch lieber. Die zwey ältsten der Knaben waren hinten auf die Kutsche geklettert, und auf mein Vorbitten erlaubte sie ihnen, bis vor den Wald mit zu fahren, wenn sie versprächen, sich nicht zu necken, und sich recht fest zu halten.

Wir hatten uns kaum zurecht gesezt, die Frauenzimmer sich bewillkommt, wechselsweis über den Anzug und vorzüglich die Hütchen ihre Anmerkungen gemacht, und die Gesellschaft, die man zu finden erwartete, gehörig durchgezogen; als Lotte den Kutscher halten, und ihre Brüder herabsteigen lies, die noch einmal ihre Hand zu küssen begehrten, das denn der ältste mit aller Zärtlichkeit, die dem Alter von fünfzehn Jahren eigen seyn kann, der andere mit viel Heftigkeit und Leichtsinn that. Sie ließ die Kleinen noch einmal grüßen, und wir fuhren weiter.

Die Baase fragte: ob sie mit dem Buche fertig wäre, das sie ihr neulich geschickt hätte. Nein, sagte Lotte, es gefällt mir nicht, sie können's wieder haben. Das vorige war auch nicht besser. Ich erstaunte, als ich fragte: was es für Bücher wären und sie mir antwortete:[1] – Ich fand so viel Charakter in allem was sie sagte, ich sah mit jedem Wort neue Reize, neue Strahlen des Geistes aus ihren Gesichtszügen hervorbrechen, die sich nach und nach vergnügt zu entfalten schienen, weil sie an mir fühlte, daß ich sie verstund.

Wie ich jünger war, sagte sie, liebte ich nichts so sehr als die Romanen. Weis Gott wie wohl mir's war, mich so Sonntags in

1 Man sieht sich genöthigt, diese Stelle des Briefs zu unterdrücken, um niemand Gelegenheit zu einiger Beschwerde zu geben. Ob gleich im Grunde jedem Autor wenig an einem Urtheile eines einzelnen Mägdens, und eines jungen unsteten Menschen gelegen seyn kann.

ein Eckgen zu sezzen, und mit ganzem Herzen an dem Glükke und Unstern einer Miß Jenny Theil zu nehmen. Ich läugne auch nicht, daß die Art noch einige Reize für mich hat. Doch da ich so selten an ein Buch komme, so müssen sie auch recht nach meinem Geschmakke seyn. Und der Autor ist mir der liebste, in dem ich meine Welt wieder finde, bey dem's zugeht wie um mich, und dessen Geschichte mir doch so interessant so herzlich wird, als mein eigen häuslich Leben, das freylich kein Paradies, aber doch im Ganzen eine Quelle unsäglicher Glükseligkeit ist.

Ich bemühte mich, meine Bewegungen über diese Worte zu verbergen. Das ging freylich nicht weit, denn da ich sie mit solcher Wahrheit im Vorbeygehn vom Landpriester von Wakefield vom[2] – reden hörte, kam ich eben ausser mich und sagte ihr alles was ich mußte, und bemerkte erst nach einiger Zeit, da Lotte das Gespräch an die andern wendete, daß diese die Zeit über mit offnen Augen, als säßen sie nicht da, da gesessen hatten. Die Baase sah mich mehr als einmal mit einem spöttischen Näsgen an, daran mir aber nichts gelegen war.

Das Gespräch fiel auf das Vergnügen am Tanze. Wenn diese Leidenschaft ein Fehler ist, sagte Lotte, so gesteh ich ihnen gern, ich weis nichts übers Tanzen. Und wenn ich was im Kopfe habe, und mir auf meinem verstimmten Klaviere einen Contretanz vortrommle, so ist alles wieder gut.

Wie ich mich unter dem Gespräche in den schwarzen Augen weidete, wie die lebendigen Lippen und die frischen muntern Wangen meine ganze Seele anzogen, wie ich in den herrlichen Sinn ihrer Rede ganz versunken, oft gar die Worte nicht hörte, mit denen sie sich ausdrukte! Davon hast du eine Vorstellung, weil du mich kennst. Kurz, ich stieg aus dem Wagen wie ein Träumender, als wir vor dem Lusthause still hielten, und war so

2 Man hat auch hier die Namen einiger vaterländischen Autoren ausgelassen. Wer Theil an Lottens Beyfall hatte, wird es gewiß an seinem Herzen fühlen, wenn er diese Stelle lesen sollte. Und sonst brauchts ja niemand zu wissen.

in Träumen rings in der dämmernden Welt verlohren, daß ich auf die Musik kaum achtete, die uns von dem erleuchteten Saale herunter entgegen schallte.

Die zwey Herren Audran und ein gewisser N. N. wer behält all die Nahmen! die der Baase und Lottens Tänzer waren, empfiengen uns am Schlage, bemächtigten sich ihrer Frauenzimmer und ich führte die meinige hinauf.

Wir schlangen uns in Menuets um einander herum, ich forderte ein Frauenzimmer nach dem andern auf, und just die unleidlichsten konnten nicht dazu kommen, einem die Hand zu reichen, und ein Ende zu machen. Lotte und ihr Tänzer fiengen einen englischen an, und wie wohl mir's war, als sie auch in der Reihe die Figur mit uns anfieng, magst du fühlen. Tanzen muß man sie sehen. Siehst du, sie ist so mit ganzem Herzen und mit ganzer Seele dabey, ihr ganzer Körper, eine Harmonie, so sorglos, so unbefangen, als wenn das eigentlich alles wäre, als wenn sie sonst nichts dächte, nichts empfände, und in dem Augenblikke gewiß schwindet alles andere vor ihr.

Ich bat sie um den zweyten Contretanz, sie sagte mir den dritten zu, und mit der liebenswürdigsten Freymüthigkeit von der Welt versicherte sie mich, daß sie herzlich gern deutsch tanzte. Es ist hier so Mode, fuhr sie fort, daß jedes paar, das zusammen gehört, beym Deutschen zusammen bleibt, und mein Chapeau walzt schlecht, und dankt mir's, wenn ich ihm die Arbeit erlasse, ihr Frauenzimmer kann's auch nicht und mag nicht, und ich habe im Englischen gesehn, daß sie gut walzen, wenn sie nun mein seyn wollen fürs Deutsche, so gehn sie und bitten sich's aus von meinem Herrn, ich will zu ihrer Dame gehn. Ich gab ihr die Hand drauf und es wurde schon arrangirt, daß ihrem Tänzer inzwischen die Unterhaltung meiner Tänzerinn aufgetragen ward.

Nun giengs, und wir ergözten uns eine Weile an mannchfaltigen Schlingungen der Arme. Mit welchem Reize, mit welcher Flüchtigkeit bewegte sie sich! Und da wir nun gar ans Walzen kamen, und wie die Sphären um einander herumrollten, giengs freylich anfangs, weil's die wenigsten können, ein bisgen bunt durch einander. Wir waren klug und liessen sie austoben, und wie die ungeschiktesten den Plan geräumt hatten, fielen wir ein, und hielten mit noch einem Paare, mit Audran und seiner Tänzerinn, wakker aus. Nie ist mir's so leicht vom Flekke gegangen. Ich war kein Mensch mehr. Das liebenswürdigste Geschöpf in den Armen zu haben, und mit ihr herum zu fliegen wie Wetter, daß alles rings umher vergieng und – Wilhelm, um ehrlich zu seyn, that ich aber doch den Schwur, daß ein Mädchen, das ich liebte, auf das ich Ansprüche hätte, mir nie mit einem andern walzen sollte, als mit mir, und wenn ich drüber zu Grunde gehen müßte, du verstehst mich.

Wir machten einige Touren gehend im Saale, um zu verschnauffen. Dann sezte sie sich, und die Zitronen, die ich weggestohlen hatte beym Punsch machen, die nun die einzigen noch übrigen waren, und die ich ihr in Schnittchen, mit Zukker zur Erfrischung brachte, thaten fürtrefliche Würkung, nur daß mir mit jedem Schnittgen, das ihre Nachbarinn aus der Tasse nahm, ein Stich durch's Herz gieng, der ich's nun freylich Schanden halber mit präsentiren mußte.

Beym dritten Englischen waren wir das zweyte Paar. Wie wir die Reihe so durchtanzten, und ich, weis Gott mit wie viel Wonne, an ihrem Arme und Auge hieng, das voll vom wahrsten Ausdrukke des offensten reinsten Vergnügens war, kommen wir an eine Frau, die mir wegen ihrer liebenswürdigen Mine auf einem nicht mehr ganz jungen Gesichte, merkwürdig gewesen war. Sie sieht Lotten lächelnd an, hebt einen drohenden Finger auf, und nennt den Nahmen Albert zweymal im Vorbeyfliegen mit viel Bedeutung.

Wer ist Albert, sagte ich zu Lotten, wenns nicht Vermessenheit ist zu fragen. Sie war im Begriffe zu antworten, als wir uns scheiden mußten die grosse Achte zu machen, und mich dünkte einiges Nachdenken auf ihrer Stirne zu sehen, als wir so vor einander vorbeykreuzten. Was soll ich's ihnen läugnen, sagte sie, indem sie mir die Hand zur Promenade bot. Albert ist ein braver Mensch, dem ich so gut als verlobt bin! Nun war mir das nichts neues, denn die Mädchen hatten mir's auf dem Wege gesagt, und war mir doch so ganz neu, weil ich das noch nicht im Verhältnisse auf sie, die mir in so wenig Augenblikken so werth geworden war, gedacht hatte. Genug ich verwirrte mich, vergaß mich, und kam zwischen das unrechte Paar hinein, daß alles drunter und drüber gieng, und Lottens ganze Gegenwart und Zerren und Ziehen nöthig war, um's schnell wieder in Ordnung zu bringen.

Der Tanz war noch nicht zu Ende, als die Blizze, die wir schon lange am Horizonte leuchten gesehn, und die ich immer für Wetterkühlen ausgegeben hatte, viel stärker zu werden anfiengen, und der Donner die Musik überstimmte. Drey Frauenzimmer liefen aus der Reihe, denen ihre Herren folgten, die Unordnung ward allgemein, und die Musik hörte auf. Es ist natürlich, wenn uns ein Unglük oder etwas schrökliches im Vergnügen überrascht, daß es stärkere Eindrükke auf uns macht, als sonst, theils wegen dem Gegensazze, der sich so lebhaft empfinden läßt, theils und noch mehr, weil unsere Sinnen einmal der Fühlbarkeit geöffnet sind und also desto schneller einen Eindruk annehmen. Diesen Ursachen muß ich die wunderbaren Grimassen zuschreiben, in die ich mehrere Frauenzimmer ausbrechen sah. Die Klügste sezte sich in eine Ekke, mit dem Rüken gegen das Fenster, und hielt die Ohren zu, eine andere kniete sich vor ihr nieder und verbarg den Kopf in der ersten Schoos, eine dritte schob sich zwischen beyde hinein, und umfaßte ihre Schwesterchen mit tausend Thränen. Einige wollten nach Hause, andere, die noch weniger wußten was sie thaten, hatten nicht so viel Besinnungskraft, den Kekheiten unserer jungen Schlukkers zu steuern, die sehr beschäftigt zu seyn schienen, alle die ängstlichen Gebete, die dem Himmel bestimmt waren, von den Lippen der schönen Bedrängten wegzufangen. Einige unserer Herren hatten sich hinab begeben, um ein Pfeifchen in Ruhe zu rauchen, und die übrige Gesellschaft schlug es nicht aus, als die Wirthinn auf den klugen Einfall kam, uns ein Zimmer anzuweisen, das Läden und Vorhänge hätte. Kaum waren wir da angelangt, als Lotte beschäftigt war, einen Kreis von Stühlen zu stellen, die Gesellschaft zu sezzen, und den Vortrag zu einem Spiele zu thun.

Ich sahe manchen, der in Hoffnung auf ein saftiges Pfand sein Mäulchen spizte, und seine Glieder rekte. Wir spielen Zählens, sagte sie, nun gebt Acht! Ich gehe im Kreise herum von der Rechten zur Linken, und so zählt ihr auch rings herum jeder die Zahl die an ihn kommt, und das muß gehn wie ein Lauffeuer, und wer stokt, oder sich irrt, kriegt eine Ohrfeige, und so bis tausend. Nun war das lustig anzusehen. Sie gieng mit ausgestrecktem Arme im Kreise herum, Eins! fieng der erste an, der Nachbar zwey! drey! der folgende und so fort; dann fieng sie an geschwinder zu gehn, immer geschwinder. Da versahs einer, Patsch eine Ohrfeige, und über das Gelächter der folgende auch Patsch! Und immer geschwinder. Ich selbst kriegte zwey Maulschellen und glaubte mit innigem Vergnügen zu bemerken, daß sie stärker seyen, als sie sie den übrigen zuzumessen pflegte. Ein allgemeines Gelächter und Geschwärme machte dem Spiele ein Ende, ehe noch das Tausend ausgezählt war. Die Vertrautesten zogen einander beyseite, das Gewitter war vorüber, und ich folgte Lotten in den Saal. Unterwegs sagte sie: über die Ohrfeigen haben sie Wetter und alles vergessen! Ich konnte ihr nichts antworten. Ich war, fuhr sie fort, eine der Furchtsamsten, und indem ich mich herzhaft stellte, um den andern Muth zu geben, bin ich muthig geworden. Wir traten an's Fenster, es donnerte abseitwärts und der herrliche Regen säuselte auf das Land, und der erquikkendste Wohlgeruch stieg in aller Fülle einer warmen Luft zu uns auf. Sie stand auf ihrem Ellenbogen gestüzt und ihr Blik durchdrang die Gegend, sie sah gen Himmel und auf mich, ich sah ihr Auge thränenvoll, sie legte ihre Hand auf die meinige und sagte – Klopstock! Ich versank in dem Strome von Empfindungen, den sie in dieser Loosung über mich ausgoß. Ich ertrugs nicht, neigte mich auf ihre Hand und küßte sie unter den wonnevollesten Thränen. Und sah nach ihrem Auge wieder –

Edler! hättest du deine Vergötterung in diesem Blikke gesehn, und möcht ich nun deinen so oft entweihten Nahmen nie wieder nennen hören!

*

am 19. Juny.

Wo ich neulich mit meiner Erzählung geblieben bin, weis ich nicht mehr, das weis ich, daß es zwey Uhr des Nachts war, als ich zu Bette kam, und daß, wenn ich dir hätte vorschwäzzen können, statt zu schreiben, ich dich vielleicht bis an Tag aufgehalten hätte.

Was auf unserer Hereinfahrt vom Balle passirt ist, hab ich noch nicht erzählt, hab auch heute keinen Tag dazu.

Es war der liebwürdigste Sonnenaufgang. Der tröpfelnde Wald und das erfrischte Feld umher! Unsere Gesellschafterinnen nikten ein. Sie fragte mich, ob ich nicht auch von der Parthie seyn wollte, ihrentwegen sollt ich unbekümmert seyn. So lang ich diese Augen offen so sehe, sagt' ich, und sah sie fest an, so lang hats keine Gefahr. Und wir haben beyde ausgehalten, bis an ihr Thor, da ihr die Magd leise aufmachte, und auf ihr Fragen vom Vater und den Kleinen versicherte, daß alles wohl sey und noch schlief. Und da verließ ich sie mit dem Versichern: sie selbigen Tags noch zu sehn, und hab mein Versprechen gehalten, und seit der Zeit können Sonne, Mond und Sterne geruhig ihre Wirthschaft treiben, ich weis weder daß Tag noch daß Nacht ist, und die ganze Welt verliert sich um mich her.

*

am 21. Juny.

Ich lebe so glükliche Tage, wie sie Gott seinen Heiligen ausspart, und mit mir mag werden was will; so darf ich nicht sagen, daß ich die Freuden, die reinsten Freuden des Lebens nicht genossen habe. Du kennst mein Wahlheim. Dort bin ich völlig etablirt.

Von dort hab ich nur eine halbe Stunde zu Lotten, dort fühl ich mich selbst und alles Glük, das dem Menschen gegeben ist.

Hätte ich gedacht, als ich mir Wahlheim zum Zwekke meiner Spaziergänge wählte, daß es so nahe am Himmel läge! Wie oft habe ich das Jagdhaus, das nun alle meine Wünsche einschließt, auf meinen weiten Wandrungen bald vom Berge, bald in der Ebne über den Fluß gesehn.

Lieber Wilhelm, ich habe allerley nachgedacht, über die Begier im Menschen sich auszubreiten, neue Entdekkungen zu machen, herumzuschweifen; und dann wieder über den innern Trieb, sich der Einschränkung willig zu ergeben, und in dem Gleise der Gewohnheit so hinzufahren, und sich weder um rechts noch links zu bekümmern.

Es ist wunderbar, wie ich hierher kam und vom Hügel in das schöne Thal schaute, wie es mich rings umher anzog. Dort das Wäldchen! Ach könntest du dich in seine Schatten mischen! Dort die Spizze des Bergs! Ach könntest du von da die weite Gegend überschauen! Die in einander gekettete Hügel und vertrauliche Thäler. O könnte ich mich in ihnen verkehren! – Ich eilte hin! und kehrte zurük, und hatte nicht gefunden was ich hoffte. O es ist mit der Ferne wie mit der Zukunft! Ein grosses dämmerndes Ganze ruht vor unserer Seele, unsere Empfindung verschwimmt sich darinne, wie unser Auge, und wir sehnen uns, ach! unser ganzes Wesen hinzugeben, uns mit all der Wonne eines einzigen grossen herrlichen Gefühls ausfüllen zu lassen. – Und ach, wenn wir hinzueilen, wenn das Dort nun Hier wird, ist alles vor wie nach, und wir stehen in unserer Armuth, in unserer Eingeschränktheit, und unsere Seele lechzt nach entschlüpftem Labsale.

Und so sehnt sich der unruhigste Vagabund zulezt wieder nach seinem Vaterlande, und findet in seiner Hütte, an der Brust seiner Gattin, in dem Kreise seiner Kinder und der Geschäfte zu ihrer Erhaltung, all die Wonne, die er in der weiten öden Welt vergebens suchte.

Wenn ich so des Morgens mit Sonnenaufgange hinaus gehe

nach meinem Wahlheim, und dort im Wirthsgarten mir meine Zukkererbsen selbst pflükke, mich hinsezze, und sie abfädne und dazwischen lese in meinem Homer. Wenn ich denn in der kleinen Küche mir einen Topf wähle, mir Butter aussteche, meine Schoten an's Feuer stelle, zudekke und mich dazu sezze, sie manchmal umzuschütteln. Da fühl ich so lebhaft, wie die herrlichen übermüthigen Freyer der Penelope Ochsen und Schweine schlachten, zerlegen und braten. Es ist nichts, das mich so mit einer stillen, wahren Empfindung ausfüllte, als die Züge patriarchalischen Lebens, die ich, Gott sey Dank, ohne Affektation in meine Lebensart verweben kann.

Wie wohl ist mir's, daß mein Herz die simple harmlose Wonne des Menschen fühlen kann, der ein Krauthaupt auf seinen Tisch bringt, das er selbst gezogen, und nun nicht den Kohl allein, sondern all die guten Tage, den schönen Morgen, da er ihn pflanzte, die lieblichen Abende, da er ihn begoß, und da er an dem fortschreitenden Wachsthume seine Freude hatte, alle in einem Augenblikke wieder mit geniest.

Gottfried Keller

Eine Sommernacht

Judith zog ihre Schuhe an und begleitete mich in die Sommernacht hinaus; es reizte uns, ungesehen ins Freie zu gelangen und auf nächtliche Abenteuer durch den Wald und über die Höhen zu gehen. Solche romantische Gewohnheiten vergnügten meine Begleiterin umso mehr, als sie ihr neu waren und sie noch nie ohne einen bestimmten und außerordentlichen Zweck nächtlicherweise aus dem Dorfe gegangen war. Sie freuete sich aber dieser Freiheit um ihrer selbst willen und nicht aus Naturschwärmerei, weil sie einmal ein abgesondertes und eigenes Leben führte, obgleich ursprünglich niemand besser als sie zu einem frischen Zusammenleben geschaffen war. Sie stellte daher keine gefühlvollen Betrachtungen über den Mondschein an, sondern sie rauschte mutwillig und rasch durch die Gebüsche oder knickte halb unmutig manchen grünen Zweig, mit dem sie mir ins Gesicht schlug, als ob sie damit alles wegzaubern wollte, was zwischen mir und ihr lag, die Jahre, die fremde Liebe und den ungleichen Stand. Sie wurde dann ganz anders, als sie erst in der Stube gewesen und förmlich boshaft, spielte mir tausend Schabernack, verlor sich im dunklen Dickicht, daß ich sie plötzlich zu fassen bekam, oder hob beim Springen über einen Graben das Kleid so hoch, daß ich in Verwirrung geriet. Einmal erzählte ich ihr das Abenteuer, das ich als kleiner Junge mit jener Schauspielerin gehabt, und vertraute ihr ganz offen, welchen Eindruck mir der erste Anblick einer bloßen Frauenbrust gemacht, so daß ich dieselbe noch immer in dem weißen Mondlicht vor mir sehe und dabei der längst entschwundenen Frau fast sehnsüchtig gedenke, während ihre Gesichtszüge und ihr Name schon lange bis auf die letzte Spur in meinem Gedächtnis verwischt. Wir gingen gerade dem Waldbache entlang, über welchem der Mond ein geheimnisvolles Netz von Dunkel und

Licht zittern ließ; Judith verschwand plötzlich von meiner Seite und huschte durch die Büsche, während ich verblüfft vorwärts ging. Dies dauerte wohl fünf Minuten, während welcher ich keinen Laut vernahm außer dem leisen Wehen der Bäume und dem Rieseln der Wellen. Es wurde mir zu Mute, wie wenn Judith sich aufgelöst hätte und still in die Natur verschwunden wäre, in welcher mich ihre Elemente geisterhaft neckend umrauschten. So gelangte ich unversehens in die Gegend der Heidenstube und sah nun die graue Felswand im hellen Vollmond, der über den Bäumen stand, in den Himmel ragen; das Wasser und die Steine zu meinen Füßen waren ebenfalls beschienen. Auf den Steinen lagen Kleider, zuoberst ein weißes Hemd, welches, als ich es aufhob, noch ganz warm war, wie eine soeben entseelte irdische Hülle. Ich vernahm aber keinen Laut, noch sah ich etwas von Judith, es wurde mir wirklich unheimlich zu Mute, da die Stille der Nacht von einer dämonischen Absicht ganz getränkt erschien. Ich wollte eben Judith beim Namen rufen, als ich seltsame, halb seufzende, halb singende Töne vernahm, aus denen zuletzt ein deutliches altes Lied wurde, das ich schon hundertmal gehört und jetzt doch einen zauberhaften Eindruck auf mich machte. Sein Inhalt war die Tiefe des Wassers, etwas von Liebe und sonst nichts weiter; aber zuletzt war es von einem fast sichtbaren verführerischen Lächeln durchdrungen und von einem silbernen Geräusch begleitet, wie wenn jemand im Wasser plätschert und sich dasselbe in sanften Wellen gegen die Lenden schlägt. Wie ich so hinhorchte, entdeckte ich endlich mir gegenüber eine undeutliche weiße Gestalt, welche sich im Schatten hinter dem Felsen bewegte, sich an überhängende Zweige hing und den Körper im Wasser treiben ließ oder plötzlich sich hoch aufrichtete und eine Weile gespenstisch unbeweglich hielt. Es führte ein untiefer Damm des Geschiebes zu jener Stelle, und zwar in einem ziemlich weiten Bogen, und als ich einen Augenblick mich vergessen hatte, sah ich unversehens die nackte Judith schon auf der Mitte dieses Weges angelangt und auf mich zukommen. Sie war bis unter die Brust im Wasser; sie näherte sich im Bogen und ich drehete mich magnetisch nach ihren Bewegungen. Jetzt trat sie aus dem schief über das Flüßchen fallenden Schlagschatten und erschien plötzlich im Mondlichte; zugleich erreichte sie bald das Ufer und stieg immer höher aus dem Wasser und dieses rauschte jetzt glänzend von ihren Hüften und Knien zurück. Jetzt setzte sie den triefenden weißen Fuß auf die trockenen Steine, sah mich an und ich sie; sie war nur noch drei Schritte von mir und stand einen Augenblick still; ich sah jedes Glied in dem hellen Lichte deutlich, aber wie fabelhaft vergrößert und verschönt, gleich einem überlebensgroßen alten Marmorbilde. Auf den Schultern, auf den Brüsten und auf den Hüften schimmerte das Wasser, aber noch mehr leuchteten ihre Augen, die sie schweigend auf mich gerichtet hielt. Jetzt hob sie die Arme und bewegte sich gegen mich; aber ich, von einem heißkalten Schauer und Respekt durchrieselt, ging mit jedem Schritt, den sie vorwärts tat, wie ein Krebs einen Schritt rückwärts, aber sie nicht aus den Augen verlierend. So trat ich unter die Bäume zurück, bis ich mich in den Brombeerstauden fing und wieder still stand. Ich war nun verborgen und im Dunkeln, während sie im Lichte mir vorschwebte und schimmerte; ich drückte meinen Kopf an einen kühlen Stamm und besah unverwandt die Erscheinung. Jetzt ward es ihr selbst unheimlich; sie stand dicht bei ihrem Gewande und begann wie der Blitz sich anzuziehen. Ich sah aber, daß sie erst jetzt in Verlegenheit geriet, und trat unwillkürlich, meine eigene Verwirrung vergessend, hervor, half ihr zitternd den Rock über der Brust zuheften und reichte ihr das große weiße Halstuch. Hierauf umschlang ich ihren Hals und küßte sie auf den Mund, gewissermaßen um keinen müßigen Augenblick aufkommen zu lassen; sie fühlte dies wohl; denn sie war nun über und über rot bis in die noch feuchte Brust hinein; sie steckte hastig ihre feinen Strümpfe in die Tasche und schlüpfte mit bloßen Füßen in die Schuhe, worauf sie mich noch einmal umschloß und heftig küßte, dann quer durch die Bäume die Halde hinaneilte und verschwand, indessen ich das Wasser entlang nach Hause ging.

Adalbert Stifter

»Ein namenloses Glück«

Es begann nun eine merkwürdige Zeit. In meinem und Mathildens Leben war ein Wendepunkt eingetreten. Wir hatten uns nicht verabredet, daß wir unsere Gefühle geheim halten wollen; dennoch hielten wir sie geheim, wir hielten sie geheim vor dem Vater, vor der Mutter, vor Alfred und vor allen Menschen. Nur in Zeichen, die sich von selber gaben, und in Worten, die nur uns verständlich waren, und die wie von selber auf die Lippen kamen, machten wir sie uns gegenseitig kund. Tausend Fäden fanden sich, an denen unsere Seelen zu einander hin und her gehen konnten, und wenn wir in dem Besitze von diesen tausend Fäden waren, so fanden sich wieder tausend, und mehrten sich immer. Die Lüfte, die Gräser, die späten Blumen der Herbstwiese, die Früchte, der Ruf der Vögel, die Worte eines Buches, der Klang der Saiten, selbst das Schweigen waren unsere Boten. Und je tiefer sich das Gefühl verbergen mußte, desto gewaltiger war es, desto drängender loderte es in dem Innern. Auf Spaziergänge gingen wir drei, Mathilde, Alfred und ich, jetzt weniger als sonst, es war, als scheuten wir uns vor der Anregung. Die Mutter reichte oft den Sommerhut und munterte auf. Das war dann ein großes, ein namenloses Glück. Die ganze Welt schwamm vor den Blicken, wir gingen Seite an Seite, unsere Seelen waren verbunden, der Himmel, die Wolken, die Berge lächelten uns an, unsere Worte konnten wir hören, und wenn wir nicht sprachen, so konnten wir unsere Tritte vernehmen, und wenn auch das nicht war, oder wenn wir stille standen, so wußten wir, daß wir uns besaßen, der Besitz war ein unermeßlicher, und wenn wir nach Hause kamen, war es, als sei er noch um ein Unsägliches vermehrt worden. Wenn wir in dem Hause waren, so wurde ein Buch gereicht, in dem unsere Gefühle standen, und das andere erkannte die Gefühle, oder es wurden sprechende Musiktöne hervorgesucht, oder es wurden Blumen in den Fenstern zusammengestellt, welche von unserer Vergangenheit redeten, die so kurz und doch so lang war. Wenn wir durch den Garten gingen, wenn Alfred um einen Busch bog, wenn er in dem Gange des Weinlaubes vor uns lief, wenn er früher aus dem Haselgebüsche war als wir, wenn er uns in dem Innern des Gartenhauses allein ließ, konnten wir uns mit den Fingern berühren, konnten uns die Hand reichen, oder konnten gar Herz an Herz fliegen, uns einen Augenblick halten, die heißen Lippen an einander drücken und die Worte stammeln: ›Mathilde, dein auf immer und auf ewig, nur dein allein, und nur dein, nur dein allein!‹

›O ewig dein, ewig, ewig, Gustav, dein, nur dein, und nur dein allein.‹

Diese Augenblicke waren die allerglückseligsten.

So war der tiefe Herbst gekommen. Wir hatten in dem Reste des Sommers ein Äußeres nicht vermißt. Mathilde und Alfred hatten immer weniger verlangt, in die Nachbarschaft zu fahren, und so war es gekommen, daß auch die Eltern weniger fuhren, und daß auch Fremde weniger zu uns kamen. Wenn sie aber da waren, wenn auch Alfred an den Spielen und Ergötzungen der Kinder Teil nahm, so war Mathilde doch teilnahmsloser als je. Sie hielt sich ferne, wie eine, die nicht hieher gehört. Auch in ihrem körperlichen Wesen war in dieser kurzen Zeit eine große Veränderung vorgegangen. Sie war stärker geworden, ihre Wangen waren purpurner, ihre Augen glänzender geworden. Alfred liebte mich sehr. Neben seinen Eltern und seiner Schwester liebte er vielleicht nichts so sehr als mich, und ich vergalt es ihm mit ganzer Seele.

Der späte Herbst war endlich dem Beginne des Winters gewichen. Wie wir sehr früh von der Stadt auf das Land gingen, so blieben wir auch sehr tief in die sinkende Jahreszeit hinein auf demselben. Alfreds Erwartung war in Erfüllung gegangen. Das Obst und die Trauben waren abgenommen worden. Auf den Zweigen der Bäume war kein Blatt mehr, und der Nebel und der Frost zogen sich durch die Gründe des Tales. Da gingen wir in die Stadt. Dort war Mathilde enger umgrenzt. Lehrer, Erziehungsstunden, Unterricht, Arbeiten drängten sich an sie heran. Ihr ganzes Wesen aber war begeisterter und getragener, und ich erschien mir reich, um vieles reicher als die Besitzer all der Häuser, der Paläste und des Glanzes der ungeheuren Stadt. Wir konnten uns nur seltener sprechen; aber wenn sie mir auf dem Gange begegnete, wenn sie mir in dem Zimmer der Mutter einige Worte sagen konnte, wenn in der Menge das Geschick uns an einander vorüberführte, oder wenn uns ein anderer günstiger Augenblick gegeben war: dann sagten mir ihre schönen Augen, dann sagten einige Worte, wie sehr wir uns liebten, wie unveränderlich diese Liebe sei, und wie unbegrenzt unsere Seelen einander beherrschten.

Der Augenblick

Er wußte daß er geträumt hatte, aber die Wahrheit in dem Traum durchfuhr ihn mit Glück bis in die letzte Ader. Romanas innerstes Wesen hatte sich ihm angekündigt mit einem Leben, das über der Wirklichkeit war. In ihm oder außer ihm, er konnte sie nicht verlieren. Er hatte das Wissen noch mehr er hatte den Glauben, daß sie für ihn da war. Alle Schwere war weggeblasen. Er trat in die Welt zurück wie ein Seliger. Ihm war sie stand vielleicht unten hatte einen Stein an die Glasscheibe geworfen ihn dadurch geweckt. Er lief ans Fenster, da war ein Sprung in der Scheibe: im Fensterrahmen lag ein todter Vogel. Er ging langsam zurück, den Vogel in der Hand, den er auf sein Kopfkissen legte; der kleine Leichnam durchströmte seinen Puls mit Wonne, ihm war er hätte leicht dem Tier das Leben zurückgeben können, wenn er es nur an sein Herz genommen hätte. Er saß auf dem Bette in tausend strömenden Gedanken: er war glücklich. Sein Leib war ein Tempel in dem Romanas Wesen wohnte, und die verrinnende Zeit umflutete ihn und spielte an den Stufen des Tempels. Im Haus war zuerst alles still es war grauender Morgen und der Regen fiel. Als er aus seiner träumenden Entrücktheit hervorstieg war es windig und hell, im Haus war alles geschäftig, er ging hinunter ließ sich ein Stück Brot geben und trank am Brunnen. Er strich im Haus herum, niemand beachtete ihn, wo er ging und stand war ihm wohl: seine Seele hatte einen Mittelpunkt. Er aß mit den Leuten, der Bauer war noch nicht zurück, von der Bäuerin und Romana redete niemand. Nachmittags kam der Fuhrmann, er war bereit Andres mitzunehmen, aber nach dem Gang seiner Geschäfte mußte er noch vor Abend aufbrechen: übernachten würden sie im nächsten Dorf thalab. Ein frischer Wind blies zum Thal herein schöne große Wolken zogen querüber und gegens Land war es leuchtend hell. Ein Knecht trug den Mantelsack und das Felleisen hinunter zum Wagen, Andres folgte ihm, unten an der Treppe kehrte er wieder um, eine innere Stimme sagte ihm, jetzt stünde Romana wartend oben in seinem leeren Zimmer. Als er über die Schwelle trat und sie nicht da war, konnte er es kaum begreifen, er sah in alle Ecken, als könnte sie sich in der getünchten Wand verborgen haben. Mit gesenktem Kopf ging er wieder hinunter unten stand er lange unschlüssig und horchte: draußen redeten die Knechte die dem Fuhrmann einspannen halfen. Andres fühlte ein Engerwerden um die Brust. Ohne seinen Willen trugen ihn die Füße in den Stall. Der Braun stand da und fraß mit trübseligem Gesicht und zurückgelegten Ohren, ein paar von den Bauernpferden drehten sich in ihrem Stand nach dem Eintretenden um. Andres stand eine unbestimmte Zeit in dem dämmernden Raum und horchte auf das Zwitschern. Da fuhr durch das kleine vergitterte Fenster ein goldener Strahl schräg hindurch bis gegen die Stalltür und blieb so, eine Schwalbe glitt aufleuchtend hindurch und hinter ihr Romanas Mund offen feucht und zuckend vor unterdrücktem Weinen. Kaum begriff er daß sie jetzt leibhaftig vor ihm stand: aber er begriff es doch und die Überfülle lähmte alle seine Glieder. Sie war bloßfüßig, die Zöpfe herunterhängend, als wäre sie aus dem Bett gesprungen, zu ihm gelaufen. Er konnte und er wollte nichts fragen, nur seine Arme hoben sich ihr halb entgegen. Sie kam nicht auf ihn zu, sie wich ihm auch nicht aus, sie war ihm so nahe als wäre sie in ihm, dabei schien es wieder als sähe sie ihn gar nicht. Jedenfalls blickte sie ihn nicht an. Auch er tat nichts um sich ihr zu nähern. Aus ihrem Mund wollte ein Wort hervor, aus ihren Augen die Thränen, sie riß unablässig an ihrer dünnen silbernen Halskette als ob sie sich erdrosseln wollte und entzog sich ihm dabei völlig; es war als ob der Schmerz jetzt mit ihr ein Spiel spielte, darüber sie die Nähe Andres gar nicht fühlte. Endlich riß die Kette, ein Stück glitt ihr ins offene Hemd, das andere blieb ihr in der Hand. Dieses drückte sie Andres von oben her auf den Handrücken, ihr Mund zuckte als müßte ein Schrei heraus und könnte nicht sie lehnte sich gegen ihn etwas drückte sie, ihr Mund der feucht u. zuckend war küßte den seinen, da war sie davon. Die silberne Kette war von Andres Hand hinabgeglitten, er hob sie aus dem Stroh – er wußte nicht sollte er ihr nach alles ging in der Welt vor und zugleich mitten in seinem Herzen wo noch nie ein Fremdes ihn durchschnitten hatte – da hörte er, die draußen suchten ihn, wer wurde nach ihm die Treppe hinaufgeschickt. Nun mußte sich alles entscheiden. Jetzt alles umstoßen? dachte er blitzschnell, sagen ich bleibe da, das Gepäck abnehmen lassen; die Knechte bedeuten ich habe mich anders besonnen? wie war denn das möglich? und wie konnte er vor den Finazzer, auch nur vor die Bäuerin hintreten? mit welcher Rede mit was an Begründung? Wer hätte er sein müssen um sich eine solche Handlungsweise zu erlauben und sich dann in einer solchen blitzartig veränderten Lage zu behaupten? Er saß schon auf dem Frachtwagen, die Pferde zogen an, er wußte nicht wie. Eine Zeit muß vergehen, hier bleiben kann ich nicht, aber wieder kommen kann ich, dachte er, und bald als der gleiche und als ein anderer. Er fühlte die Kette zwischen seinen Fingern, die ihm versicherte daß alles wirklich war und kein Traum. Der Wagen rollte bergab, vor ihm war die Sonne, und das erleuchtete weite Land, hinter ihm das enge Tal mit dem einsamen Gehöft, das schon im Schatten lag. Seine Augen sahen nach vorn aber mit einem leeren kurzen Blick, die Augen des Herzens schauten mit aller Macht nach rückwärts.

Die Stimme des Fuhrmanns riß ihn aus sich, der mit der Peitsche nach oben zeigte, wo in der reinen Abendluft ein Adler kreiste. Nun wurde Andres erst gewahr, was vor seinen Augen lag. Die Straße hatte sich aus dem Bergthal herausgewunden und jäh nach links hin gewandt: hier war ein mächtiges Thal aufgethan, tief unten wand sich ein Fluß, kein Bach mehr, dahin, darüber aber, jenseits, der mächtigste Stock des Gebirges, hinter dem, noch hoch oben, die Sonne unterging. Ungeheuere Schatten fielen in das Flußthal hinab, ganze Wälder in schwärzlichem Blau starrten an dem zerrissenen Fuß des Berges, verdunkelte Wasserfälle schossen in den Schluchten hernieder, oben war alles frei, kahl, kühn emporsteigend, jähe Halden Felswände, zu oberst der beschneite Gipfel, unsagbar leuchtend und rein. Andres war zumut wie noch nie in der Natur, ihm war als wäre dies mit einem Schlag aus ihm selber hervorgestiegen: diese Macht dies Empordrängen, diese Reinheit zu oberst. Der herrliche Vogel schwebte oben allein noch im Licht mit ausgebreiteten Fittichen zog er langsame Kreise, der sah alles, von dort wo er schwebte sah er noch ins Finazzerthal hinein und der Hof, das Dorf, die Gräber von Romanas Geschwistern waren seinen durchdringenden Blicken nahe wie diese Bergschluchten, in deren bläuliche Schatten er hinabäugte nach einem jungen Reh oder einer verlaufenen Ziege. Andres umfing den Vogel, ja er schwang sich auf zu ihm mit einem beseligten Gefühl. Nicht in das Tier hinein zwang es ihn diesmal, nur des Tieres höchste Gewalt und Gabe fühlte er auch in seine Seele fließen. Jede Verdunkelung, jede Stockung wich von ihm. Er ahnte, daß ein Blick, von hoch genug, alle Getrennten vereinigt und daß die Einsamkeit nur eine Täuschung ist. Er hatte Romana überall – er konnte sie in sich nehmen, wo er wollte. Jener Berg, der vor ihm aufstieg und dem Himmel entgegen pfeilerte, war ihm ein Bruder und mehr als ein Bruder; wie jener in gewaltigen Räumen das zarte Reh hegte, mit Schattenkühle es deckte, mit bläulichem Dunkel es vor dem Verfolger barg; so lebte in ihm Romana. Seine Seele hatte einen Mittelpunkt. Er sah in sich hinein und sah Romana niederknien und beten: sie bog ihre Knie wie das Reh wenn es sich zur Ruh bettet, die zarten Ständer kreuzt und die Geberde war ihm unsagbar. Kreise lösten sich ab. Er betete mit ihr und wie er hinübersah war er gewahr daß der Berg nichts anderes war als sein Gebet. Eine unsagbare Sicherheit fiel ihn an: es war der glücklichste Augenblick seines Lebens.

Der Bleistift

Es war ein kühler, bedeckter Morgen – gegen halb neun Uhr. Wie er es sich vorgenommen, atmete Hans Castorp tief die reine Frühluft, diese frische und leichte Atmosphäre, die mühelos einging und ohne Feuchtigkeitsduft, ohne Gehalt, ohne Erinnerungen war ... Er überschritt den Wasserlauf und das Schmalspurgeleise, gelangte auf die unregelmäßig bebaute Straße, verließ sie gleich wieder und schlug einen Wiesenpfad ein, der nur ein kurzes Stück zu ebener Erde lief und dann schräg hin und ziemlich steil den rechtsseitigen Hang emporführte. Das Steigen freute Hans Castorp, seine Brust weitete sich, er schob mit der Stockkrücke den Hut aus der Stirn, und als er, aus einiger Höhe zurückblickend, in der Ferne den Spiegel des Sees gewahrte, an dem er auf der Herreise vorübergekommen war, begann er zu singen.

Er sang die Stücke, über die er eben verfügte, allerlei volkstümlich empfindsame Lieder, wie sie in Kommers- und Turnliederbüchern stehen, unter anderem eines, worin die Zeilen vorkamen:

»Die Barden sollen Lieb und Wein,
Doch öfter Tugend preisen« –

sang sie anfangs leise und summend, dann laut und aus ganzer Kraft. Sein Bariton war spröde, aber heute fand er ihn schön, und das Singen begeisterte ihn mehr und mehr. Hatte er zu hoch eingesetzt, so verlegte er sich auf fistelnde Kopftöne, und auch diese erschienen ihm schön. Wenn sein Gedächtnis ihn im Stiche ließ, so half er sich damit, daß er der Melodie irgendwelche sinnlose Silben und Worte unterlegte, die er nach Art der Kunstsänger formenden Mundes und mit prunkendem Gaumen-R in die Lüfte sandte, und ging schließlich dazu über, sowohl was den Text als auch was die Töne betraf, nur noch zu phantasieren und seine Produktion sogar mit opernhaften Armbewegungen zu begleiten. Da es sehr anstrengend ist, zugleich zu steigen und zu singen, so wurde ihm bald der Atem knapp und fehlte ihm immer mehr. Aber aus Idealismus, um der Schönheit des Gesanges willen, bezwang er die Not und gab unter häufigen Seufzern sein Letztes her, bis er sich endlich in äußerster Kurzluftigkeit, blind, nur ein farbiges Flimmern vor Augen und mit fliegenden Pulsen unter einer dicken Kiefer niedersinken ließ, – nach so großer Erhebung plötzlich die Beute durchgreifender Verstimmung, eines Katzenjammers, der an Verzweiflung grenzte.

Als er mit leidlich wieder befestigten Nerven sich aufmachte, um seinen Spaziergang fortzusetzen, zitterte sein Genick sehr lebhaft, so daß er bei so jungen Jahren genau auf dieselbe Weise mit dem Kopfe wackelte, wie der alte Hans Lorenz Castorp es dereinst getan hatte. Er selbst fand sich durch die Erscheinung an seinen verstorbenen Großvater herzlich erinnert, und ohne sie als widerwärtig zu empfinden, gefiel er sich darin, die ehrwürdige Kinnstütze nachzuahmen, womit der Alte dem Kopfzittern zu steuern gesucht und die dem Knaben einst so zugesagt hatte.

Er stieg noch höher, in Serpentinen. Kuhglockengeläut zog ihn an, und er fand auch die Herde; sie graste in der Nähe einer Blockhütte, deren Dach mit Steinen beschwert war. Zwei bärtige Männer kamen ihm entgegen, mit Äxten auf den Schultern, und trennten sich, als sie nahe herangekommen. »Nun, so leb wohl und hab Dank!« sagte der eine zum andern mit tiefer, gaumiger Stimme, legte seine Axt auf die andere Schulter und begann ohne Weg und mit knackenden Tritten zwischen den Fichten zu Tal zu schreiten. Es hatte so sonderbar in der Einsamkeit geklungen, dieses »Leb wohl und hab Dank« und träumerisch Hans Castorps vom Steigen und Singen benommenen Sinn berührt. Er sprach es leise nach, indem er sich bemühte, die gutturale und feierlich-unbeholfene Mundart des Gebirglers nachzuahmen, und stieg noch ein Stück über die Almhütte hinaus, da es ihm darum zu tun war, die Baumgrenze zu erreichen; doch ließ er nach einem Blick auf die Uhr von diesem Vorhaben ab.

Er folgte linkshin, in der Richtung gegen den Ort, einem Pfade, der eben lief und dann abwärts führte. Hochstämmiger Nadelwald nahm ihn auf, und indem er ihn durchwanderte, begann er sogar wieder ein wenig zu singen, wenn auch mit Vorsicht und obgleich seine Knie beim Abstiege noch befremdlicher zitterten als vorher. Aber aus dem Gehölz hervortretend, stand er überrascht vor einer prächtigen Szenerie, die sich ihm öffnete, einer intim geschlossenen Landschaft von friedlich-großartiger Bildmäßigkeit.

In flachem, steinigem Bett kam ein Bergwasser die rechtsseitige Höhe herab, ergoß sich schäumend über terrassenförmig gelagerte Blöcke und floß dann ruhiger gegen das Tal hin weiter, von einem Stege mit schlicht gezimmertem Geländer malerisch überbrückt. Der Grund war blau von den Glockenblüten einer staudenartigen Pflanze, die überall wucherte. Ernste Fichten, riesig und ebenmäßig von Wuchs, standen einzeln und in Gruppen auf dem Boden der Schlucht sowie die Höhen hinan, und eine davon, zur Seite des Wildbaches schräg im Gehänge wurzelnd, ragte schief und bizarr in das Bild hinein. Rauschende Abgeschiedenheit waltete über dem schönen, einsamen Ort. Jenseits des Baches bemerkte Hans Castorp eine Ruhebank.

Er überschritt den Steg und setzte sich, um sich vom Anblick des Wassersturzes, des treibenden Schaums unterhalten zu lassen, dem idyllisch gesprächigen, einförmigen und doch innerlich abwechslungsvollen Geräusche zu lauschen; denn rauschendes Wasser liebte Hans Castorp ebensosehr wie Musik, ja vielleicht noch mehr. Aber kaum hatte er sichs bequem gemacht, als ein Nasenbluten ihn so plötzlich befiel, daß er seinen Anzug nicht ganz vor Verunreinigung schützen konnte. Die Blutung war heftig, hartnäckig und machte ihm wohl eine halbe Stunde lang zu schaffen, indem sie ihn zwang, beständig zwischen Bach und Bank hin und her zu laufen, sein Schnupftuch zu spülen, Wasser aufzuschnauben und sich wieder flach auf den Brettersitz hinzustrecken, das feuchte Tuch auf der Nase. So blieb er liegen als endlich das Blut versiegte – lag still, die Hände hinter dem Kopf verschränkt, mit hochgezogenen Knien, die Augen geschlossen, die Ohren erfüllt vom Rauschen, nicht unwohl, eher besänftigt vom reichlichen Aderlaß und in einem Zustande sonderbar herabgesetzter Lebenstätigkeit; denn wenn er ausgeatmet hatte, fühlte er lange kein Bedürfnis, neue Luft einzuholen, sondern ließ mit stillgestelltem Leibe ruhig sein Herz eine Reihe von Schlägen tun, bis er spät und träge wieder einen oberflächlichen Atemzug aufnahm.

Da fand er sich auf einmal in jene frühe Lebenslage versetzt, die das Urbild eines nach neuesten Eindrücken gemodelten Traumes war, den er vor einigen Nächten geträumt ... Aber so stark, so restlos, so bis zur Aufhebung des Raumes und der Zeit war er ins Dort und Damals entrückt, daß man hätte sagen können, ein lebloser Körper liege hier oben beim Gießbache auf der Bank, während der eigentliche Hans Castorp weit fort in früherer Zeit und Umgebung stünde, und zwar in einer bei aller Einfachheit gewagten und herzberauschenden Situation.

Er war dreizehn Jahre alt, Untertertianer, ein Junge in kurzen Hosen, und stand auf dem Schulhof im Gespräch mit einem anderen, ungefähr gleichaltrigen Jungen aus einer anderen Klasse, – einem Gespräch, das Hans Castorp ziemlich willkürlich vom Zaune gebrochen hatte, und das ihn, obgleich es seines sachlichen und knapp umschriebenen Gegenstandes wegen nur ganz kurz sein konnte, doch im höchsten Grade erfreute. Es war die Pause zwischen der vorletzten und letzten Stunde, einer Geschichts- und einer Zeichenstunde für Hans Castorps Klasse. Auf dem Hofe, der mit roten Klinkern gepflastert und von einer mit Schindeln gedeckten und mit zwei Eingangstoren versehenen Mauer gegen die Straße abgetrennt war, gingen die Schüler in Reihen auf und nieder, standen in Gruppen, lehnten halb sitzend an den glasierten Mauervorsprüngen des Gebäudes. Es herrschte Stimmengewirr. Ein Lehrer im Schlapphut beaufsichtigte das Treiben, indem er in eine Schinkensemmel biß.

Der Knabe, mit dem Hans Castorp sprach, hieß Hippe, mit Vornamen Pribislav. Als Merkwürdigkeit kam hinzu, daß das r dieses Vornamens wie sch auszusprechen war: es hieß »Pschibislav«; und dieser absonderliche Vorname stimmte nicht schlecht zu seinem Äußeren, das nicht ganz durchschnittsmäßig, entschieden etwas fremdartig war. Hippe, Sohn eines Historikers und Gymnasialprofessors, notorischer Musterschüler folglich und schon eine Klasse weiter als Hans Castorp, obgleich kaum älter als dieser, stammte aus Mecklenburg und war für seine Person offenbar das Produkt einer alten Rassenmischung, einer Versetzung germanischen Blutes mit wendisch-slawischem – oder auch umgekehrt. Zwar war er blond, – sein Haar war ganz kurz über dem Rundschädel geschoren. Aber seine Augen, blaugrau oder graublau von Farbe – es war eine etwas unbestimmte und mehrdeutige Farbe, die Farbe etwa eines fernen Gebirges –, zeigten einen eigentümlichen, schmalen und genau genommen sogar etwas schiefen Schnitt, und gleich darunter saßen die Backenknochen, vortretend und stark ausgeprägt, – eine Gesichtsbildung, die in seinem Falle durchaus nicht entstellend, sondern sogar recht ansprechend wirkte, die aber genügt hatte, ihm bei seinen Kameraden den Spitznamen »der Kirgise« einzutragen. Übrigens trug Hippe schon lange Hosen und dazu eine hochgeschlossene, blaue, im Rücken gezogene Joppe, auf deren Kragen einige Schuppen von seiner Kopfhaut zu liegen pflegten.

Nun war die Sache die, daß Hans Castorp schon von langer Hand her sein Augenmerk auf diesen Pribislav gerichtet, – aus dem ganzen ihm bekannten und unbekannten Gewimmel des Schulhofes ihn erlesen hatte, sich für ihn interessierte, ihm mit den Blicken folgte, soll man sagen: ihn bewunderte? auf jeden Fall ihn mit ausnehmendem Anteil betrachtete und sich schon auf dem Schulwege darauf freute, ihn im Verkehre mit seinen Klassengenossen zu beobachten, ihn sprechen und lachen zu sehen und von weitem seine Stimme zu unterscheiden, die angenehm belegt, verschleiert, etwas heiser war. Zugegeben, daß für diese Teilnahme kein recht zureichender Grund vorhanden war, wenn man nicht etwa den heidnischen Vornamen, das Musterschülertum (das aber unmöglich ins Gewicht fallen konnte) oder endlich die Kirgisenaugen für einen solchen nehmen wollte, – Augen, die sich zuweilen, bei einem gewissen Seitenblick, der nicht zum Sehen diente, auf eine schmelzende Weise ins Schleierig-Nächtige verdunkeln konnten – so machte Hans Castorp sich doch wenig Sorge um die geistige Rechtfertigung seiner Empfindungen oder gar darum, wie sie etwa notfalls zu benennen gewesen wären. Denn von Freundschaft konnte nicht gut die Rede sein, da er Hippe ja gar nicht »kannte«. Aber erstens lag nicht die geringste Nötigung zur Namengebung vor, da kein Gedanke daran war, daß der Gegenstand je zur Sprache gebracht werden könnte, – dazu eignete er sich nicht und verlangte auch nicht danach. Und zweitens bedeutet ein Name ja, wenn nicht Kritik, so doch Bestimmung, das heißt Unterbringung im Bekannten und Gewohnten, während Hans Castorp doch von der unbewußten Überzeugung durchdrungen war, daß ein inneres Gut, wie dieses, vor solcher Bestimmung und Unterbringung ein für allemal geschützt sein sollte.

Aber gut oder schlecht begründet, jedenfalls waren diese dem Namen und der Mitteilung so fernen Empfindungen von solcher Lebenskraft, daß Hans Castorp sich schon fast seit einem Jahr – ungefähr seit einem Jahr, denn genau waren ihre Anfänge nicht aufzufinden – im stillen damit trug, was zum mindesten für die Treue und Beständigkeit seines Charakters sprach, wenn man erwägt, welche riesige Zeitmasse ein Jahr in diesem Lebensalter bedeutet. Leider wohnt den Bezeichnungen von Charaktereigenschaften regelmäßig ein moralisches Urteil inne, sei es im lobenden oder tadelnden Sinn, obgleich sie alle ihre zwei Seiten haben. Hans Castorps »Treue«, auf die er sich übrigens weiter nichts zugute tat, bestand, ohne Wertung gesprochen, in einer gewissen Schwerfälligkeit, Langsamkeit und Beharrlichkeit seines Gemütes, einer erhaltenden Grundstimmung, die ihm Zustände und Lebensverhältnisse der Anhänglichkeit und des Fortbestandes desto würdiger erscheinen ließ, je länger sie bestanden. Auch war er geneigt, an die unendliche Dauer des Zustandes, der Verfassung zu glauben, worin er sich gerade befand, schätzte sie eben darum und war nicht auf Veränderung erpicht. So hatte er sich an sein stilles und fernes Verhältnis zu Pribislav Hippe im Herzen gewöhnt und hielt es im Grunde für eine bleibende Einrichtung seines Lebens. Er liebte die Gemütsbewegungen, die es mit sich brachte, die Spannung, ob jener ihm heute begegnen, dicht an ihm vorübergehen, vielleicht ihn anblicken werde, die lautlosen, zarten Erfüllungen, mit denen sein Geheimnis ihn beschenkte, und sogar die Enttäuschungen, die zur Sache gehörten und deren größte war, wenn Pribislav »fehlte«: dann war der Schulhof verödet, der Tag aller Würze bar, aber die hinhaltende Hoffnung blieb.

Das dauerte ein Jahr, bis es auf jenen abenteuerlichen Höhepunkt gelangte, dann dauerte es noch ein Jahr, dank der bewahrenden Treue Hans Castorps, und dann hörte es auf – und zwar ohne daß er mehr von der Lockerung und Auflösung der Bande merkte, die ihn an Pribislav Hippe knüpften, als er von ihrer Entstehung gemerkt hatte. Auch verließ Pribislav, infolge der Versetzung seines Vaters, Schule und Stadt; aber das beachtete Hans Castorp kaum noch; er hatte ihn schon vorher vergessen. Man kann sagen, daß die Gestalt des »Kirgisen« unmerklich aus Nebeln in sein Leben getreten war, langsam immer mehr Deutlichkeit und Greifbarkeit gewonnen hatte, bis zu jenem Augenblick der größten Nähe und Körperlichkeit, auf dem Hofe, eine Weile so im Vordergrunde gestanden hatte und dann allmählich wieder zurückgetreten und ohne Abschiedsweh in den Nebeln entschwunden war.

Jener Augenblick aber, die gewagte und abenteuerliche Situation, in die Hans Castorp sich nun wieder versetzt fand, das Gespräch, ein wirkliches Gespräch mit Pribislav Hippe, kam folgendermaßen zustande. Die Zeichenstunde war an der Reihe, und Hans Castorp bemerkte, daß er seinen Bleistift nicht bei sich hatte. Jeder seiner Klassengenossen brauchte den seinen; aber er hatte ja unter den Angehörigen anderer Klassen diesen und jenen Bekannten, den er um einen Stift hätte angehen können. Am bekanntesten jedoch, fand er, war ihm Pribislav, am nächsten stand ihm dieser, mit dem er im stillen schon so viel zu tun gehabt hatte; und mit einem freudigen Aufschwunge seines Wesens beschloß er, die Gelegenheit – eine Gelegenheit nannte er es – zu benutzen und Pribislav um einen Bleistift zu bitten. Daß das ein ziemlich sonderbarer Streich sein werde, da er Hippe in Wirklichkeit ja nicht kannte, das entging ihm, oder er kümmerte sich doch nicht darum, verblendet von merkwürdiger Rücksichtslosigkeit. Und so stand er denn nun im Gewühle des Klinkerhofes wirklich vor Pribislav Hippe und sagte zu ihm:

»Entschuldige, kannst du mir einen Bleistift leihen?«

Und Pribislav sah ihn an mit seinen Kirgisenaugen über den vorstehenden Backenknochen und sprach zu ihm mit seiner angenehm heiseren Stimme, ohne Verwunderung oder doch ohne Verwunderung an den Tag zu legen.

»Gern«, sagte er. »Du mußt ihn mir nach der Stunde aber bestimmt zurückgeben.« Und zog sein Crayon aus der Tasche, ein versilbertes Crayon mit einem Ring, den man aufwärts schieben mußte, damit der rot gefärbte Stift aus der Metallhülse wachse. Er erläuterte den einfachen Mechanismus, während ihre beiden Köpfe sich darüberneigten.

»Aber mach ihn nicht entzwei!« sagte er noch.

Wo dachte er hin? Als ob Hans Castorp die Absicht gehabt hätte, den Stift etwa *nicht* zurückzuerstatten oder gar ihn fahrlässig zu behandeln.

Dann sahen sie einander lächelnd an, und da nichts mehr zu sagen blieb, so kehrten sie sich erst die Schultern und dann die Rücken zu und gingen.

Das war alles. Aber vergnügter war Hans Castorp in seinem Leben nie gewesen, als in dieser Zeichenstunde, da er mit Pribislav Hippes Bleistift zeichnete, – mit der Aussicht obendrein, ihn nachher seinem Besitzer wieder einzuhändigen, was als reine Dreingabe zwanglos und selbstverständlich aus dem vorhergehenden folgte. Er war so frei, den Bleistift etwas zuzuspitzen, und von den rot lackierten Schnitzeln, die abfielen, bewahrte er drei oder vier fast ein ganzes Jahr lang in einer inneren Schublade seines Pultes auf, – niemand, der sie gesehen hätte, würde geahnt haben, wie Bedeutendes es damit auf sich hatte. Übrigens vollzog die Rückgabe sich in den einfachsten Formen, was aber ganz nach Hans Castorps Sinne war, ja, worauf er sich sogar etwas Besonderes zugute tat, – abgestumpft und verwöhnt, wie er war, durch den intimen Verkehr mit Hippe.

»Da«, sagte er. »Danke sehr.«

Und Pribislav sagte gar nichts, sondern revidierte nur flüchtig den Mechanismus und schob das Crayon in die Tasche …

Dann hatten sie nie wieder miteinander gesprochen, aber dies eine Mal, dank Hans Castorps Unternehmungsgeist, war es eben doch geschehen …

»… von den Extremen der tiefsten Qualen und des wildesten Glückes erschüttert«

Vom Glück und Unglück der Liebe

Georg Heym

Ein Nachmittag

Beitrag zur Geschichte eines kleinen Jungen

Die Straße kam ihm vor wie ein langer Strich, die Leute, die an ihm vorübergingen, schienen ihm wie lauter aufgeblasene weiße Puppen. Was wußten sie auch von seiner Seligkeit. Er hatte sie gefragt: »Darf ich Sie küssen?«, der kleine Junge, und sie hatte ihm ihren Mund hingehalten, und er hatte sie geküßt. Und dieser Kuß brannte ihm tief in das Herz hinein, wie eine große reine Flamme, die ihn erlöste, die ihn glücklich machte, die ihn selig machte. Götter, er hätte tanzen mögen vor Seligkeit. Und der Himmel lief über ihn dahin wie eine große, blaue Straße, das Licht reiste nach Westen wie ein feuriger Wagen, und alle die glühenden Häuser schienen sein glühendes Feuer widerzustrahlen.

Er hatte das Gefühl eines starken brausenden Lebens, als hätte er noch nie so gelebt, als schwämme er wie ein Vogel hoch in der Luft, versunken in ewigem Äther, grenzenlos frei, grenzenlos glücklich, grenzenlos einsam.

Und das unsichtbare Diadem der Glückseligkeit lag auf seiner eckigen Kinderstirn und verschönte sie, wie eine nächtliche Landschaft unter dem weiten Aufbrechen eines Blitzes.

»Götter, ich werde geliebt, ich werde geliebt, wie man mich nur lieben kann.« Er ging schneller, er kam ins Laufen, als wäre die gewöhnliche, gemessene Bewegung zu langsam für den Sturm, der in seinem Herzen brauste. Und so rannte er die Straße herab zum Strande und setzte sich an das Meer.

»O Meer, Meer!« und er erzählte dem Meer sein Erlebnis, in einem kurzen Jauchzen, in einem zitternden Flüstern, in dem Taumel einer stummen Sprache. Und das Meer verstand ihn und hörte ihm zu, das Meer, auf dessen blauer dröhnender Weite seit so vielen Jahrtausenden der Orkan der Freude und das Lallen der Qualen widerhallte, wie ein ewiger Wirbelsturm über einer ewig unberührten Tiefe.

Er behütete ängstlich seine Einsamkeit. Wenn Menschen kamen, sprang er auf, lief er davon und kroch in die Dünen. Waren sie vorbei, so lief er wieder hervor ans Meer, dessen gewaltige Weite der einzige Becher war, in den er die Flut seines unendlichen Übermaßes fortgeben konnte.

Allmählich wurde der Strand belebter. Allenthalben blinkten weiße Kleider zwischen den Strandkörben vor, alte Damen kamen mit Büchern unter dem Arm. Helle Sonnenschirme wippten auf den schmalen Holzgängen, und die Kinder füllten wieder scharenweise die Sandburgen. Ruderboote fuhren aus, an den großen Segelkähnen wurden die Segel gehißt. Ein Photograph watete durch den Sand mit dem Kasten am Riemen über der Schulter.

Er sah nach der Uhr. Noch eine halbe Stunde, noch neunundzwanzig Minuten, dann wird er sie treffen. Er wird sie an der Hand nehmen, sie werden zusammen in den Wald gehen, da wo es ganz still ist. Und sie werden sich zusammen hinsetzen, Hand in Hand, verborgen im grünen Dickicht.

Aber was soll er zu ihr reden, damit sie ihn nicht langweilig findet. Denn sie ist schon wie eine kleine Dame, man muß sie unterhalten, man muß Witze machen.

Was soll er bloß zu ihr reden.

Ach, er wird überhaupt nichts sprechen, sie wird ihn auch so verstehen. Sie werden sich in die Augen sehen, die werden sich genug sagen.

Und dann wird sie ihm wieder ihren Mund hinhalten, er ihren Kopf leise in seinen Arm nehmen, so, so – er probierte es an einer Ginsterstaude –, und dann wird er sie küssen, ganz leise, ganz zart.

Und so werden sie beieinander sitzen im Walde, beieinander bis es dunkel wird; o wie schön, wie schön, wie unermeßlich selig.

Sie werden sich nie mehr verlassen. Er wird immer arbeiten,

dann wird er schnell studieren, und eines Tages wird er sie heiraten. Und das Leben erschien dem Kinde wie eine klare gerade Straße, die in einem Himmel von ewiger Bläue zieht, kurz, einfach, ohne Ereignisse, wie ein ewiger Garten.

Er stand auf und ging über den Strand durch die spielenden Kinder, die Leute und die Strandkörbe hin. Ein Dampfer legte an, ein Strom von Menschen schwoll auf die Landungsbrücke zu. Es wurde geläutet. Er bemerkte nichts von alledem, alles, was sonst seine Aufmerksamkeit gefesselt hatte, war verschwunden. Sein Auge war nach innen gerichtet, als müßte er alle seine Zeit darauf verwenden, den neuen Menschen zu studieren, der da mit einem Male aus seinem verschlossenen Kern gekrochen war.

Er kam an die Bank, wo er seine kleine Freundin treffen wollte; sie war noch nicht da.

Aber es war ja auch noch zu früh. Es fehlten ja noch zehn Minuten. Sie mußte wahrscheinlich erst noch Kaffee trinken, sicher hatte sie ihre Mutter noch nicht fortgelassen.

Er setzte sich einige Minuten auf die Bank, stand dann wieder auf, lief einige Male in dem kleinen Baumrondell hin und her. Jetzt fehlten noch zwei Minuten, jetzt mußte sie doch eigentlich schon zu sehen sein. Er schaute den Weg herunter nach ihr aus. Aber der Weg blieb leer. Seine Bäume verbargen niemand. Sie standen sanft vergoldet von der Nachmittagssonne ruhig in der Windstille, und durch ihr Laub zitterte das Licht auf den Weg, wie auf den Grund eines goldenen Baches. Der Laubgang war wie eine große, grüne, stille Halle und hinten in seinem Tore zitterte ein kleiner, blauer Streifen, fern wo Meer und Himmel ineinander verflossen.

Er zitterte. Er fühlte, wie sich etwas in ihm zusammenzog. »Warum kommt sie nicht, warum kommt sie nicht?«

»Ach, ist das nicht ihr Hut, ist das nicht das weiße Band? Das ist sie, das ist sie.«

Und das Tor seiner Seele sprang auf, er fühlte sich wie von einem Sturme geschüttelt, er lief ihr entgegen. Als er näher kam, sah er, daß er sich getäuscht hatte. Das war sie ja gar nicht, das war jemand anderes. Und in demselben Augenblick war ihm, als würde etwas in ihm erstickt, als sollte er erwürgt werden.

Er hatte plötzlich dasselbe Gefühl, das er einmal gehabt hatte, als er aus einem Hause geführt wurde, in dem er an einem Totenbette gestanden hatte: eine Art Ekel oder Widerwillen vor sich selbst. Dieses eigentümliche besondere Gefühl bemächtigte sich seiner immer dann, wenn ihm etwas Unangenehmes entgegentrat, dem er nicht ausweichen konnte, eine mathematische Arbeit, eine Zensur.

Aber so stark wie eben hatte er es noch nicht gefühlt. Er konnte es beinahe auf der Zunge schmecken, bitter, wie etwas Graues.

Sein Blut schien zu stocken; ihn überkam eine Trägheit, die ihm unheimlich war. Seine Stirn war klein und grau, als hätte jemand sie mit dem Schatten seiner Hand bedeckt.

Er ging langsam nach dem Rondell zurück. »Aber sie wird noch kommen, gewiß.« Sie konnte sich ja verspäten. Wenn sie nur noch käme. Seinethalben konnte sie ja eine Viertelstunde zu spät kommen, wenn sie nur überhaupt käme.

Er sah wieder nach der Uhr. Die Zeit war vorbei, und der Sekundenzeiger lief immer weiter hinaus wie eine kleine dünne Spinne in einem silbernen Käfig. Ihr kleiner Fuß trat auf die Sekunden, die in kleinen Strichen hinter ihr hinfielen, wie eine Art winzigen Staubes auf einer winzigen Landstraße.

Nun waren schon vier Minuten vorbei, nun schon fünf. Und der Minutenzeiger stieg immer weiter auf den Stufen seiner kleinen Treppe herauf. Er wollte ihr entgegengehen. Aber, wenn sie nun von der anderen Seite käme, was dann? Und er schwankte, sollte er bleiben, sollte er gehen? Aber seine Unrast trieb ihn fort. Er lief wieder einige Schritte den Weg herunter, dann blieb er wieder stehen, er kehrte wieder um.

Er setzte sich auf die Bank, sah vor sich hin. Und mit jeder Minute verlor sich seine Zuversicht mehr. Bis um fünf Uhr wollte er noch warten, vielleicht käme sie noch.

Aus der Ferne hätte man ihn für einen alten Mann halten können, wie er da saß. Gekrümmt, in sich verkrochen wie jemand, über den viele Jahre Kummers dahingegangen sind.

Er stand noch einmal auf und ging langsam noch ein paar Schritte über den Schauplatz seiner kindlichen Tragödie.

Von fern hörte er eine Uhr schlagen, aber das war noch zu früh. Er verglich sie mit seiner Taschenuhr. Sicher, die dort schlug zu früh. Es fehlten noch drei Minuten an fünf.

Und in diesen drei Minuten bäumte sich noch einmal die Hoffnung in seinem Herzen auf, die Sehnsucht, wie eine sterbende Flamme aus einem verlöschenden Brande, wie das Fanal des Lebens aus dem letzten Herzschlag eines Sterbenden.

Jetzt, jetzt war es soweit. Jetzt schlugen alle Türme aus der Stadt hinter dem Walde. Er sah eine Glocke schwingen in der klaren Luft, oben im Schalloch eines Kirchturms. Und bei jedem dieser dröhnenden Schläge war es ihm, als würde ihm langsam, ruckweise, um seine Qual zu verlängern, das Herz aus der Brust gerissen. So, so, jetzt wird es bald draußen sein, dachte er.

Die Türme schwiegen, es wurde wieder still. Und in seiner Brust wurde es ganz leer, es war ihm, als wäre darin ein großes hohles Loch, als trüge er etwas Totes in sich herum.

Es kam ihm so vor, als hätte ihm jemand etwas Dumpfes in sein Blut gegossen. Davon wurde sein Kopf so schwer, davon wurde er so müde.

Über einem sonnigen Teich, der durch die Bäume der Anlagen herüberschimmerte, zeigten sich einige Rauchwolken aus dem Schornstein des Badehauses. Sie verflogen im Wind. Er sah ihnen teilnahmslos nach, wie sie im Lichte zergingen. Ein paar Stimmen wurden hinter den Büschen laut. Ein paar Kindermädchen kamen, die die Kinderwagen vor sich herschoben.

Sie setzten sich ihm gegenüber auf die Bank im Rondell, sie hoben die Kinder aus den Wagen, die sogleich über einen Sandhaufen purzelten.

Da stand er auf und ging fort, langsam, gedankenlos.

Er kam wieder an den Strand herunter. Er ging wieder durch

die Strandkörbe. Da saßen noch die alten Damen mit ihren Büchern, da stand der Photograph vor einer Gruppe von Menschen. Er mußte wohl einen Witz gemacht haben, denn alle hatten lachende Gesichter.

Er wurde von seiner Leidenschaft nach dem Strandkorbe hinübergetrieben, in dem er am Mittag den Kuß bekommen hatte, wie ein kleines Schiff, das der Sturm erbarmungslos auf einen Felsen jagt.

Vielleicht saß sie darin. Das war seine letzte Hoffnung. Er schlich sich vorsichtig zwischen den Strandkörben durch, immer näher. Und die rote Fahne schien ihn von dem Dache heranzuwinken.

Nun war er ganz nahe. Eine ungewisse Angst hieß ihn stehenbleiben. Da hörte er ihre Stimme. Sie lachte. Und nun wieder eine andere Stimme, das war eine Knabenstimme.

Er schlich vorsichtig weiter in einem Bogen herum. Er warf sich in den Sand und kroch auf allen vieren vorwärts. Als er so weit war, daß er sie sehen konnte, legte er sich hinter einen Sandhügel und hob den Kopf etwas über den Rand herauf.

Da saß sie auf dem Schoß eines Jungen. Der Junge bog ihren Kopf herunter, gab ihr einen Kuß, dann ließ er ihn los. Seine Hand griff nach ihrem Bein, und fuhr langsam daran hinauf. Und sie lehnte sich an die Schulter des Jungen, weit zurück. Der kleine Junge zog seinen Kopf wieder zurück und kroch davon, mechanisch ein Bein hinter dem andern, eine Hand hinter der andern.

Er empfand eigentlich nichts, keinen Schmerz, keine Qual. Er hatte nur den einzigen Wunsch, sich zu verstecken, irgendwo hinkriechen und dann ganz stilliegen, irgendwo sich einen kleinen Fleck suchen im Strandhafer.

Als er weit genug war, erhob er sich aus dem Sand, ging er fort.

Auf seinem Wege traf er einen Schulkameraden, er verkroch sich hinter einem Zelt vor ihm. Von rechts kam seine Mutter und rief ihn herüber. Er tat, als hätte er nichts gehört. Er begann zu laufen, über die Strandkörbe und über die Menschen hinaus. Und bei seinem Laufen kam ihm plötzlich der Gedanke, daß er heute schon einmal so gelaufen war, mittags, als er so glücklich gewesen war.

Da übermannte ihn die Qual. Er rettete sich schnell die Dünen herauf. Oben warf er sich hin, das Gesicht in den Halmen. Der Strandhafer nickte über seinem Kopf wie ein Wald, ein paar Libellen kamen summend durch die Halme.

Und das war das erstemal im Leben des Knaben, daß er an einem Tage den Becher der Seligkeit und den der Qual trank, er, der verurteilt war, noch oft von den Extremen der tiefsten Qualen und des wildesten Glückes erschüttert zu werden, wie ein kostbares Gefäß, das durch viele glühende Flammen gewandert sein muß, ohne zu zerspringen.

ROBERT MUSIL

Grigia

Es gibt im Leben eine Zeit, wo es sich auffallend verlangsamt, als zögerte es weiterzugehn oder wollte seine Richtung ändern. Es mag sein, daß einem in dieser Zeit leichter ein Unglück zustößt.

Homo besaß einen kranken kleinen Sohn; das zog durch ein Jahr, ohne besser zu werden und ohne gefährlich zu sein, der Arzt verlangte einen langen Kuraufenthalt, und Homo konnte sich nicht entschließen, mitzureisen. Es kam ihm vor, als würde er dadurch zu lange von sich getrennt, von seinen Büchern, Plänen und seinem Leben. Er empfand seinen Widerstand als eine große Selbstsucht, es war aber vielleicht eher eine Selbstauflösung, denn er war zuvor nie auch nur einen Tag lang von seiner Frau geschieden gewesen; er hatte sie sehr geliebt und liebte sie noch sehr, aber diese Liebe war durch das Kind trennbar geworden, wie ein Stein, in den Wasser gesickert ist, das ihn immer weiter auseinander treibt. Homo staunte sehr über diese neue Eigenschaft der Trennbarkeit, ohne daß mit seinem Wissen und Willen je etwas von seiner Liebe abhanden gekommen wäre, und so lang die Zeit der vorbereitenden Beschäftigung mit der Abreise war, wollte ihm nicht einfallen, wie er allein den kommenden Sommer verbringen werde. Er empfand bloß einen heftigen Widerwillen gegen Bade- und Gebirgsorte. Er blieb allein zurück und am zweiten Tag erhielt er einen Brief, der ihn einlud, sich an einer Gesellschaft zu beteiligen, welche die alten venezianischen Goldbergwerke im Fersenatal wieder aufschließen wollte. Der Brief war von einem Herrn Mozart Amadeo Hoffingott, den er vor einigen Jahren auf einer Reise kennen gelernt und während weniger Tage zum Freund gehabt hatte.

Trotzdem entstand in ihm nicht der leiseste Zweifel, daß es sich um eine ernste, redliche Sache handle. Er gab zwei Telegramme auf; in dem einen teilte er seiner Frau mit, daß er schon jetzt abreise und ihr seinen Aufenthalt melden werde, mit dem zweiten nahm er das Angebot an, sich als Geologe und vielleicht auch mit einem größeren Betrag Geldes an den Aufschließungsarbeiten zu beteiligen.

In P., das ein Maulbeer und Wein bauendes, verschlossen reiches italienisches Städtchen ist, traf er mit Hoffingott, einem großen, schönen schwarzen Mann seines eigenen Alters, zusammen, der immer in Bewegung war. Die Gesellschaft verfügte, wie er erfuhr, über gewaltige amerikanische Mittel, und die Arbeit sollte großen Stil haben. Einstweilen ging zur Vorbereitung eine Expedition talein, die aus ihnen beiden und drei Teilhabern bestand, Pferde wurden gekauft, Instrumente erwartet und Hilfskräfte angeworben.

Homo wohnte nicht im Gasthof, sondern, er wußte eigentlich nicht warum, bei einem italienischen Bekannten Hoffingotts. Es gab da drei Dinge, die ihm auffielen. Betten von einer unsagbar kühlen Weichheit in schöner Mahagonischale. Eine Tapete mit einem unsagbar wirren, geschmacklosen, aber durchaus unvollendbaren und fremden Muster. Und ein Schaukelstuhl aus Rohr; wenn man sich in diesem wiegt und die Tapete anschaut, wird der ganze Mensch zu einem auf- und niederwallenden Gewirr von Ranken, die binnen zweier Sekunden aus dem Nichts zu ihrer vollen Größe anwachsen und sich wieder in sich zurückziehen.

In den Straßen war eine Luft, aus Schnee und Süden gemischt. Es war Mitte Mai. Abends waren sie von großen Bogenlampen erhellt, die an quergespannten Seilen so hoch hingen, daß die Straßen darunter wie Schluchten von dunklem Blau lagen, auf deren finstrem Grund man dahingehen mußte, während sich oben im Weltraum weiß zischende Sonnen drehten. Tagsüber sah man auf Weinberg und Wald. Das hatte den Winter rot, gelb und grün überstanden; weil die Bäume das Laub nicht abwarfen, war Welk und Neu durcheinandergeflochten wie in Friedhofskränzen, und kleine rote, blaue und rosa Villen staken, sehr sichtbar noch, wie verschieden gestellte Würfel darin, ein ihnen unbekanntes, eigentümliches Formgesetz empfindungslos vor aller Welt darstellend. Oben aber war der Wald dunkel und der Berg hieß Selvot. Er trug über dem Wald Almböden, die, verschneit, in breitem, gemäßigtem Wellenschlag über die Nachbarberge weg das kleine hart ansteigende Seitental begleiteten, in das die Expedition einrücken sollte. Kamen, um Milch zu liefern und Polenta zu kaufen, Männer von diesen Bergen, so brachten sie manchmal große Drusen Bergkristall oder Amethyst mit, die in vielen Spalten so üppig wachsen sollten wie anderswo Blumen auf der Wiese, und diese unheimlich schönen Märchengebilde verstärkten noch mehr den Eindruck, daß sich unter dem Aussehen dieser Gegend, das so fremd vertraut flackerte wie die Sterne in mancher Nacht, etwas sehnsüchtig Erwartetes verberge. Als sie in das Gebirgstal hineinritten und um sechs Uhr Sankt Orsola passierten, schlugen bei einer kleinen, eine buschige Bergrinne überquerenden Steinbrücke wenn nicht hundert, so doch sicher zwei Dutzend Nachtigallen; es war heller Tag.

Als sie drinnen waren, befanden sie sich an einem seltsamen Ort. Er hing an der Lehne eines Hügels; der Saumweg, der sie hingeführt hatte, sprang zuletzt förmlich von einem großen platten Stein zum nächsten, und von ihm flossen, den Hang hinab und gewunden wie Bäche, ein paar kurze, steile Gassen in die Wiesen. Stand man am Weg, so hatte man nur vernachlässigte und dürftige Bauernhäuser vor sich, blickte man aber von den Wiesen unten herauf, so meinte man sich in ein vorweltliches Pfahldorf zurückversetzt, denn die Häuser standen mit der Talseite alle auf hohen Balken, und ihre Abtritte schwebten etwas abseits von ihnen wie die Gondeln von Sänften auf vier schlanken baumlangen Stangen über dem Abhang. Auch die Landschaft um dieses Dorf war nicht ohne Sonderbarkeiten. Sie bestand aus einem mehr als halbkreisförmigen Wall hoher, oben von Schroffen durchsetzter Berge, welche steil zu einer Senkung abfielen, die rund um einen in der Mitte stehenden kleineren und bewaldeten Kegel lief, wodurch das Ganze einer leeren gugelhupfförmigen Welt ähnelte, von der ein kleines Stück durch den tief fließenden Bach abgeschnitten worden war, so daß sie dort klaffend gegen die hohe, zugleich mit ihm talwärts streichende andere Flanke seines Ufers lehnte, an welcher das Dorf hing. Es gab ringsum unter dem Schnee Kare mit Knieholz und einigen versprengten Rehen, auf der Waldkuppe in der Mitte balzte schon der Spielhahn, und auf den Wiesen der Sonnseite blühten die Blumen mit gelben, blauen und weißen Sternen, die so groß waren, als hätte man einen Sack mit Talern ausgeschüttet. Stieg man aber hinter dem Dorf noch etwa hundert Fuß höher, so kam man auf einen ebenen Absatz von nicht allzugroßer Breite, den Äcker, Wiesen, Heuställe und verstreute Häuser bedeckten, während von einer gegen das Tal zu vorspringenden Bastion die kleine Kirche in die Welt hinausblickte, welche an schönen Tagen fern vor dem Tal wie das Meer vor einer Flußmündung lag; man konnte kaum unterscheiden, was noch goldgelbe Ferne des gesegneten Tieflands war, und wo schon die unsicheren Wolkenböden des Himmels begonnen hatten.

Es war ein schönes Leben, das da seinen Anfang nahm. Tagsüber auf den Bergen, bei alten verschütteten Stolleneingängen und neuen Schürfversuchen, oder auf den Wegen das Tal hinaus, wo eine breite Straße gelegt werden sollte; in einer riesigen Luft, die schon sanft und schwanger von der kommenden Schneeschmelze war. Sie schütteten Geld unter die Leute und walteten wie die Götter. Sie beschäftigten alle Welt, Männer und Frauen. Aus den Männern bildeten sie Arbeitspartien und verteilten sie auf die Berge, wo sie wochenüber verbleiben mußten, aus den Weibern formierten sie Trägerkolonnen, welche ihnen Werkzeugersatz und Proviant auf kaum wegsamen Steigen nachschafften. Das steinerne Schulhaus ward in eine Faktorei verwandelt, wo die Waren aufbewahrt und verladen wurden; dort rief eine scharfe Herrenstimme aus den schwatzend wartenden Weibern eins nach dem andern vor, und es wurde der große leere Rückenkorb so lang befrachtet, bis die Knie sich bogen und die Halsadern anschwollen. War solch ein hübsches junges Weib beladen, so hing ihm der Blick bei den Augen heraus und die

Lippen blieben offen stehn; es trat in die Reihe, und auf das Zeichen begannen diese stillgewordenen Tiere hintereinander langsam in langen Schlangenwegen ein Bein vor das andre bergan zu setzen. Aber sie trugen köstliche, seltene Last, Brot, Fleisch und Wein, und mit den Eisengeräten mußte man nicht ängstlich umgehn, so daß außer dem Barlohn gar manches Brauchbare für die Wirtschaft abfiel, und darum trugen sie es gerne und dankten noch den Männern, welche den Segen in die Berge gebracht hatten. Und das war ein herrliches Gefühl; man wurde hier nicht, wie sonst überall in der Welt, geprüft, was für ein Mensch man sei, – ob verläßlich, mächtig und zu fürchten oder zierlich und schön, – sondern was immer für ein Mensch man war und wie immer man über die Dinge des Lebens dachte, man fand Liebe, weil man den Segen gebracht hatte; sie lief wie ein Herold voraus, sie war überall wie ein frisches Gastbett bereitet, und der Mensch trug Willkommgeschenke in den Augen. Die Frauen durften das frei ausströmen lassen, aber manchmal, wenn man an einer Wiese vorbeikam, vermochte auch ein alter Bauer dort zu stehn und winkte mit der Sense wie der leibhafte Tod.

Es lebten übrigens merkwürdige Leute in diesem Talende. Ihre Voreltern waren zur Zeit der tridentinischen Bischofsmacht als Bergknappen aus Deutschland gekommen, und sie saßen heute noch eingesprengt wie ein verwitterter deutscher Stein zwischen den Italienern. Die Art ihres alten Lebens hatten sie halb bewahrt und halb vergessen, und was sie davon bewahrt hatten, verstanden sie wohl selbst nicht mehr. Die Wildbäche rissen ihnen im Frühjahr den Boden weg, es gab Häuser, die einst auf einem Hügel und jetzt am Rand eines Abgrunds standen, ohne daß sie etwas dagegen taten, und umgekehrten Wegs spülte ihnen die neue Zeit allerhand ärgsten Unrat in die Häuser. Da gab es billige polierte Schränke, scherzhafte Postkarten und Öldruckbilder, aber manchmal war ein Kochgeschirr da, aus dem schon zur Zeit Martin Luthers gegessen worden sein mochte. Sie waren nämlich Protestanten; aber wenn es wohl auch nichts als dieses zähe Festhalten an ihrem Glauben war, was sie vor der

Verwelschung geschützt hatte, so waren sie dennoch keine guten Christen. Da sie arm waren, verließen fast alle Männer kurz nach der Heirat ihre Frauen und gingen für Jahre nach Amerika; wenn sie zurückkamen, brachten sie ein wenig erspartes Geld mit, die Gewohnheiten der städtischen Bordelle und die Ungläubigkeit, aber nicht den scharfen Geist der Zivilisation.

Homo hörte gleich zu Beginn eine Geschichte erzählen, die ihn ungemein beschäftigte. Es war nicht lange her, mochte so etwa in den letzten fünfzehn Jahren stattgefunden haben, daß ein Bauer, der lange Zeit fortgewesen war, aus Amerika zurückkam und sich wieder zu seiner Frau in die Stube legte. Sie freuten sich einige Zeit, weil sie wieder vereint waren, und ließen es sich gut gehen, bis die letzten Ersparnisse weggeschmolzen waren. Als da die neuen Ersparnisse, die aus Amerika nachkommen sollten, noch immer nicht eingetroffen waren, machte sich der Bauer auf, um – wie es alle Bauern dieser Gegend taten – den Lebensunterhalt draußen durch Hausieren zu gewinnen, während die Frau die uneinträgliche Wirtschaft wieder weiter besorgte. Aber er kehrte nicht mehr zurück. Dagegen traf wenige Tage später auf einem von diesem abgelegenen Hofe der Bauer aus Amerika ein, erzählte seiner Frau auf den Tag genau, wie lange es her sei, verlangte zu essen, was sie damals am Tag des Abschieds gegessen hatten, wußte noch mit der Kuh Bescheid, die längst nicht mehr da war, und fand sich mit den Kindern in einer anständigen Weise zurecht, die ihm ein andrer Himmel beschert hatte als der, den er inzwischen über seinem Kopf getragen hatte. Auch dieser Bauer ging nach einer Weile des Behagens und Wohllebens auf die Wanderschaft mit dem Kram und kehrte nicht mehr zurück. Das ereignete sich in der Gegend noch ein drittes und viertes Mal, bevor man darauf kam, daß es ein Schwindler war, der drüben mit den Männern zusammen gearbeitet und sie ausgefragt hatte. Er wurde irgendwo von den Behörden festgenommen und eingesperrt, und keine sah ihn mehr wieder. Das soll allen leid getan haben, denn jede hätte ihn gern noch ein paar Tage gehabt und ihn mit ihrer Erinnerung verglichen, um sich nicht auslachen lassen zu müssen; denn jede wollte wohl gleich etwas gemerkt haben, das nicht ganz zum Gedächtnis stimmte, aber keine war dessen so sicher gewesen, daß man es hätte darauf ankommen lassen können und dem in seine Rechte wiederkehrenden Mann Schwierigkeiten machen wollte.

So waren diese Weiber. Ihre Beine staken in braunen Wollkitteln mit handbreiten roten, blauen oder orangenen Borten, und die Tücher, die sie am Kopf und gekreuzt über der Brust trugen, waren billiger Kattundruck moderner Fabrikmuster, aber durch irgend etwas in den Farben oder deren Verteilung wiesen sie weit in die Jahrhunderte der Altvordern zurück. Das war viel älter als Bauerntrachten sonst, weil es nur ein Blick war, verspätet, durch all die Zeiten gewandert, trüb und schwach angelangt, aber man fühlte ihn dennoch deutlich auf sich ruhn, wenn man sie ansah. Sie trugen Schuhe, die wie Einbäume aus einem Stück Holz geschnitten waren, und an der Sohle hatten sie wegen der schlechten Wege zwei messerartige Eisenstege, auf denen sie in ihren blauen und braunen Strümpfen gingen wie die Japanerinnen. Wenn sie warten mußten, setzten sie sich nicht auf den Wegrand, sondern auf die flache Erde des Pfads und zogen die Knie hoch wie die Neger. Und wenn sie, was zuweilen geschah, auf ihren Eseln die Berge hinanritten, dann saßen sie nicht auf ihren Röcken, sondern wie Männer und mit unempfindlichen Schenkeln auf den scharfen Holzkanten der Tragsättel, hatten wieder die Beine unziemlich hochgezogen und ließen sich mit einer leise schaukelnden Bewegung des ganzen Oberkörpers tragen.

Sie verfügten aber auch über eine verwirrend freie Freundlichkeit und Liebenswürdigkeit. »Treten Sie bitte ein«, sagten sie aufrecht wie die Herzoginnen, wenn man an ihre Bauerntür klopfte, oder wenn man eine Weile mit ihnen stand und im Freien plauderte, konnte plötzlich eine mit der höchsten Höflichkeit und Zurückhaltung fragen: »Darf ich Ihnen nicht den Mantel halten?« Als Doktor Homo einmal einem reizenden vierzehnjährigen Mädel sagte, »Komm ins Heu«, – nur so, weil ihm das Heu plötzlich so natürlich erschien wie für Tiere das Futter, – da erschrak dieses Kindergesicht unter dem spitz vorstehenden Kopftuch der Altvordern keineswegs, sondern schnob nur heiter aus Nase und Augen, die Spitzen ihrer kleinen Schuhboote kippten um die Fersen hoch, und mit geschultertem Rechen wäre sie beinahe aufs zurückschnellende Gesäß gefallen, wenn das Ganze nicht bloß ein Ausdruck lieblich ungeschickten Erstaunens über die Begehrlichkeit des Manns hätte sein sollen, wie in der komischen Oper. Ein andermal fragte er eine große Bäurin, die aussah wie eine deutsche Wittib am Theater, »bist Du noch eine Jungfrau, sag?!« und faßte sie am Kinn, – wieder nur so, weil die Scherze doch etwas Mannsgeruch haben sollen; die aber ließ das Kinn ruhig auf seiner Hand ruhn und antwortete ernst: »Ja, natürlich.« Homo verlor da fast die Führung; »Du bist noch eine Jungfrau?!« wunderte er sich schnell und lachte. Da kicherte sie mit. »Sag!?« drang er jetzt näher und schüttelte sie spielend am Kinn. Da blies sie ihm ins Gesicht und lachte: »Gewesen!«

»Wenn ich zu Dir komm, was krieg ich?« frug es sich weiter.

»Was Sie wollen.«

»Alles, was ich will?«

»Alles.«

»Wirklich alles?!«

»Alles! Alles!!« und das war eine so vorzüglich und leidenschaftlich gespielte Leidenschaft, daß diese Theaterechtheit auf sechzehnhundert Meter Höhe ihn sehr verwirrte. Er wurde es nicht mehr los, daß dieses Leben, welches heller und würziger war als jedes Leben zuvor, gar nicht mehr Wirklichkeit, sondern ein in der Luft schwebendes Spiel sei.

Es war inzwischen Sommer geworden. Als er zum erstenmal die Schrift seines kranken Knaben auf einem ankommenden Brief gesehen hatte, war ihm der Schreck des Glücks und heimlichen Besitzes von den Augen bis in die Beine gefahren; daß sie jetzt seinen Aufenthaltsort wußten, erschien ihm wie eine ungeheure Befestigung. Er ist hier, oh, man wußte nun alles, und er brauchte nichts mehr zu erklären. Weiß und violett, grün und braun standen die Wiesen. Er war kein Gespenst. Ein Märchenwald von alten Lärchenstämmen, zartgrün behaarten, stand auf smaragdener Schräge. Unter dem Moos mochten violette und weiße Kristalle leben. Der Bach fiel einmal mitten im Wald über einen Stein so, daß er aussah wie ein großer silberner Steckkamm. Er beantwortete nicht mehr die Briefe seiner Frau. Zwischen den Geheimnissen dieser Natur war das Zusammengehören eines davon. Es gab eine zart scharlachfarbene Blume, es gab diese in keines anderen Mannes Welt, nur in seiner, so hatte es Gott geordnet, ganz als ein Wunder. Es gab eine Stelle am Leib, die wurde versteckt und niemand durfte sie sehn, wenn er nicht sterben sollte, nur einer. Das kam ihm in diesem Augenblick so wundervoll unsinnig und unpraktisch vor, wie es nur eine tiefe Religion sein kann. Und er erkannte jetzt erst, was er getan hatte, indem er sich für diesen Sommer absonderte und von seiner eigenen Strömung treiben ließ, die ihn erfaßt hatte. Er sank zwischen den Bäumen mit den giftgrünen Bärten aufs Knie, breitete die Arme aus, was er so noch nie in seinem Leben getan hatte, und ihm war zu Mut, als hätte man ihm in diesem Augenblick sich selbst aus den Armen genommen. Er fühlte die Hand seiner Geliebten in seiner, ihre Stimme im Ohr, alle Stellen seines Körpers waren wie eben erst berührt, er empfand sich selbst wie eine von einem anderen Körper gebildete Form. Aber er hatte sein Leben außer Kraft gesetzt. Sein Herz war demütig vor der Geliebten und arm wie ein Bettler geworden, beinahe strömten ihm Gelübde und Tränen aus der Seele. Dennoch stand es fest, daß er nicht umkehrte, und seltsamerweise war mit seiner Aufregung ein Bild der rings um den Wald blühenden Wiesen verbunden, und trotz der Sehnsucht nach Zukunft das Gefühl, daß er da, zwischen Anemonen, Vergißmeinnicht, Orchideen, Enzian und dem herrlich grünbraunen Sauerampfer, tot liegen werde. Er streckte sich am Moose aus. »Wie Dich hinübernehmen?« fragte sich Homo. Und sein Körper fühlte sich sonderbar müd wie ein starres Gesicht, das von einem Lächeln aufgelöst wird.

Da hatte er nun immer gemeint, in der Wirklichkeit zu leben, aber war etwas unwirklicher, als daß ein Mensch für ihn etwas anderes war als alle anderen Menschen? Daß es unter den unzähligen Körpern einen gab, von dem sein inneres Wesen fast ebenso abhing wie von seinem eigenen Körper? Dessen Hunger und Müdigkeit, Hören und Sehen mit seinem zusammenhing? Als das Kind aufwuchs, wuchs das, wie die Geheimnisse des Bodens in ein Bäumchen, in irdisches Sorgen und Behagen hinein. Er liebte sein Kind, aber wie es sie überleben würde, hatte es noch früher den jenseitigen Teil getötet. Und es wurde ihm plötzlich heiß von einer neuen Gewißheit. Er war kein dem Glauben zugeneigter Mensch, aber in diesem Augenblick war sein Inneres erhellt. Die Gedanken erleuchteten so wenig wie dunstige Kerzen in dieser großen Helle seines Gefühls, es war nur ein herrliches, von Jugend umflossenes Wort: Wiedervereinigung da. Er nahm sie in alle Ewigkeiten immer mit sich, und in dem Augenblick, wo er sich diesem Gedanken hingab, waren die kleinen Entstellungen, welche die Jahre der Geliebten zugefügt hatten, von ihr genommen, es war ewiger erster Tag. Jede weitläufige Betrachtung versank, jede Möglichkeit des Überdrusses und der Untreue, denn niemand wird die Ewigkeit für den Leichtsinn einer Viertelstunde opfern, und er erfuhr zum erstenmal die Liebe ohne allen Zweifel als ein himmlisches Sakrament. Er erkannte die persönliche Vorsehung, welche sein Leben in diese Einsamkeit gelenkt hatte, und fühlte wie einen gar nicht mehr irdischen Schatz, sondern wie eine für ihn bestimmte Zauberwelt den Boden mit Gold und Edelsteinen unter seinen Füßen.

Von diesem Tag an war er von einer Bindung befreit, wie von einem steifen Knie oder einem schweren Rucksack. Der Bindung an das Lebendigseinwollen, dem Grauen vor dem Tode. Es geschah ihm nicht, was er immer kommen geglaubt hatte, wenn man bei voller Kraft sein Ende nahe zu sehen meint, daß man das Leben toller und durstiger genießt, sondern er fühlte sich bloß nicht mehr verstrickt und voll einer herrlichen Leichtheit, die ihn zum Sultan seiner Existenz machte.

Die Bohrungen hatten zwar nicht recht vorwärts geführt, aber es war ein Goldgräberleben, das sie umspann. Ein Bursche hatte Wein gestohlen, das war ein Verbrechen gegen das gemeine Interesse, dessen Bestrafung allgemein auf Billigung rechnen konnte, und man brachte ihn mit gebundenen Händen. Mozart Amadeo Hoffingott ordnete an, daß er zum abschreckenden Beispiel Tag und Nacht lang an einen Baum gebunden stehen sollte. Aber als der Werkführer mit dem Strick kam, ihn zum Spaß eindrucksvoll hin und her schwenkte und ihn zunächst über einen Nagel hing, begann der Junge am ganzen Leib zu zittern, weil er nicht anders dachte, als daß er aufgeknüpft werden solle. Ganz das gleiche geschah, obwohl das schwer zu begründen wäre, wenn Pferde eintrafen, ein Nachschub von außen oder solche, die für einige Tage Pflege herabgeholt worden waren: sie standen dann in Gruppen auf der Wiese oder legten sich nieder, aber sie gruppierten sich immer irgendwie scheinbar regellos in die Tiefe, so daß es nach einem geheim verabredeten ästhetischen Gesetz genau so aussah wie die Erinnerung an die kleinen grünen, blauen und rosa Häuser unter dem Selvot. Wenn sie aber oben waren und die Nacht über in irgend einem Bergkessel angebunden standen, zu je dreien oder vieren an einem umgelegten Baum, und man war um drei Uhr im Mondlicht aufgebrochen und kam jetzt um halb fünf des Morgens vorbei, dann schauten sich alle nach dem um, der vorbeiging, und man fühlte in dem wesenlosen Frühmorgenlicht sich als einen Gedanken in einem sehr langsamen Denken. Da Diebstähle und mancherlei Unsicheres vorkamen, hatte man rings in der Umgebung alle Hunde aufgekauft, um sie zur Bewachung zu benützen. Die Streiftrupps brachten sie in großen Rudeln herbei, zu zweit oder dritt an Stricken geführt ohne Halsband. Das waren nun mit einemmal ebensoviel Hunde wie Menschen am Ort, und man mochte sich fragen, welche von beiden Gruppen sich eigentlich auf dieser Erde als Herr im eigenen Hause fühlen dürfe, und welche nur als angenommener Hausgenosse. Es waren vornehme Jagdhunde darunter, venezianische Bracken, wie man sie in dieser Gegend noch zuweilen hielt, und bissige Hausköter wie böse kleine Affen. Sie standen in Gruppen, die sich, man wußte nicht warum, zusammengefunden hatten und fest zusammenhielten, aber von Zeit zu Zeit fielen sie in jeder Gruppe wütend übereinander her. Manche waren halbverhungert, manche verweigerten die Nahrung; ein kleiner weißer fuhr dem Koch an die Hand, als er ihm die Schüssel mit Fleisch und Suppe hinstellen wollte, und biß ihm einen Finger ab. – Um halb vier Uhr des Morgens war es schon ganz hell, aber die Sonne war noch nicht zu sehen. Wenn man da oben am Berg an den Malgen vorbeikam, lagen die Rinder auf den Wiesen in der Nähe halb wach und halb schlafend. In mattweißen steinernen großen Formen lagen sie auf den eingezogenen Beinen, den Körper hinten etwas zur Seite hängend; sie blickten den Vorübergehenden nicht an, noch ihm nach, sondern hielten das Antlitz unbewegt dem erwarteten Licht entgegen, und ihre gleichförmig langsam mahlenden Mäuler schienen zu beten. Man durchschritt ihren Kreis wie den einer dämmrigen erhabenen Existenz, und wenn man von oben zurückblickte, sahen sie wie weiß hingestreute stumme Violinschlüssel aus, die von der Linie des Rückgrats, der Hinterbeine und des Schweifs gebildet wurden. Überhaupt gab es viel Abwechslung. Zum Beispiel, es brach einer ein Bein und zwei Leute trugen ihn auf den Armen vorbei. Oder es wurde plötzlich »Feu . . . er« gerufen, und alles lief, um sich zu decken, denn für den Wegbau wurde ein großer Stein gesprengt. Ein Regen wischte gerade mit den ersten Strichen naß über das Gras. Unter einem Strauch am andern Bachufer brannte ein Feuer, das man über das neue Ereignis vergessen hatte, während es bis dahin sehr wichtig gewesen war; als einziger Zuseher stand daneben jetzt nur noch eine junge Birke. An diese Birke war mit einem in der Luft hängenden Bein noch das schwarze Schwein gebunden; das Feuer, die Birke und das Schwein sind jetzt allein. Dieses Schwein hatte schon geschrien, als es ein einzelner bloß am Strick führte und ihm gut zusprach, doch weiter zu kommen. Dann schrie es lauter, als es zwei andre Männer erfreut auf sich zurennen sah. Erbärmlich, als es bei den

Ohren gepackt und ohne Federlesens vorwärtsgezerrt wurde. Es stemmte sich mit den vier Beinen dagegen, aber der Schmerz in den Ohren zog es in kurzen Sprüngen vorwärts. Am andern Ende der Brücke hatte schon einer nach der Hacke gegriffen und schlug es mit der Schneide gegen die Stirn. Von diesem Augenblick an ging alles viel mehr in Ruhe. Beide Vorderbeine brachen gleichzeitig ein, und das Schweinchen schrie erst wieder, als ihm das Messer schon in der Kehle stak; das war zwar ein gellendes, zuckendes Trompeten, aber es sank gleich zu einem Röcheln zusammen, das nur noch wie ein pathetisches Schnarchen war. Das alles bemerkte Homo zum erstenmal in seinem Leben.

Wenn es Abend geworden war, kamen alle im kleinen Pfarrhof zusammen, wo sie ein Zimmer als Kasino gemietet hatten. Freilich war das Fleisch, das nur zweimal der Woche den langen Weg heraufkam, oft etwas verdorben, und man litt nicht selten an einer mäßigen Fleischvergiftung. Trotzdem kamen alle, sobald es dunkel wurde, mit ihren kleinen Laternen die unsichtbaren Wege dahergestolpert. Denn sie litten noch mehr als an Fleischvergiftung an Traurigkeit und Öde, obgleich es so schön war. Sie spülten es mit Wein aus. Eine Stunde nach Beginn lag in dem Pfarrzimmer eine Wolke von Traurigkeit und Tanz. Das Grammophon räderte hindurch wie ein vergoldeter Blechkarren über eine weiche, von wundervollen Sternen besäte Wiese. Sie sprachen nichts mehr miteinander, sondern sie sprachen. Was hätten sie sich sagen sollen, ein Privatgelehrter, ein Unternehmer, ein ehemaliger Strafanstaltsinspektor, ein Bergingenieur, ein pensionierter Major? Sie sprachen in Zeichen – mochten das trotzdem auch Worte sein: des Unbehagens, des relativen Behagens, der Sehnsucht –, eine Tiersprache. Oft stritten sie unnötig lebhaft über irgendeine Frage, die keinen etwas anging, beleidigten einander sogar, und am nächsten Tag gingen Kartellträger hin und her. Dann stellte sich heraus, daß eigentlich überhaupt niemand anwesend gewesen war. Sie hatten es nur getan, weil sie die Zeit totschlagen mußten, und wenn sie auch keiner von ihnen je wirklich gelebt hatte, kamen sie sich doch roh wie die Schlächter vor und waren gegeneinander erbittert.

Es war die überall gleiche Einheitsmasse von Seele: Europa. Ein so unbestimmtes Unbeschäftigtsein, wie es sonst die Beschäftigung war. Sehnsucht nach Weib, Kind, Behaglichkeit. Und zwischendurch immer von neuem das Grammophon. Rosa, wir fahr'n nach Lodz, Lodz, Lodz . . . und Komm in meine Liebeslaube . . . Ein astraler Geruch von Puder, Gaze, ein Nebel von fernem Varieté und europäischer Sexualität. Unanständige Witze zerknallten zu Gelächter und fingen alle immer wieder mit den Worten an: Da ist einmal ein Jud auf der Eisenbahn gefahren . . .; nur einmal fragte einer: Wieviel Rattenschwänze braucht man von der Erde zum Mond? Da wurde es sogar still, und der Major ließ Tosca spielen und sagte, während das Grammophon zum Loslegen ausholte, melancholisch: »Ich habe einmal die Geraldine Farrar heiraten wollen.« Dann kam ihre Stimme aus dem Trichter in das Zimmer und stieg in einen Lift, diese von den betrunkenen Männern angestaunte Frauenstimme, und schon fuhr der Lift mit ihr wie rasend in die Höhe, kam an kein Ziel, senkte sich wieder, federte in der Luft. Ihre Röcke blähten sich vor Bewegung, dieses Auf und Nieder, dieses eine Weile lang angepreßt Stilliegen an einem Ton, und wieder sich Heben und Sinken, und bei alldem dieses Verströmen, und immer doch noch von einer neuen Zuckung Gefaßtwerden, und wieder Ausströmen: war Wollust. Homo fühlte, es war nackt jene auf alle Dinge in den Städten verteilte Wollust, die sich von Totschlag, Eifersucht, Geschäften, Automobilrennen nicht mehr unterscheiden kann, – ah, es war gar nicht mehr Wollust, es war Abenteuersucht, – nein, es war nicht Abenteuersucht, sondern ein aus dem Himmel niederfahrendes Messer, ein Würgengel, Engelswahnsinn, der Krieg? Von einem der vielen langen Fliegenpapiere, die von der Decke herabhingen, war vor ihm eine Fliege heruntergefallen und lag vergiftet am Rücken, mitten in einer jener Lachen, zu denen in den kaum merklichen Falten des Wachstuchs das Licht der Petroleumlampen zusammenfloß;

sie waren so vorfrühlingstraurig, als ob nach Regen ein starker Wind gefegt hätte. Die Fliege machte ein paar immer schwächer werdende Anstrengungen, um sich aufzurichten, und eine zweite Fliege, die am Tischtuch äste, lief von Zeit zu Zeit hin, um sich zu überzeugen, wie es stünde. Auch Homo sah ihr genau zu, denn die Fliegen waren hier eine große Plage. Als aber der Tod kam, faltete die Sterbende ihre sechs Beinchen ganz spitz zusammen und hielt sie so in die Höhe, dann starb sie in ihrem blassen Lichtfleck am Wachstuch wie in einem Friedhof von Stille, der nicht in Zentimetermaßen und nicht für Ohren, aber doch vorhanden war. Jemand erzählte gerade: »Das soll einer einmal wirklich ausgerechnet haben, daß das ganze Haus Rothschild nicht so viel Geld hat, um eine Fahrkarte dritter Klasse bis zum Mond zu bezahlen.« Homo sagte leise vor sich hin: »Töten, und doch Gott spüren; Gott spüren, und doch töten?« und er schnellte mit dem Zeigefinger dem ihm gegenüber sitzenden Major die Fliege gerade ins Gesicht, was wieder einen Zwischenfall gab, der bis zum nächsten Abend vorhielt.

Damals hatte er schon lange Grigia kennen gelernt, und vielleicht kannte sie der Major auch. Sie hieß Lene Maria Lenzi; das klang wie Selvot und Gronleit oder Malga Mendana, nach Amethystkristallen und Blumen, er aber nannte sie noch lieber Grigia, mit langem I und verhauchtem Dscha, nach der Kuh, die sie hatte, und Grigia, die Graue, rief. Sie saß dann, mit ihrem violett braunen Rock und dem gesprenkelten Kopftuch, am Rand ihrer Wiese, die Spitzen der Holländerschuhe in die Luft gekrümmt, die Hände auf der bunten Schürze verschränkt, und sah so natürlich lieblich aus wie ein schlankes giftiges Pilzchen, während sie der in der Tiefe weidenden Kuh von Zeit zu Zeit ihre Weisungen gab. Eigentlich bestanden sie nur aus den vier Worten »Geh ea!« und »Geh aua!«, was soviel zu bedeuten schien wie ›komm her‹ und ›komm herauf‹, wenn sich die Kuh zu weit entfernte; versagte aber Grigias Dressur, so folgte dem ein heftig entrüstetes: »Wos, Teufi, do geh hea«, und als letzte Instanz polterte sie wie ein Steinchen selbst die Wiese hinab, das nächste Stück Holz in der Hand, das sie aus Wurfdistanz nach der Grauen sandte. Da Grigia aber einen ausgesprochenen Hang hatte, sich immer wieder talwärts zu entfernen, wiederholte sich der Vorgang in allen seinen Teilen mit der Regelmäßigkeit eines sinkenden und stets von neuem aufgewundenen Pendelgewichts. Weil das so paradiesisch sinnlos war, neckte er sie damit, indem er sie selbst Grigia rief. Er konnte sich nicht verhehlen, daß sein Herz lebhafter schlug, wenn er sich der so Sitzenden aus der Ferne nahte; so schlägt es, wenn man plötzlich in Tannenduft eintritt oder in die würzige Luft, die von einem Waldboden aufsteigt, der viele Schwämme trägt. Es blieb immer etwas Grauen vor der Natur in diesem Eindruck enthalten, und man darf sich nicht darüber täuschen, daß die Natur nichts weniger als natürlich ist; sie ist erdig, kantig, giftig und unmenschlich in allem, wo ihr der Mensch nicht seinen Zwang auferlegt. Wahrscheinlich war es gerade das, was ihn an die Bäuerin band, und zur anderen Hälfte war es ein nimmermüdes Staunen, weil sie so sehr einer Frau glich. Man würde ja auch staunen, wenn man mitten im Holz eine Dame mit einer Teetasse sitzen sähe.

Bitte, treten Sie ein, hatte auch sie gesagt, als er zum erstenmal an ihre Tür klopfte. Sie stand am Herd und hatte einen Topf am Feuer; da sie nicht wegkonnte, wies sie bloß höflich auf die Küchenbank, später erst wischte sie die Hand lächelnd an der Schürze ab und reichte sie den Besuchern; es war eine gut geformte Hand, so samten rauh wie feinstes Sandpapier oder rieselnde Gartenerde. Und das Gesicht, das zu ihr gehörte, war ein ein wenig spöttelndes Gesicht, mit einer feinen, graziösen Gratlinie, wenn man es von der Seite ansah, und einem Mund, der ihm sehr auffiel. Dieser Mund war geschwungen wie Kupidos Bogen, aber außerdem war er gepreßt, so wie wenn man Speichel schluckt, was ihm in all seiner Feinheit eine entschlossene Roheit, und dieser Roheit wieder einen kleinen Zug von Lustigkeit gab, was trefflich zu den Schuhen paßte, aus welchen das Figürchen herauswuchs wie aus wilden Wurzeln. – Es galt irgendein Geschäft zu besprechen, und als sie fortgingen, war wieder das Lächeln da, und die Hand ruhte vielleicht einen Augenblick länger in der seinen als beim Empfang. Diese Eindrücke, die in der Stadt so bedeutungslos wären, waren hier in der Einsamkeit Erschütterungen, nicht anders, als hätte ein Baum seine Äste bewegen wollen in einer Weise, die durch keinen Wind oder eben wegfliegenden Vogel zu erklären war.

Kurze Zeit danach war er der Geliebte einer Bauernfrau geworden; diese Veränderung, die mit ihm vorgegangen war, beschäftigte ihn sehr, denn ohne Zweifel war da nicht etwas durch ihn, sondern mit ihm geschehen. Als er das zweitemal gekommen war, hatte sich Grigia gleich zu ihm auf die Bank gesetzt, und als er ihr zur Probe, wie weit er schon gehen dürfe, die Hand auf den Schoß legte und ihr sagte, du bist hier die Schönste, ließ sie seine Hand auf ihrem Schenkel ruhen, legte bloß ihre darauf, und damit waren sie versprochen. Nun küßte er sie auch zum Siegel, und ihre Lippen schnalzten danach, so wie sich Lippen befriedigt von einem Trinkgefäß lösen, dessen Rand sie gierig umfaßt hielten. Er erschrak sogar anfangs ein wenig über diese gemeine Weise und war gar nicht bös, als sie sein weiteres Vordringen abwehrte; er wußte nicht warum, er verstand hier überhaupt nichts von den Sitten und Gefahren und ließ sich neugierig auf ein andermal vertrösten. Beim Heu, hatte Grigia gesagt, und als er schon in der Tür stand und auf Wiedersehen sagte, sagte sie »auf's g'schwindige Wiederseh'n« und lächelte ihm zu.

Er war noch am Heimweg, da wurde er schon glücklich über das Geschehene; so wie ein heißes Getränk plötzlich nachher zu wirken beginnt. Der Einfall, zusammen in den Heustall zu gehn – man öffnet ein schweres hölzernes Tor, man zieht es zu, und bei jedem Grad, um den es sich in den Angeln dreht, wächst die Finsternis, bis man am Boden eines braunen, senkrecht stehenden Dunkels hockt – freute ihn wie eine kindliche List. Er dachte an die Küsse zurück und fühlte sie schnalzen, als hätte man ihm einen Zauberring um den Kopf gelegt. Er stellte sich das Kommende vor und mußte wieder an die Bauernart zu essen denken; sie kauen langsam, schmatzend, jeden Bissen würdigend, so tanzen sie auch, Schritt um Schritt, und wahrscheinlich ist alles andere ebenso; er wurde so steif in den Beinen vor Aufregung bei diesen Vorstellungen, als stäken seine Schuhe schon etwas im Boden. Die Frauen schließen die Augendeckel und machen ein ganz steifes Gesicht, eine Schutzmaske, damit man sie nicht durch Neugierde stört; sie lassen sich kaum ein Stöhnen entreißen, regungslos wie Käfer, die sich tot stellen, konzentrieren sie alle Aufmerksamkeit auf das, was mit ihnen vorgeht. Und so geschah es auch; Grigia scharrte mit der Kante der Sohle das bißchen Winterheu, das noch da war, zu einem Häuflein zusammen und lächelte zum letztenmal, als sie sich nach dem Saum ihres Rockes bückte wie eine Dame, die sich das Strumpfband richtet.

Das alles war genau so einfach und gerade so verzaubert wie die Pferde, die Kühe und das tote Schwein. Wenn sie hinter den Balken waren und außen polterten schwere Schuhe auf dem Steinweg heran, schlugen vorbei und verklangen, so pochte ihm das Blut bis in den Hals, aber Grigia schien schon am dritten Schritt zu erraten, ob die Schuhe herwollten oder nicht. Und sie hatte Zauberworte. Die Nos, sagte sie etwa, und statt Bein der Schenken. Der Schurz war die Schürze. Tragt viel aus, bewunderte sie, und geliegen han i an bißl ins Bett eini, machte es unter verschlafenen Augen. Als er ihr einmal drohte, nicht mehr zu kommen, lachte sie: »I glock an bei Ihm!« und da wußte er nicht, ob er erschrak oder glücklich war, und das mußte sie bemerkt haben, denn sie fragte: »Reut's ihn? Viel reut's ihn?« Das waren so Worte wie die Muster der Schürzen und Tücher und die farbigen Borten oben am Strumpf, etwas angeglichen der Gegenwart schon durch die Weite der Wanderschaft, aber geheimnisvolle Gäste. Ihr Mund war voll von ihnen, und wenn er ihn küßte, wußte er nie, ob er dieses Weib liebte, oder ob ihm ein Wunder bewiesen werde, und Grigia nur der Teil einer Sendung war, die ihn mit seiner Geliebten in Ewigkeit weiter verknüpfte. Einmal sagte ihm Grigia geradezu: »Denken tut er was ganz andres, i seh's ihm eini«, und als er eine Ausflucht gebrauchte, meinte sie nur, »ah, das is an extrige Sküß«. Er fragte sie, was das heißen solle, aber sie wollte nicht mit der Sprache heraus, und er mußte selbst erst lang nachdenken, bis er soviel aus ihr herausfragen konnte, um zu erraten, daß hier vor zweihundert Jahren auch französische Bergknappen gelebt hatten, und daß es einmal vielleicht excuse geheißen habe. Aber es konnte auch etwas Seltsameres sein.

Man mag das nun stark empfinden oder nicht. Man mag Grundsätze haben, dann ist es nur ein ästhetischer Scherz, den man eben mitnimmt. Oder man hat keine Grundsätze oder sie haben sich vielleicht eben etwas gelöst, wie es bei Homo der Fall war, als er reiste, dann kann es geschehen, daß diese fremden Lebenserscheinungen Besitz von dem ergreifen, was herrenlos geworden ist. Sie gaben ihm aber kein neues, von Glück ehrgeizig und erdfest gewordenes Ich, sondern sie siedelten nur so in zusammenhanglos schönen Flecken im Luftriß seines Körpers. Homo fühlte an irgend etwas, daß er bald sterben werde, er wußte bloß noch nicht, wie oder wann. Sein altes Leben war kraftlos geworden; es wurde wie ein Schmetterling, der gegen den Herbst zu immer schwächer wird.

Er sprach manchmal mit Grigia davon; sie hatte eine eigene Art, sich danach zu erkundigen: so voll Respekt wie nach etwas, das ihr anvertraut war, und ganz ohne Selbstsucht. Sie schien es in Ordnung zu finden, daß es hinter ihren Bergen Menschen gab, die er mehr liebte als sie, die er mit ganzer Seele liebte. Und er fühlte diese Liebe nicht schwächer werden, sie wurde stärker und neuer; sie wurde nicht blasser, aber sie verlor, je tiefer sie sich färbte, desto mehr die Fähigkeit, ihn in der Wirklichkeit zu etwas zu bestimmen oder an etwas zu hindern. Sie war in jener wundersamen Weise schwerlos und von allem Irdischen frei, die nur der kennt, welcher mit dem Leben abschließen mußte und seinen Tod erwarten darf; war er vordem noch so gesund, es ging damals ein Aufrichten durch ihn wie durch einen Lahmen, der plötzlich seine Krücken fortwirft und wandelt.

Das wurde am stärksten, als die Heuernte kam. Das Heu war schon gemäht und getrocknet, mußte nur noch gebunden und die Bergwiesen hinaufgeschafft werden. Homo sah von der nächsten Anhöhe aus zu, die wie ein Schaukelschwung hoch und weit davon losgehoben war. Das Mädel formt – ganz allein auf der Wiese, ein gesprenkeltes Püppchen unter der ungeheuren Glasglocke des Himmels – auf jede nur erdenkliche Weise ein riesiges Bündel. Kniet sich hinein und zieht mit beiden Armen das Heu an sich. Legt sich, sehr sinnlich, auf den Bauch über den Ballen und greift vor sich an ihm hinunter. Legt sich ganz auf die Seite und langt nur mit einem Arm, soweit man ihn strecken kann. Kriecht mit einem Knie, mit beiden Knien hinauf. Homo fühlt, es hat etwas vom Pillendreher, jenem Käfer. Endlich schiebt sie ihren ganzen Körper unter das mit einem Strick umschlungene Bündel und hebt sich mit ihm langsam hoch. Das Bündel ist viel größer als das bunte schlanke Menschlein, das es trägt – oder war das nicht Grigia?

Wenn Homo, um sie zu suchen, oben die lange Reihe von Heuhaufen entlang ging, welche die Bäurinnen auf der ebenen Stufe des Hangs errichtet hatten, ruhten sie gerade; da konnte er sich kaum fassen, denn sie lagen auf ihren Heuhügeln wie Michel Angelos Statuen in der Mediceerkapelle zu Florenz, einen Arm mit dem Kopf aufgestützt und den Leib wie in einer Strömung ruhend. Und als sie mit ihm sprachen und ausspucken mußten, taten sie es sehr künstlich; sie zupften mit drei Fingern ein Büschel Heu heraus, spuckten in den Trichter und stopften das Heu wieder darüber: das konnte zum Lachen reizen; bloß wenn man zu ihnen gehörte, wie Homo, der Grigia suchte, mochte man auch plötzlich erschrecken über diese rohe Würde. Aber Grigia war selten dabei, und wenn er sie endlich fand, hockte sie in einem Kartoffelacker und lachte ihn an. Er wußte, sie hat nichts als zwei Röcke an, die trockene Erde, die durch ihre schlanken, rauhen Finger rann, berührte ihren Leib. Aber die Vorstellung hatte nichts Ungewöhnliches mehr für ihn, sein Inneres hatte sich schon seltsam damit vertraut gemacht, wie Erde berührt, und vielleicht traf er sie in diesem Acker auch gar nicht zur Zeit der Heuernte, es lebte sich alles so durcheinander.

Die Heuställe hatten sich gefüllt. Durch die Fugen zwischen den Balken strömt silbernes Licht ein. Das Heu strömt grünes Licht aus. Unter dem Tor liegt eine dicke goldene Borte.

Das Heu roch säuerlich. Wie die Negergetränke, die aus dem Teig von Früchten und menschlichem Speichel entstehn. Man brauchte sich nur zu erinnern, daß man hier unter Wilden lebte, so entstand schon ein Rausch in der Hitze des engen, von gärendem Heu hochgefüllten Raums.

Das Heu trägt in allen Lagen. Man steht darin bis an die Waden, unsicher zugleich und überfest gehalten. Man liegt darin wie in Gottes Hand, möchte sich in Gottes Hand wälzen wie ein Hündchen oder ein Schweinchen. Man liegt schräg, und fast senkrecht wie ein Heiliger, der in einer grünen Wolke zum Himmel fährt.

Das waren Hochzeitstage und Himmelfahrtstage.

Aber einmal erklärte Grigia: es geht nicht mehr. Er konnte sie nicht dazu bringen, daß sie sagte, warum. Die Schärfe um den Mund und die lotrechte kleine Falte zwischen den Augen, die sie sonst nur für die Frage anstrengte, in welchem Stadel ein nächstesmal das schönste Zusammenkommen sei, deutete schlecht Wetter an, das irgendwo in der Nähe stand. Waren sie ins Gerede gekommen? Aber die Gevatterinnen, die ja vielleicht etwas merkten, waren alle immer so lächelnd wie bei einer Sache, der man gern zusieht. Aus Grigia war nichts herauszubekommen. Sie gebrauchte Ausreden, sie war seltener zu treffen; aber sie hütete ihre Worte wie ein mißtrauischer Bauer.

Einmal hatte Homo ein böses Zeichen. Die Gamaschen waren ihm aufgegangen, er stand an einem Zaun und wickelte sie neu, als eine vorbeigehende Bäurin ihm freundlich sagte: »Laß er die Strümpf doch unten, es wird ja bald Nacht.« Das war in der Nähe von Grigias Hof. Als er es Grigia erzählte, machte sie ein hochmütiges Gesicht und sagte: »Die Leute reden, und den Bach rinnen, muß man lassen«; aber sie schluckte Speichel und war mit den Gedanken anderswo. Da erinnerte er sich plötzlich einer sonderbaren Bäurin, die einen Schädel wie eine Aztekin hatte und immer vor ihrer Tür saß, das schwarze Haar, das ihr etwas über die Schultern reichte, aufgelöst, und von drei pausbäckigen gesunden Kindern umgeben. Grigia und er kamen alle Tage achtlos vorbei, es war die einzige Bäurin, die er nicht kannte, und merkwürdigerweise hatte er auch noch nie nach ihr gefragt, obgleich ihm ihr Aussehn auffiel; es war fast, als hätten sich stets das gesunde Leben ihrer Kinder und das gestörte ihres Gesichts gegenseitig als Eindrücke zu Null aufgehoben. Wie er jetzt war, schien es ihm plötzlich gewiß zu sein, daß nur von daher das Beunruhigende gekommen sein könne. Er fragte, wer sie sei, aber Grigia zuckte bös die Achseln und stieß nur hervor: »Die weiß nit, was sie sagt! Ein Wort hie, ein Wort über die Berge!« Das begleitete sie mit einer heftigen Bewegung der Hand an der Stirn vorbei, als müßte sie das Zeugnis dieser Person gleich entwerten.

Da Grigia nicht zu bewegen war, wieder in einen der um das Dorf liegenden Heuställe zu kommen, schlug ihr Homo vor, mit ihm höher ins Gebirg hinauf zu gehn. Sie wollte nicht, und als sie schließlich nachgab, sagte sie mit einer Betonung, die Homo hinterdrein zweideutig vorkam, »Guat; wenn man weg müass'n gehn.« Es war ein schöner Morgen, der noch einmal alles umspannte; weit draußen lag das Meer der Wolken und der Menschen. Grigia wich ängstlich allen Hütten aus, und auf freiem Felde zeigte sie – die sonst stets von einer reizenden Unbekümmertheit in allen Dispositionen ihrer Liebesstrategie gewesen war – Besorgtheit vor scharfen Augen. Da wurde er ungeduldig und erinnerte sich, daß sie eben an einem alten Stollen vorbeigekommen waren, dessen Betrieb auch von seinen eigenen Leuten bald wieder aufgegeben worden war. Er trieb Grigia hinein. Als er sich zum letztenmal umwandte, lag auf einer Bergspitze Schnee, darunter war golden in der Sonne ein kleines Feld mit gebundenen Ähren, und über beiden der weißblaue Himmel. Grigia machte wieder eine Bemerkung, die wie eine Anzüglichkeit war, sie hatte seinen Blick bemerkt und sagte zärtlich: »Das

Blaue am Himmel lassen wir lieber hübsch oben, damit es schön bleibt«; was sie damit eigentlich meinte, vergaß er aber zu fragen, denn sie tasteten nun mit großer Vorsicht in ein immer enger werdendes Dunkel hinein. Grigia ging voraus, und als nach einer Weile sich der Stollen zu einer kleinen Kammer erweitete, machten sie halt und umarmten einander. Der Boden unter ihren Füßen machte einen guten trockenen Eindruck, sie legten sich nieder, ohne daß Homo das Zivilisationsbedürfhis empfunden hätte, ihn mit dem Licht eines Streichholzes zu untersuchen. Noch einmal rann Grigia wie weich trockene Erde durch ihn, fühlte er sie im Dunkel erstarren und steif von Genuß werden, dann lagen sie nebeneinander und blickten, ohne sprechen zu wollen, nach dem kleinen fernen Viereck, vor dem weiß der Tag strahlte. In Homo wiederholte sich da sein Aufstieg hieher, er sah sich mit Grigia hinter dem Dorf zusammenkommen, dann steigen, wenden und steigen, er sah ihre blauen Strümpfe bis zu dem orangenen Saum unterm Knie, ihren wiegenden Gang auf den lustigen Schuhen, er sah sie vor dem Stollen stehen bleiben, sah die Landschaft mit dem kleinen goldenen Feld, und mit einemmal gewahrte er in der Helle des Eingangs das Bild ihres Mannes.

Er hatte noch nie an diesen Menschen gedacht, der bei den Arbeiten verwendet wurde; jetzt sah er das scharfe Wilddiebsgesicht mit den dunklen jägerlistigen Augen und erinnerte sich auch plötzlich an das einzigemal, wo er ihn sprechen gehört hatte; es war nach dem Einkriechen in einen alten Stollen, das kein anderer gewagt hatte, und es waren die Worte: »I bin von an Spektakl in andern kemma; das Zruckkemma is halt schwer.« Homo griff rasch nach seiner Pistole, aber im gleichen Augenblick war Lene Maria Lenzis Mann verschwunden, und das Dunkel ringsum war so dick wie eine Mauer. Er tastete sich zum Ausgang, Grigia hing an seinen Kleidern. Aber er überzeugte sich sofort, daß der Fels, der davor gerollt worden war, weit schwerer wog, als seine Kraft, ihn zu bewegen, reichte; er wußte nun auch, warum ihnen der Mann so viel Zeit gelassen hatte, er brauchte sie selbst, um seinen Plan zu fassen und einen Baumstamm als Hebel zu holen.

Grigia lag vor dem Stein auf den Knien und bettelte und tobte; es war widerwärtig und vergebens. Sie schwur, daß sie nie etwas Unrechtes getan habe und nie wieder etwas Unrechtes tun wolle, sie zeterte sogleich wie ein Schwein und rannte sinnlos gegen den Fels wie ein scheues Pferd. Homo fühlte schließlich, daß es so ganz in der Ordnung der Natur sei, aber er, der gebildete Mensch, vermochte anfangs gar nichts gegen seine Ungläubigkeit zu tun, daß wirklich etwas Unwiderrufliches geschehen sein sollte. Er lehnte an der Wand und hörte Grigia zu, die Hände in den Taschen. Später erkannte er sein Schicksal; traumhaft fühlte er es noch einmal auf ihn herabsinken, tage-, wochen- und monatelang, wie eben ein Schlaf anheben muß, der sehr lang dauert. Er legte sanft den Arm um Grigia und zog sie zurück. Er legte sich neben sie und erwartete etwas. Früher hätte er wohl vielleicht gedacht, die Liebe müßte in solchem unentrinnbaren Gefängnis scharf wie Bisse sein, aber er vergaß überhaupt an Grigia zu denken. Sie war ihm entrückt oder er ihr, wenn er auch noch ihre Schulter spürte; sein ganzes Leben war ihm gerade so weit entrückt, daß er es noch da wußte, aber nimmer die Hand darauf legen konnte. Sie regten sich stundenlang nicht, Tage mochten vergangen sein und Nächte, Hunger und Durst lagen hinter ihnen, wie ein erregtes Stück Wegs, sie wurden immer schwächer, leichter und verschlossener; sie dämmerten weite Meere und wachten kleine Inseln. Einmal fuhr er ganz grell in so ein kleines Wachen auf: Grigia war fort; eine Gewißheit sagte ihm, daß es eben erst geschehen sein mußte. Er lächelte; hat ihm nichts gesagt von dem Ausweg; wollte ihn zurücklassen, zum Beweis für ihren Mann ...! Er stützte sich auf und sah um sich; da entdeckte auch er einen schwachen, schmalen Schimmer. Er kroch ein wenig näher, tiefer in den Stollen hinein – sie hatten immer nach der andern Seite gesehen. Da erkannte er einen schmalen Spalt, der wahrscheinlich seitwärts ins Freie führte. Grigia hatte feine Glieder, aber auch er, mit großer Gewalt, müßte sich da vielleicht durchzwängen können. Es war ein Ausweg. Aber er war in diesem Augenblick vielleicht schon zu schwach, um ins Leben zurückzukehren, wollte nicht oder war ohnmächtig geworden.

Zur gleichen Stunde gab, da man die Erfolglosigkeit aller Anstrengungen und die Vergeblichkeit des Unternehmens einsah, Mozart Amadeo Hoffingott unten die Befehle zum Abbruch der Arbeit.

Giovanni Boccaccio

Der Falke

Es schließt des Dekameron
vierter Tag,
und es beginnt der fünfte,
an welchem unter der
Herrschaft Fiammettas
von den Glücksfällen erzählt wird,
die nach widrigen und betrübenden
Ereignissen
Liebende betroffen haben.

Neunte Geschichte

Federigo degli Alberighi liebt, ohne Gegenliebe zu finden, und verzehrt in ritterlichem Aufwand sein ganzes Vermögen, so daß ihm nur ein einziger Falke bleibt. Den setzt er, da er nichts anderes hat, seiner Dame, die ihn zu besuchen kommt, zum Essen vor. Sie aber ändert, als sie dies vernommen, ihre Gesinnung, nimmt ihn zum Manne und macht ihn reich.

Kaum hatte Filomena zu reden aufgehört, als die Königin wahrnahm, daß außer Dioneo und ihr niemand mehr zu erzählen hatte, und so begann sie heiter:

So ist es denn nun an mir, zu erzählen, und ich genüge gern meiner Pflicht, indem ich euch eine Geschichte mitteile, die der vorigen einigermaßen ähnlich ist. Ich tue dies nicht nur, damit ihr erkennt, welche Macht eure Anmut über edle Herzen auszuüben vermag, sondern damit ihr auch daraus entnehmt, wie ihr eure Gunstbezeigungen da, wo es sich geziemt, von selbst gewähren solltet, statt euch vom Glücke leiten zu lassen, welches nicht nach verständiger Wahl, sondern wie es sich eben trifft, in den meisten Fällen ohne jedes rechte Maß seine Gaben zu verleihen pflegt.

Wisset also, daß in jüngster vergangener Zeit in unserer Stadt ein Mann namens Coppo di Borghese Domenichi lebte und vielleicht heute noch lebt, der sich bei allen eines großen und ehrenvollen Ansehens erfreute und um seiner Tugenden und erlesenen Sitten willen mehr noch als wegen seines adeligen Blutes gefeiert wurde und allgemeinen Ruhmes würdig war. Dieser fand in seinen späten Jahren Gefallen daran, sowohl seinen Nachbarn als auch Fremden oftmals von vergangenen Ereignissen zu erzählen, wie er denn solches geordneter, mit schönen Worten und treuerem Gedächtnis zu tun verstand als irgendein anderer.

Unter andern schönen Geschichten pflegte er namentlich auch zu erzählen, daß einst in Florenz ein junger Edelmann gewesen sei, Federigo di Messer Filippo Alberighi genannt, den man in ritterlichen Übungen und adeligen Sitten höher gehalten habe als irgendeinen seiner Standesgenossen in Toskana. Wie es nun edlen Jünglingen zu widerfahren pflegt, so verliebte sich auch Federigo in eine adelige Dame namens Monna Giovanna, welche zu jener Zeit für eine der holdseligsten und schönsten in Florenz gehalten ward. Um ihre Liebe zu gewinnen, scheute er in Turnieren und Kampfspielen keinerlei Aufwand, richtete Feste her und teilte Geschenke aus, ohne seines Vermögens irgend zu achten. Die Dame aber, die ebenso sittsam wie schön war, kümmerte sich so wenig um dies alles, das zu ihren Ehren geschah, wie um denjenigen, von dem es ausging.

Da Federigo jedoch über seine Kräfte hinaus große Summen vertat und nichts erwarb, verfiel er binnen kurzem in solche Armut, daß er von allen seinen Besitztümern nichts behielt als ein kleines Bauerngut, dessen Einkünfte ihm kümmerlichen Unterhalt gewährten, und einen Falken, wie es kaum einen edleren auf der Welt geben mochte. Inzwischen war seine Liebe nur noch glühender geworden; da er jedoch als Städter nicht mehr so leben zu können glaubte, wie es ihm wünschenswert erschien, zog er sich aufs Land zurück und ertrug dort auf seinem Gütchen, ohne jemand um Hilfe anzugehen, unter Vogelstellen geduldig seine Armut.

Während nun Federigos Vermögensumstände sich so sehr verschlechtert hatten, geschah es, daß der Gemahl der Monna Giovanna schwer erkrankte. Als er gewahr wurde, daß es mit ihm zu Ende ging, machte er ein Testament, in welchem er sein schon ziemlich herangewachsenes Söhnlein zum Erben seiner großen Reichtümer ernannte und für den Fall, daß der Knabe ohne rechtmäßigen Erben versterben sollte, Monna Giovanna, die er auf das zärtlichste geliebt hatte, zur Nachfolgerin bestimmte. Bald darauf starb er, und die hinterbliebene Witwe zog, wie es unter den hiesigen Frauen üblich ist, für den Sommer dieses Jahres aufs Land, nach einer ihrer Besitzungen, welche Federigos Gütchen ziemlich nahe gelegen war. So trug es sich denn zu, daß jener Knabe, der an Hunden und Vögeln seine Freude hatte, mit Federigo vertraut wurde. Als er dessen Falken öfter hatte fliegen sehen, fand er an ihm so überschwängliches Gefallen, daß ihn zu besitzen sein höchster Wunsch ward. Doch traute er sich nicht darum zu bitten, da er wohl sah, wie wert er dem Federigo war.

Um diese Zeit ereignete es sich, daß der Knabe erkrankte. Die Mutter, die nur dies eine Kind hatte und es von ganzer Seele liebte, betrübte sich unsäglich, und wie sie den ganzen Tag um den Kranken geschäftig war und ihm guten Mut einflößte, fragte sie ihn unter dringenden Bitten, ob er denn nicht vielleicht nach irgend etwas Verlangen hege. Wenn es nur irgend möglich sei, werde sie es ihm verschaffen. Schon mehrmals hatte der kranke Knabe dieses Anerbieten vernommen, als er endlich antwortete: »Mutter, könnt Ihr machen, daß ich Federigos Falken erhalte, so glaube ich in kurzem wieder gesund zu werden.« Nachdem die Edeldame diese Worte vernommen hatte, blieb sie eine Zeitlang in sich gekehrt und erwog, was sie tun sollte. Sie wußte wohl, daß Federigo sie lange geliebt hatte, ohne von ihr jemals auch nur einen Blick erlangt zu haben. Daher sagte sie bei sich selber: »Wie darf ich zu Federigo um diesen Falken senden oder gar selbst deshalb zu ihm gehen, da, wie ich höre, dieser Falke der edelste ist, der je einem Jäger diente, und da er noch überdies seinem Herrn in solcher Weise den Lebensunterhalt gewährt? Und wie könnte ich so rücksichtslos sein, einem Edelmann, dem sonst keine Freude mehr geblieben ist, diese seine einzige rauben zu wollen?«

Obgleich sie gewiß war, den Falken zu erhalten, sobald sie darum bäte, antwortete sie daher, von jenen Gedanken bestrickt, nichts auf das Verlangen ihres Söhnleins und schwieg. Endlich aber trug die Liebe zu dem Knaben dennoch den Sieg davon, und um ihn zufriedenzustellen, entschloß sie sich, was auch immer die Folge davon wäre, nicht zu Federigo zu senden, sondern selbst zu ihm zu gehen und den Falken zu holen. Deshalb sagte sie: »Mein Kind, gib dich zufrieden und sorge nur, daß du gesund wirst; denn ich verspreche dir, daß morgen früh mein erster Gang des Falken wegen sein wird, und ich bin gewiß, daß ich ihn dir bringen werde.« Schon diese Antwort erfreute den Knaben so sehr, daß noch am selben Abend eine leichte Besserung an ihm zu beobachten war.

Am nächsten Morgen nahm Monna Giovanna eine andere Dame zum Geleit und lustwandelte mit dieser bis zu Federigos kleinem Häuschen. Zum Vogelstellen war es nicht die Zeit, und schon seit mehreren Tagen war er deshalb nicht ausgegangen. So geschah es, daß, als sie nach ihm fragte, er in seinem Garten verweilte und dort gewisse kleine Arbeiten besorgen ließ. Als er vernahm, daß sie an seiner Tür sei und nach ihm verlange, erstaunte er sehr und eilte ihr mit ehrfurchtsvollem Gruße freudig entgegen. Sie aber erhob sich, ihn mit freundlicher Anmut zu begrüßen, und sprach: »Guten Morgen, Federigo!« Dann fügte sie hinzu: »Ich bin gekommen, um dich für alles Ungemach zu entschädigen, das du seither um meinetwillen erduldet hast, weil du mich leidenschaftlicher liebtest, als dir dienlich gewesen wäre. Die Entschädigung aber besteht darin, daß ich mit dieser meiner Begleiterin heute vertraulich bei dir zu Mittag zu essen gedenke.« Hierauf antwortete Federigo in Demut: »Madonna, ich weiß von keinem Ungemach, das mir je durch Euch zuteil geworden wäre, wohl aber von so vielem Heile, daß ich, wenn je an mir irgend etwas Lob verdiente, dies nur Eurer Trefflichkeit und meiner Liebe zu Euch verdanke. Und wahrlich, dieser Euer Besuch, den Ihr mir aus freier Güte gewährt, ist mir, wenngleich Ihr zu einem dürftigen Wirte gekommen seid, unendlich viel lieber, als wenn mir die Schätze zurückgegeben worden wären, die ich zu der Zeit besaß, wo ich einst den größten Aufwand machte.« Nach diesen Worten führte er sie schüchtern in sein Haus und von diesem in den Garten. Weil er aber sonst niemand hatte, der ihr Gesellschaft hätte leisten können, sagte er: »Madonna, da kein anderer hier ist, so wird dies gute Weib, die Frau des Mannes, der hier meinen Acker bestellt, Euch zur Gesellschaft bleiben, während ich den Tisch besorgen lasse.«

Wie groß auch seine Armut war, so hatte er bis dahin eigentlich noch nicht empfunden, daß sein ungeordnetes Verschwenden der früheren Reichtümer ihn Mangel leiden ließ. Diesen Morgen aber, als es ihm an allem gebrach, um die Dame zu ehren, der zuliebe er einst Unzählige bewirtet und geehrt hatte, erkannte er zuerst seine Dürftigkeit. In der peinlichsten Herzensangst lief er wie außer sich hin und wieder und verwünschte sein Schicksal, als er weder Geld vorfand noch irgend etwas, das er hätte verpfänden können. Inzwischen war die Stunde schon vorgerückt, und so groß auch sein Verlangen war, die edle Dame wenigstens einigermaßen zu bewirten, so konnte er sich doch nicht entschließen, irgend jemand, nicht einmal seinen Bauern, um etwas anzusprechen.

Da fiel ihm sein guter Falke in die Augen, der im Eßzimmer auf seiner Stange saß, und wie er sonst nirgends einen Ausweg zu entdecken vermochte, faßte er ihn und erachtete das edle Tier, als er es wohlgenährt fand, für eine Speise, die einer solchen Dame würdig sei. Und ohne sich weiter zu besinnen, drehte er ihm den Hals um und ließ ihn dann eilig von seiner Magd gerupft und hergerichtet an den Spieß stecken und sorgsam zubereiten. Dann breitete er schneeweiße Tücher, deren ihm noch einige geblieben waren, über den Tisch und ging mit frohem Gesicht wieder hinaus zu seiner Dame, um ihr zu sagen, daß das Mittagessen, so gut er es zu bieten vermöge, bereit sei. So erhoben sich denn die Dame und ihre Begleiterin, gingen zu Tisch und verzehrten, ohne zu wissen, was sie aßen, mit Federigo, der sie mit der größten Sorgfalt bediente, den guten Falken.

Als sie darauf vom Tische aufgestanden waren und noch einige Zeit in freundlichen Gesprächen mit ihm verbracht hatten, schien es der Dame an der Zeit, das zu sagen, um dessentwillen sie gekommen war, und freundlichen Blickes zu Federigo gewandt, begann sie also: »Federigo, gedenkst du deiner früheren Schicksale und meiner Sittenstrenge, die du vermutlich für Härte und Grausamkeit erachtet hast, so zweifle ich nicht, daß du über meine Dreistigkeit staunen wirst, wenn du vernimmst, warum ich eigentlich hierhergekommen bin. Hättest du aber Kinder oder hättest du deren besessen, so daß du die Liebe, die man für sie hegt, zu erkennen vermöchtest, so glaube ich mit Zuversicht, daß ich dir wenigstens zum Teil entschuldigt erschiene. Du besitzt kein Kind, ich aber, die ich einen Sohn habe, vermag mich dem Gesetz, dem alle Mütter unterworfen sind, nicht zu entziehen, und dieses Gesetz zwingt mich gegen meine Neigung, ja gegen Anstand und Pflicht, dich um ein Geschenk zu bitten, von dem ich weiß, wie teuer es dir ist. Auch hast du allen Grund, es so wert zu halten, da die Ungunst des Schicksals dir keine andere Freude, keine Zerstreuung, keinen Trost als diesen einen gelassen hat. Dieses Geschenk aber ist dein Falke, nach welchem mein Knabe so unmäßiges Verlangen trägt, daß ich fürchten muß, die Krankheit, an welcher er daniederliegt, werde sich um vieles verschlimmern, wenn er ihn nicht erhält, ja vielleicht sogar eine Wendung nehmen, durch die ich ihn verliere. So beschwöre ich dich denn, nicht bei der Liebe, die du für mich hegst – denn um derentwillen hast du gegen mich keinerlei Verpflichtung –, sondern bei deiner adeligen Gesinnung, welche du in höfischer Sitte und Freigebigkeit mehr als irgendein anderer bewährt hast, daß es dir gefallen möge, mir deinen Falken zu schenken, damit ich sagen könne, du habest mir durch diese Gabe das Leben meines Sohnes erhalten, und damit er immerdar in deiner Schuld bleibe.«

Als Federigo vernahm, was die Dame begehrte, und als er sich dabei bewußt ward, ihr nicht genügen zu können, da er ihr den Falken zur Mahlzeit vorgesetzt hatte, begann er in ihrer Gegenwart, bevor er noch ein Wort der Erwiderung vorbringen konnte, bitterlich zu weinen. Zuerst glaubte die Dame, diese Tränen rührten von dem Schmerze her, sich von dem guten Falken trennen zu sollen, und schon war sie im Begriff zu sagen, daß sie ihn lieber nicht haben wolle. Doch bezwang sie sich und erwartete Federigos Antwort, welcher, nachdem er seine Tränen bemeistert, also sprach: »Madonna, seit es Gott gefallen hat, daß ich Euch meine Liebe zuwendete, habe ich bei vielen Gelegenheiten das Schicksal mir feindlich gefunden und über seine Ungunst mich zu beschweren gehabt. Dies alles aber war nur gering im Vergleich zu dem, was mir jetzt widerfährt. Denn wie sollte ich mich wohl je wieder mit meinem Geschick aussöhnen, wenn ich bedenke, daß ich durch seine Tücke außerstande gesetzt bin, Euch jetzt, da Ihr zu meinem verarmten Hause gekommen seid, welches Ihr, solange es reich war, nie Eures Besuches gewürdigt, das kleine Geschenk zu geben, das Ihr begehrt. Warum ich dies aber nicht vermag, will ich Euch kurz berichten. Als ich vernahm, Ihr wolltet – Dank sei Eurer Güte – bei mir zu Mittag essen, glaubte ich, Eures Adels und Eurer Trefflichkeit gedenkend, es sei würdig und angemessen, Euch, soweit meine Kräfte reichten, durch eine wertvollere Speise zu ehren, als diejenigen sind, mit welchen man andere Gäste zu bewirten pflegt. Da gedachte ich des Falken, den Ihr jetzt von mir begehret, und wie vorzüglich er sei und hielt ihn für eine Speise, die Euer würdig wäre. So habt Ihr ihn denn heute mittag gebraten auf der Schüssel gehabt, und ich glaubte, ihm die beste Stätte bereitet zu haben. Nun aber sehe ich, daß Ihr ihn in anderer Weise begehrt, und mein Schmerz, Euren Wunsch nicht erfüllen zu können, ist so heftig, daß ich nicht glaube, mich je wieder darüber beruhigen zu können.« Nach diesen Worten ließ er ihr zum Beweise des Gesagten Federn, Fänge und Schnabel des Falken vorzeigen.

Als die Dame dies alles hörte und sah, tadelte sie ihn anfangs, daß er zur Bewirtung eines Weibes einen so edlen Falken getötet habe. Dann aber bewunderte sie im stillen die Größe seiner Gesinnung, welche die bittere Armut nicht abzustumpfen vermocht hatte und ihm auch in diesem Augenblicke geblieben war. Da ihr jedoch alle Hoffnung, den Falken zu besitzen, geraubt war und Befürchtungen wegen der Genesung des Knaben in ihr aufstiegen, schied sie voller Betrübnis und kehrte zu ihrem Sohne zurück.

War es nun die Wirkung des Verdrusses, daß er den Falken nicht haben konnte, oder war die Krankheit von der Art, daß sie auch ohne das zu einem solchen Ende führen mußte – genug, nur wenige Tage verstrichen, als er zum größten Leidwesen seiner Mutter aus dem Leben schied. Infolge dieses Verlustes blieb sie zwar geraume Zeit in Tränen und Traurigkeit, da sie aber noch jung und in den Besitz eines glänzenden Vermögens gelangt war, drängten ihre Brüder sie vielfach, eine zweite Ehe einzugehen. Obwohl sie sich nun dessen am liebsten enthalten hätte, so gedachte sie doch bei solchem Drängen der Trefflichkeit Federigos und seines letzten Beweises hochherziger Gesinnung, den er ihr gegeben, indem er einen solchen Falken, nur um sie zu ehren, getötet hatte. Darum sagte sie zu ihren Brüdern: »Am liebsten ließe ich, wolltet ihr es gestatten, meinen Witwenstuhl unverrückt. Ist es aber euer Begehren, daß ich zu einer zweiten Ehe schreite, so werde ich wahrlich keinem andern mich vermählen, wenn ich Federigo degli Alberighi nicht erhalte.« Auf diese Rede hin verhöhnten sie ihre Brüder und sprachen: »Törichte, was schwatzest du da! Wie kannst du ihn nehmen wollen, der nichts auf dieser Welt hat?« Sie aber antwortete: »Meine Brüder, wohl weiß ich, daß es sich so verhält, wie ihr sagt. Ich aber ziehe den Mann, der des Reichtums entbehrt, dem Reichtume vor, der des Mannes entbehrt.«

Als die Brüder diese ihre Gesinnung vernahmen und sich

überzeugten, daß Federigo trotz seiner Armut ein höchst ehrenwerter Mann war, gewährten sie ihm, Giovannas Wünschen entsprechend, diese samt allen ihren Reichtümern. Er aber beschloß, im Besitze einer so trefflichen und von ihm so überschwenglich geliebten Gattin, überdies noch in dem Besitz eines außerordentlichen Vermögens, nach langen Jahren freudig seine Tage.

Peter Stamm

Die ganze Nacht

Am späten Nachmittag hatte es angefangen zu schneien. Er war froh, dass er sich den Tag freigenommen hatte, denn der Schnee fiel sofort so dicht, dass er nach einer halben Stunde schon die Straßen bedeckte. Vor dem Haus sah er den Hausmeister den Gehweg kehren. Er trug eine Kapuze und führte auf einer kleinen dunklen Insel einen vergeblichen Kampf gegen den stetig fallenden Schnee. Es war gut, dass er diesmal nicht zum Flughafen gefahren war, um sie abzuholen. Das letzte Mal hatte er ihr Blumen aus dem Automaten gekauft und sie dazu überredet, die lange Fahrt nach Manhattan mit der U-Bahn zu machen. Als sie dann vor einigen Tagen telefoniert hatten, meinte sie, es sei nicht nötig, dass er sie abhole, sie werde ein Taxi nehmen. Er stand am Fenster und schaute hinaus. Selbst wenn der Flug pünktlich war, würde sie frühestens in einer halben Stunde hier sein. Aber er war jetzt schon unruhig. Er verwarf Sätze, die er sich in den vergangenen Wochen zurechtgelegt und sich immer wieder vorgesagt hatte. Er wusste, dass sie eine Erklärung verlangen würde, und wusste, dass er keine hatte. Er hatte nie Erklärungen gehabt, aber er war sich immer sicher gewesen. Eine Stunde später stand er wieder am Fenster. Es schneite noch immer, heftiger als zuvor, es war ein richtiger Schneesturm. Der Hausmeister hatte seinen Kampf aufgegeben. Alles war jetzt weiß, selbst die Luft schien weiß zu sein oder vom hellen Grau der einsetzenden Dämmerung, das kaum zu unterscheiden war vom Weiß des fallenden Schnees. Die Autos fuhren langsam und mit großer Behutsamkeit. Die wenigen Fußgänger, die noch draußen waren, stemmten sich gegen den Wind. Er schaltete den Fernseher ein. Auf allen lokalen Kanälen war vom Sturm die Rede, und es war seltsam, dass man ihm schon einen Namen gegeben hatte, den alle kannten. In den Außenbezirken, hieß es, sei das

Chaos noch größer als in der Innenstadt, von der Küste kamen Meldungen über Hochwasser. Aber die Moderatoren, die man hinausgeschickt hatte und die, dick angezogen, in Mikrophone mit groteskem Windschutz sprachen, waren guter Laune und warfen Schneebälle in die Luft und wurden nur ernst, wenn sie von Sach- oder Personenschäden zu berichten hatten. Er rief die Fluggesellschaft an. Der Flug, sagte man ihm, sei wegen des Schneesturms nach Boston umgeleitet worden. Kaum hatte er aufgelegt, klingelte das Telefon. Sie rief aus Boston an, sagte, sie müsse gleich weiter. Es gebe Gerüchte, dass der Kennedy Airport wieder offen sei. Vielleicht müssten sie aber auch in Boston übernachten. Sie sagte, sie freue sich auf ihn, und er sagte, sie solle auf sich aufpassen. Sie sagte, bis später, und legte sofort auf. Draußen war es dunkel geworden. Der Schnee fiel unaufhörlich, er fiel und fiel, und außer einigen Taxis, die im Schritttempo fuhren, waren keine Autos mehr zu sehen. Er hatte mit ihr essen gehen wollen, jetzt hatte er Hunger. Und es würde noch Stunden dauern, bis sie hier war. Im Kühlschrank gab es nur ein paar Dosen Bier, im Gefrierfach eine Flasche Wodka und Eiswürfel. Er dachte, dass er etwas einkaufen sollte. Sie würde bestimmt hungrig sein nach der langen Reise. Er zog seinen warmen Mantel an und Gummistiefel. Er hatte keine anderen hohen Schuhe, die Stiefel hatte er kaum je getragen. Er nahm einen Schirm und ging nach draußen.

Der Schnee lag hoch, aber er war nicht schwer und ließ sich mit den Beinen leicht beiseitepflügen. Alle Geschäfte waren geschlossen, nur in wenigen hatte sich das Personal die Mühe gemacht, auf einem improvisierten Schild den Grund für den frühen Ladenschluss zu nennen. Er ging quer durch die Stadt. Die Lexington Avenue war schneebedeckt, auf der Park Avenue sah er in einiger Entfernung die orangefarbenen Blinklichter der Schneepflüge, die in einem Konvoi die Straße heraufkamen. Die Madison und die Fifth Avenue waren irgendwann geräumt worden, aber sie waren schon wieder weiß. Hier musste er über hohe Schneewälle steigen. Er sank ein, und Schnee drang in seine Stiefel. Über den Times Square lief ein Langläufer. Die Leuchtreklamen blinkten, als sei nichts geschehen. Die farbigen Bewegungen hatten etwas Gespenstisches in der großen Stille. Er ging weiter, den Broadway hinauf. Kurz vor dem Columbus Circle sah er die erleuchteten Fenster eines Coffee Shops. Er war schon früher dort eingekehrt, der Geschäftsführer und die Kellner waren Griechen, und das Essen war gut. Im Lokal waren nur wenige Gäste. Die meisten saßen allein an einem Tisch an der Glasfront, die bis zum Boden reichte, tranken Kaffee oder Bier und schauten hinaus. Die Stimmung war festlich, niemand sprach, es war, als seien sie alle Zeugen eines Wunders. Er setzte sich an einen Tisch und bestellte ein Bier und ein Club Sandwich. Der Schnee in seinen Stiefeln begann zu schmelzen. Als der Kellner das Bier brachte, fragte er ihn, weshalb das Lokal noch offen sei. Sie hätten nicht mit so viel Schnee gerechnet, sagte der Kellner, jetzt sei es zu spät. Die meisten von ihnen wohnten in Queens, und dort hinauszukommen sei im Moment unmöglich. Da könnten sie das Lokal ebenso gut offen lassen.

»Vielleicht die ganze Nacht«, sagte der Kellner und lachte. Der Weg zurück schien leichter zu sein, obwohl es immer noch schneite. Er hatte sich ein Sandwich für sie einpacken lassen und gemerkt, dass er nicht wusste, was sie mochte. Er hatte eins mit Schinken und Käse genommen. Keine Mayonnaise, keine Pickles, das wusste er noch. Sie hatte ihm eine Nachricht hinterlassen, auf dem Anrufbeantworter. Einen Flug habe es nicht gegeben, jetzt sei auch Boston zu. Man bringe sie zum Bahnhof, von dort solle es einen Zug geben. Sie werde, wenn alles gutgehe, in vier Stunden in Manhattan sein. Der Anruf war vor einer Stunde gekommen. Er schaltete wieder den Fernseher ein. Ein Mann stand vor einer Karte und erklärte, dass der Sturm entlang der Küste nach Norden ziehe, er habe inzwischen Boston erreicht. In New York sei das Schlimmste vorüber, sagte der Mann und lächelte, aber es werde wohl noch die ganze Nacht schneien. Er schaltete den Fernseher aus und trat wieder ans Fenster. Er dachte nicht mehr an seine Sätze, schaute nur hinaus auf die Straße. Er löschte das Deckenlicht und machte die Schreibtischlampe an. Dann kochte er Tee, setzte sich aufs Sofa und las. Um Mitternacht ging er zu Bett. Als es klingelte, war es drei Uhr. Bevor er an der Tür war, klingelte es wieder. Er drückte auf den Türöffner und wartete einen Augenblick. Dann trat er, obwohl er nur in Shorts und T-Shirt war, hinaus auf den Flur und ging zum Aufzug. Es schien eine Ewigkeit zu dauern. Natürlich wusste er, dass sie es war, aber er war doch erstaunt, als die Tür des Aufzugs sich öffnete und er sie vor sich stehen sah. Sie stand einfach nur da, neben ihrem großen roten Koffer, und wartete. Er trat auf sie zu. Als er sie küssen wollte, umarmte sie ihn. Die Tür des Aufzugs schloss sich in seinem Rücken. Sie sagte:

»Ich bin so unglaublich müde.« Er drückte auf den Knopf, und die Tür öffnete sich wieder. Sie teilten sich das Sandwich, und sie erzählte, wie der Zug auf halber Strecke im Schnee steckengeblieben sei, wie er Stunden so gestanden habe, bis endlich ein Pflug das Gleis freiräumte. »Natürlich hat niemand etwas gewusst«, sagte sie. »Ich hatte Angst, dass wir die ganze Nacht stehen würden. Wenigstens habe ich warme Kleider dabei.« Er fragte, ob es immer noch schneie, schaute dann hinaus in die Nacht und sah, dass es fast aufgehört hatte. »Das Taxi hat mich an der Lexington rausgelassen«, sagte sie. »Es konnte nicht in die Straße rein. Ich habe dem Fahrer zwanzig Dollar gegeben und gesagt, bringen Sie mich hin, egal wie. Er hat den Koffer zu Fuß hierhergeschleppt. Ein kleiner Pakistani. Ein netter Mann.« Sie lachte. Sie hatten Wodka getrunken, und er schenkte noch einmal ein. »Und?«, sagte sie. »Was ist es denn so Dringendes, worüber du mit mir sprechen willst?« »Ich liebe den Schnee«, sagte er. Er stand auf und trat ans Fenster. Der Schnee fiel nur noch in kleinen Flocken, die vom Himmel schwebten, manchmal aufstiegen, als seien sie leichter als Luft, und wieder sanken und im Weiß der Straße untergingen. »Ist es nicht wunderschön?« Er drehte sich um und schaute sie lange an, wie sie dasaß und an ihrem Wodka nippte. Er sagte: »Ich bin froh, dass du da bist.«

»In solchen Zeiten legte man sich hin
und weinte vor Glück«

Von der Erinnerung
an glückliche Stunden

Sommer 1977

Sarah hat sich entschlossen, den Sommer bei mir zu verbringen. Es regnet in Frankfurt und Umgebung schon seit dem Frühjahr. Wir arbeiten beide ernstlich und ununterbrochen. Und es regnet ununterbrochen. im Mai, im Juni, im Juli. ich hasse diese klamme Atmosphäre. Ich rechne mit einer allgemeinen Verpilzung. Auch mit der meines Denkens und meiner Empfindungen.

»Ich will, ich muss in die Sonne«, rufe ich Mitte August. »Bitte lass uns reisen. in die Sonne, in den Süden. Nach Italien. Ans Mittelmeer.«

Ein Vorschlag, der Sarah gefällt.

Und was machen wir da?, fragt sie.

»Nichts. Wir wärmen uns in der Sonne, wir genießen den Blick aufs Mittelmeer, freuen uns an den südlichen Farben und Klängen, und wir essen und trinken gut. Ein paar Bücher müssen wir mitnehmen.«

Das habe ich noch nie gemacht, sagt Sarah verwundert.

»Sei's drum.«

Hat sie gesagt, dass sie das spießig fände? Nein, das hat sie nicht gesagt.

Ich bin froh, dass sie zugestimmt hat. Ich liebe die Sonne. Ein Sommer ohne Sonne ist für mich ein Leid.

Weil wir wenig Geld haben und um die Gefahr der Spießigkeit noch ein wenig zu steigern, gehe ich in ein Reisebüro und besorge Kataloge. Für günstige Pauschalreisen. Sarah wendet sich mit Grausen. Aber sie ist auch amüsiert.

Sommerliche Reisen in den Süden kenne ich seit meiner Kindheit.

Damals in meinen jungen Jahren gab es noch keine Pauschalreisen. Damals sprach man noch von der Sommerfrische.

Damals, in den fünfziger Jahren, fuhren wir mehrfach im mächtigen dunkelblauen Opel Kapitän meines Vaters nach Italien. Auf dem Brennerpass kochte regelmäßig das Kühlwasser. Mein Vater stieg aus und öffnete die Motorhaube, aus der es dampfte. Ich hockte neben meinem Hund am Straßenrand und kotzte. Mein Hund kotzte auch.

Ich mochte das sonnenverwöhnte Land von der ersten Stunde an. Schon als Kind. Ich mochte die Farben, die Wärme, den Klang der Sprache. Deutlich erinnere ich mich an unsere Reise zum Gardasee, an ein – wie mir schien – riesiges Hotel. Ich erinnere mich an lange Gänge, mit Spiegeln, Ölgemälden, Blumenvasen und dunkelroten Samtportieren. Ich erinnere mich an den Speisesaal mit Fenstern zum See.

Ich erinnere mich an den hoteleigenen Holzsteg, der in den See ragte.

Ich sehe mich da sitzen. Unter einer fremden Sonne. Getaucht in ein ungekanntes Licht. Umgeben von neuen Farben. Ich schaue auf den glitzernden See. Ich sehe mich träumen.

So traumhaft, wie ich den See damals wahrnahm, erschien er hernach oft in meinen Träumen. Ein Märchensee.

Obwohl ich das Land noch häufig bereisen sollte, bin ich in späteren Jahren nie wieder dorthin gefahren. Vorsichtshalber. (Gute Erinnerungen sind kostbar.)

Ich erinnere, dass ich mich schämte, weil mein Vater einen altmodischen Badeanzug trug. Halbwüchsige (ein aus der Mode gekommener, aber doch ganz brauchbarer Ausdruck) entwickeln solch absurde Scham, eine spezielle Torheit, von der auch ich damals nicht frei war.

Irgendwo existiert wahrscheinlich noch eine merkwürdig verblasste Farbfotografie von diesem Urlaub: Da hocke ich auf dem noch nicht überfüllten Markusplatz und füttere Tauben. Das gehörte dazu.

In Verona sah ich die Aida.

So war das damals in den Fünfzigern.

Jetzt, im Jahr 2014, vermisse ich die Telefonate mit meiner Freundin Friedel Gerdenitsch. Sie ist in ihrem siebenundneunzigsten Lebensjahr gestorben.

Einmal sagte ich zu ihr:

»Ischia vor vierzig Jahren, das war noch schön!«

Da sagte sie zu mir: »Ischia vor sechzig Jahren, das war noch schön!«

Ja so ist das.

1977. Unsere erste gemeinsame Reise. Also Ischia. Das mit dem Pauschalen und den Katalogen ist neu auch für mich. Ich lerne, die reklamationspräventiven Anpreisungen in diesen Katalogen zu decodieren. Ich mache meine Sache gut. Ich wähle eine auffallend billige Unterkunft. Deren etwas verschwommene Abbildung gefällt mir. Ein altes, alleinstehendes Haus. (Villa Aurora, oder etwas in der Art.) Es liegt außerhalb des Ortes Forio erhöht am Meer. Sarah ist einverstanden.

Drei Wochen später befinden wir uns in dieser schlecht und recht zu einem Hotel umgebauten alten Villa auf Ischia. Die Bezeichnung Villa ist gutmütig. Das Haus bröckelt. Schon im nächsten Jahr wird es nicht mehr im Katalog aufgeführt sein.

Wir bewohnen ein großes Zimmer: altmodische, bräunlich verblasste Tapeten, ein schwerer dunkler Schrank aus der zweiten Hälfte des neunzehnten Jahrhunderts mit einem blinden Spiegel auf der Frontseite, quietschende Betten mit durchgelegenen Matratzen. Nur selten funktioniert der Boiler im Bad. Warmwasser ist ein Glücksfall. Die Gäste: ein wilder Haufen junger Leute, hauptsächlich gutgelaunte Italiener, die vermutlich mit uns ahnen, dass man so billig hier bald schon nicht mehr wird sein können. Am Vorabend lagern sie meist in der Eingangshalle auf mehreren altgedienten Sofas und Sesseln, sehen Trickfilme (sagt man schon Comicfilme?) auf einem knatternden TV-Gerät und lachen in lauten Wellen.

Das Frühstück: na ja. Aber vor unserem Zimmer eine ausladende Terrasse mit einer breiten Steineinfassung, auf der man sitzen und liegen kann. Ein weiter Blick auf das Meer. Der Blick ist ein Glück, und man kann es haben schon gleich nach dem Aufwachen. Tagsüber baden wir in einer nahe gelegenen Bucht, oder wir erkunden die Insel.

Am Abend gehen wir oft zu einem Haus in Forio. Die Mundpropaganda der jungen Italiener hat uns geführt. Dort kocht eine alte Frau an einem alten Herd auf offenem Feuer mit alten Gerätschaften in ihrer Wohnküche für zahlende Gäste. In dem leicht verrußten großen Raum gibt es einen langen Tisch, der für Fremde reserviert ist, und einen zweiten für die Familie der alten Frau. An ihm finden sich wechselnd Angehörige ein. Nur ihr mürrischer Mann ist immer anwesend, schweigend, tiefgebeugt über seinem Mahl. Die alte Frau kocht gut und stellt das Essen wortkarg vor uns hin. Sogar der weiße Wein, der in einem beschlagenen Glaskrug schon auf dem Tisch steht, ist genießbar. Meistens gibt es Fisch. Er glänzt, frisch dem Meer entnommen, im Ganzen auf dem Teller.

Auch hier läuft der Fernseher, von dem der Mann der Köchin, über seinem Teller hängend, kaum ein Auge wendet.

Es geht uns gut auf Ischia.

Ja, wie schon gesagt, das mit dem Vorschlag, in die Sonne zu flüchten, habe ich gut gemacht, denn von nun an kann ich sie jedes Jahr überreden, im September mit mir ans Mittelmeer zu fahren. Ich habe unsere Reisen nicht gezählt, aber es könnte sein, dass sie nahezu dreißigmal stattfanden.

Rainer Maria Rilke

Sonntag

Das war … das war … an der Ostsee. Ich kam von einem frühen Morgengang. Der Wald um mich her war still, ganz still. Auch mein Schritt verklang auf dem weichen, habitbraunen Waldboden. Nur die Luft war voller Vogelsang. – Schulterhohe Farren prahlten mit perligem Tauschmelz. Die steifen Stämme glühten, und ihre hohen Kronen schwankten lautlos her und hin, als wollten sie den weiten Himmel blankscheuern. – Und der war doch so klar.

Jetzt tauchte das Dorf auf. Viel weißer waren die kleinen Häuser als sonst, und ihre moosbewimperten Augen, die Fenster, blinzten viel heller. – Und der Kirchturm mit dem roten Zwiebeldach, – drollig: der sah aus wie ein stämmiger, kerngesunder Pausback. – Drüben die Straße schimmerkiesig, und die Meilensteine, an ihrem Ranfte im Grünen, wie Kinder im Hemdchen, die knieen und beten! – Nicht?

Beten, ja! Dank beten.

Ich ging durch die Gassen. Hart vor mir war der Morgen hier gegangen. Ich sah seine goldene Sohlenspur. Rechts bald, bald links hinter hellgrünen Latten standen sonnenhaarige Mädchen. Sie sangen und schnitten Rosen, sich damit zu schmücken. – Wir lachten und nickten uns zu. Und aus den Fenstern lugten freundliche, uralte Mütterchen zum Himmel hinauf mit lichtmatten, aber lachenden Augen. Kinder standen im Hemde am Türpfosten. Sie klatschten in die Hände, und ihre beiden pfirsichroten Backen waren voll Sonntagskuchen …

Dann stand ich am Meer. Das Meer war wie violenblauer, schwerer Atlas. Ein winziges, ockergelbes Segel sonnte weit draußen, und am Horizont zog wie ein silberweißer Schwan der große Rügendampfer …

Ich staunte hinaus in die flimmernde Pracht. Wie ein Kind, das ein schönes Spielzeug erhalten hat, hätte ich Alle rufen mögen, die mir lieb sind: »Kommt und seht, ist das nicht – herrlich?!«

Dabei war meine Brust voll Jubel und Lachen.

Ein brauner, alter Fischer kam just des Wegs. Ich eilte hinzu und drückte seine schwielenharte Hand, daß es mich schmerzte …

Ja, das war an der Ostsee. – Hab damals übrigens fleißig Tagebuch geführt. An diesem Tage schrieb ich in mein Heft:

»Ein Sonntag …!« Kein Wort mehr. –

Meine Kinderjahre

Das Haus, zumal die eigentlichen Wohnräume, waren das Mindeste zu sagen anfechtbar, entzückend aber waren Hof und Garten.

Zunächst der *Hof*. Dieser glich mehr oder weniger einer Ackerwirtschaft, worüber mein Vater, dessen Neigungen samt und sonders nach der landwirtschaftlichen Seite hin lagen, außerordentlich befriedigt war. Aber auch wir Kinder waren es, ich an der Spitze. Da waren natürlich Pferde-, Kuh- und Schweineställe, Gesindestuben (sonderbarerweise mit Taubenhaus), Torf- und Heuboden, Roll- und Häckselkammer und endlich eine riesengroße Wagenremise, die zugleich als Holzstall diente. Neben der Remise lag ein mit allerhand gläsernen und namentlich irdenen Vorratsflaschen besetzter Keller, der, zumal in Herbst- und Frühjahrstagen, eine besondre Vergnügungsstätte für uns bildete. Dann stieg hier das Grundwasser und schuf, auf Wochen hin, etwas wie eine kleine Überschwemmung. Anfangs half man sich mit Kloben und Bretterlagen, stieg das Wasser aber immer höher, so schafften wir Kinder schließlich Kufen und Waschfässer hinunter, auf denen wir nun, einen Riesenspatel statt des Ruders in der Hand, umherfuhren, um, als Seeräuber, an den vier »Küsten« anzulegen. An diesen hausten wir dann unerbittlich und setzten, uns gütlichtuend, die sonderbar geformten Krüge mit Himbeer- und Johannisbeersaft wie große Methörner an den Mund. »Wo nur immer die Fruchtsäfte bleiben?« sagte dann wohl mein Vater und schüttelte den Kopf.

Ja, dieser Hof! An drei Seiten war er von allerhand Baulichkeiten eingefaßt, an der vierten aber zog sich ein mit Eisenspitzen besetzter, hoher Bretterzaun hin, an dem entlang und in Höhe noch weit über ihn hinauswachsend, prächtiges Buchenklafterholz dicht aufgeschichtet lag, ein Anblick, der mich, bei meiner

Spiel- und Kletterlust, gleich im ersten Augenblick erkennen ließ: Hier ist's gut sein.

Und was von dem Hofe galt, galt auch, und womöglich noch gesteigert, von dem in einem rechten Winkel angelegten, also einen Knick machenden *Garten*, der, durch eben diesen Knick, aus zwei gleich großen Teilen bestand. Die erste Hälfte, mit Reseda und Ritterspornbeeten, mit Rabatten und Rondeelen und nicht zum letzten mit allerhand am Spalier gezogenen Obstarten besetzt, war ein richtiger Garten, während die zweite Hälfte mehr einer Wildnis glich. Aber freilich einer sehr malerischen. An ein paar schon vom Winde gebeugten und deshalb schrägstehenden und die verwunderlichsten Linien aufweisenden Zäunen entlang, zogen sich hier die Himbeer- und Johannisbeersträucher in geradezu wuchernden Massen, bis ganz zuletzt ein schon auf Nachbars Seite stehender und an Größe fast einem Baume gleichender Berberitzenstrauch seine mit den prächtigsten roten Früchten überdeckten Zweige herüberreichte. Diese zweite Gartenhälfte war unser Reich. Da spielten wir halbe Tage lang und legten Burgen an, oder turnten am Reck, oder brachen Planken aus dem Zaun und zogen auf Raub in die Nachbargärten. Schöner aber als alles das, war, für mich wenigstens, eine zwischen zwei Holzpfeilern angebrachte, ziemlich baufällige Schaukel. Der quer überliegende Balken fing schon an morsch zu werden und die Haken, an denen das Gestell hing, saßen nicht allzu fest mehr. Und doch konnt' ich gerade von dieser Stelle nicht los und setzte meine Ehre darin, durch abwechselnd tiefes Kniebeugen und elastisches Wiederemporschnellen, die Schaukel derartig in Gang zu bringen, daß sie mit ihren senkrechten Seitenbalken zuletzt in eine fast horizontale Lage kam. Dabei quietschten die rostigen Haken und alles drohte zusammen zu brechen. Aber das gerade war die Lust, denn es erfüllte mich mit dem wonnigen und allein das Leben bedeutenden Gefühle: Dich trägt dein Glück.

Das gefundene Boot

Am Ende der Bell Street, der McKay Street, der Mayo Street begann die Flut. Es war der Wawanash River, der in jedem Frühjahr über die Ufer trat. In manchem Frühjahr, sagen wir, in einem von fünf, bedeckte er die Straßen auf dieser Seite der Stadt, überspülte die Felder und bildete einen flachen, kabbeligen See. Das vom Wasser zurückgeworfene Licht machte alles so hell und kalt, wie es in einer Stadt am Ufer der großen Seen ist, und weckte oder erneuerte in den Menschen bestimmte vage Hoffnungen auf eine Katastrophe. Hauptsächlich am späten Nachmittag und am frühen Abend gab es Leute, die hinauspilgerten, um das Wasser zu betrachten und zu erörtern, ob es noch stieg und ob diesmal die Stadt überschwemmt werden könnte. Im Allgemeinen waren sich jene unter fünfzehn und über fünfundsechzig am sichersten, dass dieser Fall eintreten würde.

Eva und Carol fuhren auf ihren Fahrrädern hinaus. Sie verließen die Straße – es war das Ende der Mayo Street, hinter allen Häusern – und radelten geradewegs auf eine Wiese, über einen Drahtzaun hinweg, der vom Gewicht des Schnees im Winter völlig plattgedrückt worden war. Sie rollten noch ein Stück, bis das lange Gras sie aufhielt, dann legten sie ihre Fahrräder hin und gingen ans Wasser.

»Wir müssen uns einen Baumstamm suchen und drauf reiten«, sagte Eva.

»Spinnst du, wir werden uns die Beine abfrieren.«

»Spinnst du, wir werden uns die Beine abfrieren!«, sagte einer der Jungen, die auch am Rand des Wassers waren. Er sprach in beleidigtem, weinerlichem Tonfall, so, wie Jungen Mädchen nachahmten, obwohl Mädchen überhaupt nicht so redeten. Die Jungen – sie waren zu dritt – gingen alle in dieselbe Schulklasse wie Eva und Carol und waren ihnen namentlich bekannt (sie hießen Frank, Bud und Clayton), aber Eva und Carol, die sie von der Straße aus gesehen und erkannt hatten, würdigten sie keines Wortes oder Blickes, verrieten auch mit keinem Zeichen, dass sie ihre Anwesenheit überhaupt bemerkt hatten. Die Jungen schienen dabei zu sein, ein Floß zu bauen, aus Treibholz, das sie aus dem Wasser gefischt hatten.

Eva und Carol zogen Schuhe und Strümpfe aus und wateten hinein. Das Wasser war so kalt, dass ihre Beine schmerzten, als schössen blaue elektrische Funken durch ihre Adern, aber sie gingen weiter, zogen den Rock hoch, von hinten durch die Beine und vorn gebündelt, damit sie ihn halten konnten.

»Sieh mal die Enten da watscheln.«

»Enten mit fetten Ärschen.«

Eva und Carol ließen sich natürlich nicht anmerken, das gehört zu haben. Sie angelten sich einen Baumstamm, kletterten hinauf und nahmen zwei Bretter, die auf dem Wasser trieben, als Paddel. In der Flut schwamm immer alles Mögliche – Äste, Zaunpfähle, Baumstämme, Straßenschilder, altes Bauholz; manchmal Heizkessel, Waschzuber, Töpfe und Pfannen oder sogar ein Autositz oder ein Sessel, als wäre die Flut irgendwo in eine Müllkippe geraten.

Sie paddelten vom Ufer weg auf den kalten See hinaus. Das Wasser war vollkommen klar, sie konnten das braune Gras am Grund sehen. Angenommen, das ist das Meer, dachte Eva. Sie dachte an versunkene Städte und Länder. Atlantis. Angenommen, sie fuhren in einem Wikingerschiff – Wikingerschiffe auf dem Atlantik waren zerbrechlicher und schmaler als dieser Baumstamm auf der Flut –, und sie hatten Meilen von klarem Meerwasser unter sich, dann eine Stadt mit vielen Türmen, unversehrt wie ein Juwel, unerreichbar auf dem Grund des Ozeans.

»Das ist ein Wikingerschiff«, sagte sie. »Ich bin die Schnitzerei vorne dran.« Sie drückte die Brust vor und reckte den Hals, versuchte eine Kurve zu bilden, sie zog eine Fratze und streckte die Zunge heraus. Dann drehte sie sich um und nahm zum ersten Mal Notiz von den Jungen.

»He, ihr Flaschen!«, rief sie ihnen zu. »Ihr traut euch nicht, so weit rauszukommen, das Wasser ist zehn Fuß tief!«

»Du lügst«, antworteten die uninteressiert und hatten Recht.

Die Mädchen steuerten den Baumstamm um eine Baumreihe, wichen schwimmendem Stacheldraht aus und gelangten in eine kleine Bucht, die durch eine natürliche Senke im Boden entstanden war. Dort, wo jetzt die Bucht war, würde später im Frühling ein Tümpel voller Frösche sein, und zur Mitte des Sommers würde überhaupt kein Wasser mehr zu sehen sein, nur niedriges Gestrüpp aus Schilf und Büschen, grün, was zeigte, dass der Schlamm um ihre Wurzeln immer noch feucht war. Größere Sträucher und Weiden wuchsen am steilen Ufer dieses Tümpels und ragten immer noch teilweise aus dem Wasser. Eva und Carol ließen den Baumstamm hineintreiben. Sie sahen eine Stelle, an der sich etwas verfangen hatte.

Es war ein Boot oder ein Teil davon. Ein altes Ruderboot, dem eine Seite fast ganz fehlte, das Sitzbrett baumelte lose. Es hing zwischen den Zweigen, auf der Seite, falls es eine gehabt hätte, mit dem Bug nach oben.

Der Einfall kam ihnen beiden gleichzeitig, ohne Beratung:

»He, Jungs! He, ihr da!«

»Wir haben ein Boot für euch gefunden!«

»Hört mit eurem blöden Floß auf und kommt her und seht euch das Boot an!«

Als Erstes überraschte sie, dass die Jungen wirklich kamen, sie rannten stolpernd über Land und rutschten den Abhang herunter, um es zu sehen.

»Wo denn?«

»Wo ist es, ich sehe kein Boot.«

Als Zweites überraschte sie, dass die Jungen, als sie endlich sahen, was für ein Boot gemeint war, dieses alte, von der Flut zerschmetterte, von den Zweigen gehaltene Wrack, nicht begriffen, dass sie hereingelegt, für dumm verkauft worden waren. Sie ließen sich kein bisschen Enttäuschung anmerken, sondern schienen sich über die Entdeckung zu freuen, als wäre das Boot in Ordnung und neu. Sie waren schon barfuß, weil sie ins Wasser gewatet waren, um Bauholz herauszufischen, und so wateten sie ohne zu zögern hier hinein, umringten das Boot und kümmerten sich überhaupt nicht mehr, nicht einmal auf abfällige Art, um Eva und Carol, die auf ihrem Baumstamm wippten. Eva und Carol mussten sie ansprechen.

»Wie wollt ihr das denn flottbekommen?«

»Das schwimmt sowieso nicht.«

»Wie kommt ihr auf die Idee, dass es schwimmt?«

»Es wird sinken. Blub-blub-blub, ihr werdet alle ertrinken.«

Die Jungen antworteten nicht, denn sie waren zu beschäftigt damit, um das Boot herumzugehen und vorsichtig daran zu ziehen, um zu sehen, wie sie es mit möglichst geringem Schaden befreien konnten. Frank, der belesenste, beredteste und ungeschickteste der drei, begann von dem Boot als von einer »sie« zu sprechen, eine Afferei, die Eva und Carol mit einer verächtlichen Schnute quittierten.

»Sie hängt an zwei Stellen fest. Ihr müsst aufpassen, ihr kein Loch in den Boden zu reißen. Sie ist schwerer, als ihr denkt.«

Es war Clayton, der hochkletterte und das Boot losmachte, und es war Bud, ein großer, dicker Junge, der es mit dem Rücken hochstemmte, damit es ins Wasser glitt und sie es ans Ufer hieven konnten. All das dauerte einige Zeit. Eva und Carol verließen ihren Baumstamm und wateten aus dem Wasser. Sie gingen über Land zu ihren Schuhen und Strümpfen und Fahrrädern. Sie brauchten nicht zu der Stelle zurückzukommen, aber sie kamen. Sie standen oben auf dem Hügel und lehnten sich auf ihre Fahrräder. Sie fuhren nicht nach Hause, aber sie setzten sich auch nicht hin und schauten offen zu. Sie standen sich mehr oder weniger gegenüber, blickten aber zum Wasser hinunter und zu den Jungen, die sich mit dem Boot abmühten, als hätten sie aus Neugier nur für einen Augenblick angehalten und blieben nun länger als beabsichtigt, um zu sehen, was aus diesem nicht sehr viel versprechenden Unternehmen wurde.

Gegen neun Uhr oder als es fast dunkel war – dunkel für die

Menschen in den Häusern, aber draußen noch nicht ganz – kehrten alle in die Stadt zurück, gingen in einer Art Prozession die Mayo Street entlang. Frank, Bud und Clayton trugen das Boot mit dem Kiel nach oben, Eva und Carol liefen hinterher und schoben ihre Fahrräder. Die Köpfe der Jungen verschwanden fast im Dunkel des umgekehrten Bootes mit seinem Geruch nach nassem Holz und kaltem morastigem Wasser. Die Mädchen konnten nach vorn schauen und die Straßenlaternen mit ihren Blechreflektoren sehen, eine Lichterkette die Mayo Street hinauf bis hoch zum Wasserturm. Sie bogen in die Burns Street zu Claytons Haus, denn das war das nächstgelegene ihrer Häuser. Auch dies war für Eva und Carol nicht der Heimweg, aber sie gingen weiter mit. Die Jungen waren vielleicht zu sehr davon in Anspruch genommen, das Boot zu tragen, um ihnen zu sagen, sie sollten abhauen. Ein paar kleinere Kinder waren noch draußen und spielten auf dem Bürgersteig Hopse, obwohl sie kaum noch etwas sehen konnten. Zu dieser Jahreszeit war der schneefreie Bürgersteig immer noch etwas Neues und Erfreuliches. Diese Kinder gaben den Weg frei und sahen das Boot mit widerwilligem Respekt passieren; sie riefen ihm Fragen nach, wollten wissen, wo es herkam und was mit ihm passieren sollte. Niemand antwortete ihnen. Eva und Carol wie auch die Jungen weigerten sich, ihnen zu antworten oder sie auch nur anzusehen.

Die fünf gelangten auf Claytons Hof. Die Jungen verlagerten die Last, als wollten sie das Boot abladen.

»Besser, ihr bringt es nach hinten, wo keiner es sehen kann«, sagte Carol. Das war das Erste, was einer von ihnen gesagt hatte, seit sie in der Stadt waren.

Die Jungen sagten nichts, gingen aber weiter, folgten einem Sandweg zwischen Claytons Haus und einem schiefen Bretterzaun. Sie luden das Boot im Hinterhof ab.

»Das Boot ist gestohlen, wisst ihr«, sagte Eva hauptsächlich wegen der Wirkung. »Es muss jemandem gehört haben. Ihr habt es gestohlen.«

»Dann wart ihr es, die's gestohlen haben«, sagte Bud außer Puste. »Ihr habt's zuerst gesehen.«

»Ihr habt's genommen.«

»Dann waren wir's alle. Wenn einer von uns dran ist, dann sind wir alle dran.«

»Wirst du irgendwem was von ihnen sagen?«, fragte Carol, als sie mit Eva nach Hause fuhr, auf den Straßen, die jetzt zwischen den Laternen dunkel waren und vom Winter voller Schlaglöcher.

»Liegt bei dir. Ich sag nichts, wenn du nichts sagst.«

»Und ich sag nichts, wenn du nichts sagst.«

Sie fuhren schweigend weiter, gaben etwas auf, waren aber nicht unzufrieden.

*

Der Bretterzaun auf Claytons Hinterhof hatte in Abständen Pfähle, die ihn stützten oder es versuchten, und auf diesen Pfählen verbrachten Eva und Carol mehrere Abende, saßen darauf in feschen, aber reichlich unbequemen Stellungen. Sonst lehnten sie sich einfach an den Zaun, während die Jungen an dem Boot arbeiteten. An den ersten beiden Abenden versuchten Kinder aus der Nachbarschaft, die das Hämmern anlockte, auf den Hof zu gelangen, um zu sehen, was da los war, aber Eva und Carol verstellten ihnen den Weg.

»Wer hat gesagt, ihr dürft hier rein?«

»Wir dürfen eben hier auf den Hof.«

Diese Abende wurden länger, die Luft milder. Auf den Bürgersteigen fing das Seilspringen an. Weiter unten an der Straße stand eine Reihe von Zuckerahornbäumen, die angezapft worden waren. Kinder tranken den Saft so schnell, wie er in die Eimer tropfen konnte. Der alte Mann und die alte Frau, denen die Bäume gehörten und die hofften, daraus Sirup zu gewinnen, kamen aus dem Haus gerannt und machten Geräusche, als versuchten sie, Krähen zu verscheuchen. Schließlich trat wie jeden

Frühling der alte Mann auf die Veranda und feuerte mit seiner Schrotflinte in die Luft, und dann hörten die Diebstähle auf.

Keiner von denen, die am Boot arbeiteten, gab sich damit ab, Saft zu stehlen, obwohl alle es im letzten Jahr getan hatten.

Das Holz für die Reparatur des Bootes wurde hier und da aufgesammelt, entlang der Wege zwischen den Hinterhöfen. Zu dieser Jahreszeit lag vieles herum – alte Bretter und Äste, durchweichte Wollhandschuhe, Löffel, die mit dem Spülwasser ausgeschüttet worden waren, Deckel von Puddingschüsseln, die zum Abkühlen in den Schnee gestellt worden waren, all der Krempel, der verloren gehen und den Winter überstehen kann. Die Werkzeuge kamen aus Claytons Keller – sie stammten wahrscheinlich aus der Zeit, als sein Vater noch lebte –, und obwohl sie niemanden hatten, der sie beriet, schienen die Jungen mehr oder weniger dahinterzusteigen, wie Boote gebaut oder repariert werden. Frank war derjenige, der mit schematischen Darstellungen in Büchern und Exemplaren der Zeitschrift *Popular Mechanics* ankam. Clayton betrachtete diese Abbildungen, ließ sich von Frank die Anweisungen dazu vorlesen und beschloss dann, auf seine eigene Art vorzugehen. Bud konnte am besten sägen. Eva und Carol beobachteten alles vom Zaun aus, übten Kritik und dachten sich Namen aus. Die Namen für das Boot, die ihnen einfielen, waren: Seerose, Seepferdchen, Flutkönigin und Caro-Eve, nach ihnen, weil sie es gefunden hatten. Die Jungen sagten nicht, welcher dieser Namen, falls überhaupt einer, ihnen gefiel.

Das Boot musste geteert werden. Clayton machte einen Topf mit Teer auf dem Küchenherd heiß, kam damit heraus, setzte sich rittlings auf das umgedrehte Boot und strich es langsam in seiner gründlichen Art an. Die anderen Jungen sägten ein Brett für einen neuen Sitz zurecht. Während Clayton arbeitete, kühlte der Teer ab und verdickte sich, so dass er den Pinsel nicht mehr bewegen konnte. Er wandte sich an Eva, hielt ihr den Topf hin und sagte: »Du kannst mal reingehen und den auf dem Herd heiß machen.«

Eva nahm den Topf und ging die hinteren Stufen hoch. Die

Küche kam ihr stockfinster vor nach dem Licht draußen, aber sie musste hell genug sein, um etwas zu sehen, denn Claytons Mutter stand am Bügelbrett und bügelte. Sie tat das, um den Lebensunterhalt zu verdienen, nahm Wäsche zum Waschen und Bügeln an.

»Darf ich den Topf auf den Herd stellen?«, fragte Eva, die dazu erzogen worden war, zu Eltern höflich zu sein, sogar, wenn es Waschfrauen waren, und der aus irgendeinem Grunde viel daran lag, auf Claytons Mutter einen guten Eindruck zu machen.

»Dann musst du das Feuer schüren«, sagte Claytons Mutter, als bezweifelte sie, dass Eva wusste, wie man das macht. Aber Eva konnte jetzt etwas sehen, sie hob die Herdplatte mit dem Heber, nahm den Feuerhaken und schürte die Glut zu Flammen. Sie rührte den Teer um, als er weich wurde. Sie fühlte sich bevorzugt. In diesem Augenblick und noch danach. Vor dem Einschlafen kam ihr ein Bild von Clayton in den Sinn; sie sah ihn rittlings auf dem Boot sitzen und den Teer verstreichen, konzentriert und sorgfältig, ganz davon in Anspruch genommen. Sie dachte daran, wie er sie angesprochen hatte aus seiner Abgeschiedenheit, in einem so normalen, friedlichen, selbstverständlichen Tonfall.

*

Am vierundzwanzigsten Mai, einem schulfreien Tag mitten in der Woche, wurde das Boot aus der Stadt hinausgetragen, was jetzt ein weiter Weg war, von der Straße hinunter über die Wiesen und Zäune, die ausgebessert worden waren, bis dahin, wo der Fluss in seinen normalen Ufern strömte. Eva und Carol, ebenso wie die Jungen, wechselten sich beim Tragen ab. Es wurde an einer von Kühen platt getrampelten Stelle zwischen frisch ergrünten Weidenbüschen zu Wasser gelassen. Die Jungen kletterten als Erste hinein. Sie johlten triumphierend, als das Boot tatsächlich schwamm, als es erstaunlicherweise auf der Strömung dahinglitt. Das Boot war außen schwarz und innen grün angestrichen, mit gelben Sitzen und außen einem gelben Streifen ringsherum. Es stand nun doch kein Name darauf. Die Jungen konnten sich nicht vorstellen, dass es einen Namen brauchte, um sich von allen anderen Booten auf der Welt zu unterscheiden.

Eva und Carol rannten am Ufer entlang, beladen mit Taschen voll mit Sandwiches mit Erdnussbutter und Marmelade, sauren Gurken, Bananen, Schokoladenkuchen, Kartoffelchips, Grahamkeksen mit Maissirup dazwischen und fünf Flaschen Limo, die im Flusswasser gekühlt werden sollten. Die Flaschen schlugen gegen ihre Beine. Sie schrien, weil sie auch an die Reihe kommen wollten.

»Wenn sie uns nicht ranlassen, sind sie Schweine«, sagte Carol, und sie schrien zusammen: »Wir haben's gefunden! Wir haben's gefunden!«

Die Jungen antworteten nicht, aber nach einer Weile brachten sie das Boot an Land, und Carol und Eva stürzten keuchend die Uferböschung hinunter.

»Leckt es?«

»Nein, noch nicht.«

»Wir haben eine Schöpfdose vergessen«, jammerte Carol, stieg aber trotzdem mit Eva ein, und Frank stieß sie ab, mit dem Ruf: »Ab geht's in ein feuchtes Grab!«

Und das Sonderbare daran, in einem Boot zu sein, war, dass es nicht auf dem Wasser wippte wie ein Baumstamm, sondern sich ins Wasser schmiegte, so dass man sich darin fühlte, als sei man nicht auf etwas im Wasser, sondern im Wasser selbst. Bald fuhren alle im Boot in gemischter Reihenfolge, zwei Jungen und ein Mädchen, zwei Mädchen und ein Junge, ein Mädchen und ein Junge, bis alles so durcheinander war, dass sich nicht mehr feststellen ließ, wer als Nächster an die Reihe kam, und es ohnehin allen egal war. Sie fuhren flussabwärts – die, die nicht im Boot saßen, rannten am Ufer entlang, um Schritt zu halten. Sie kamen unter zwei Brücken durch, eine aus Eisen, eine aus Beton. Einmal sahen sie einen großen Karpfen, der sich einfach ausruhte, er schien ihnen in dem von einer Brücke verdunkelten Wasser zuzulächeln. Sie wussten nicht, wie weit sie auf dem Fluss gelangt waren, aber die Gegend hatte sich verändert – das Wasser war flacher, das Land platter geworden. Am anderen Ende einer nicht eingezäunten Wiese sahen sie ein Gebäude, das wie ein verlassenes Haus aussah. Sie zogen das Boot aufs Ufer, banden es fest und machten sich auf den Weg über die Wiese.

»Das ist der alte Bahnhof«, sagte Frank. »Das ist Pedder Station.« Die anderen hatten diesen Namen schon einmal gehört, aber er war derjenige, der Bescheid wusste, denn sein Vater war der Bahnhofsvorsteher in der Stadt. Er sagte, das war ein Bahnhof an einer Nebenstrecke, die aufgelassen worden war, und hier hatte ein Sägewerk gestanden, aber vor langer Zeit.

Im Bahnhof war es dunkel und kühl. Alle Fenster waren zerbrochen. Glas lag in Scherben und in größeren Stücken auf dem Boden. Sie gingen umher auf der Suche nach den großen Scherben und zertraten sie, es war wie die Eisschicht auf Pfützen eintreten. Einige Aufbauten waren noch da, man konnte sehen, wo der Fahrkartenschalter gewesen war. Eine umgekippte Bank lag da. Jemand war hier gewesen, es sah aus, als ob andauernd welche herkamen, obwohl es so weit fort von allem war. Bierflaschen und Limoflaschen lagen herum, auch leere Zigarettenschachteln, Kaugummi- und Bonbonpapier, die Verpackung von einem Laib Brot. Die Wände waren bedeckt mit verblassten und frischen Bleistift- und Kreidekritzeleien und Messerritzungen.

ICH LIEBE RONNIE COLES
ICH WILL FICKEN
KILROY WAR HIER
RONNIE COLES IST EIN ARSCHLOCH
WAS MACHST DU HIER?
WARTE AUF EINEN ZUG
DAWNA MARY-LOU BARBARA JOANNE

Es war aufregend, in diesem großen, dunklen, leeren Gebäude zu sein, mit dem Lärm des zerbrechenden Glases und ihren

Stimmen, die vom Dach zurückgeworfen wurden. Sie hoben die alten leeren Bierflaschen an den Mund. Das erinnerte sie daran, dass sie Hunger und Durst hatten, also räumten sie eine Stelle in der Mitte frei, setzten sich hin und aßen. Sie tranken die Limo so lauwarm, wie sie war. Sie aßen alles auf, was da war, und leckten dann die Reste von Erdnussbutter und Marmelade von dem Papier ab, in das die Sandwiches eingewickelt gewesen waren.

Sie spielten Wahrheit oder Wagemut.

»Wagst du, an die Wand zu schreiben, ich bin ein blödes Arschloch, und dann deinen Namen darunter?«

»Sag die Wahrheit – was ist die schlimmste Lüge, die du je erzählt hast?«

»Hast du je ins Bett gemacht?«

»Hast du je geträumt, dass du völlig nackt über die Straße gehst?«

»Wagst du, rauszugehen und auf das Eisenbahnsignal zu pinkeln?«

Es war Frank, der das tun musste. Sie konnten ihn nicht sehen, nicht mal seinen Rücken, aber sie wussten, dass er es machte, sie hörten das zischende Geräusch seiner Pisse. Sie saßen alle ganz still, verdutzt, unfähig, sich die nächste Mutprobe auszudenken.

»Wagt ihr es«, sagte Frank vom Eingang her, »wagt ihr es alle?«

»Was?«

»Eure Sachen auszuziehen.«

Eva und Carol kreischten.

»Jeder, der das nicht machen will, muss … ja, muss auf Händen und Knien auf dem Boden herumkriechen.«

Alle schwiegen, bis Eva beinahe selbstgefällig fragte: »Was zuerst?«

»Schuhe und Strümpfe.«

»Dann müssen wir rausgehen, hier liegen zu viele Scherben rum.«

Sie zogen sich im Eingang Schuhe und Strümpfe aus, geblendet vom plötzlichen Sonnenlicht. Die Wiese vor ihnen war hell wie Wasser. Sie rannten dorthin, wo früher die Gleise verlaufen waren.

»Nicht so schnell, nicht so schnell«, rief Carol. »Da sind Disteln!«

»Oben! Alle ziehen aus, was sie oben anhaben!«

»Mach ich nicht! Machen wir nicht, was, Eva?«

Aber Eva wirbelte in der Sonne auf dem ehemaligen Gleisbett herum. »Wer's nicht tut, hat keinen Mut! Wahrheit oder Wagemut!«

Sie knöpfte ihre Bluse auf, während sie herumwirbelte, als wüsste sie nicht, was ihre Hand tat, und schleuderte sie fort.

Carol zog ihre auch aus. »Das mach ich nur, weil du's gemacht hast!«

»Unten!«

Diesmal sagte niemand ein Wort, alle beugten sich vor und zogen sich aus. Eva, als Erste nackt, rannte über die Wiese, und dann rannten alle los, alle fünf rannten sie durch das kniehohe warme Gras auf den Fluss zu. Ohne Angst davor, erwischt zu werden, machten sogar mit Sprüngen und Schreien auf sich aufmerksam, als wäre irgendjemand da, der sie hören oder sehen könnte. Sie fühlten sich, als würden sie gleich von einer Klippe springen und fliegen. Sie fühlten, dass ihnen etwas widerfuhr, das anders war als alles, was ihnen bislang widerfahren war, und es hatte etwas mit dem Boot zu tun, mit dem Wasser, dem Sonnenlicht, dem dunklen, kaputten Bahnhof und mit ihnen allen. Sie dachten voneinander jetzt kaum noch als Namen oder Personen, sondern als hallende Schreie, Lichtspiegelungen, alle wagemutig und weiß und laut und schamlos, schnell wie Pfeile. Sie rannten ohne innezuhalten ins kalte Wasser, und als es ihnen fast über die Beine reichte, ließen sie sich hineinfallen und schwammen. Was sie zum Schweigen brachte. Stille und Staunen kamen über sie. Tauchend, schwebend, jeder für sich, glitten sie durchs Wasser, geschmeidig wie Nerze.

Eva richtete sich mit tropfenden Haaren auf, Wasser lief ihr übers Gesicht. Es reichte ihr bis zur Taille. Sie stand auf glatten

Steinen, die Füße breit auseinander, mit der Strömung zwischen den Beinen. Ungefähr einen Meter weit fort richtete Clayton sich ebenfalls auf, beide blinzelten sich das Wasser aus den Augen, schauten einander an. Eva wandte sich nicht ab, versuchte auch nicht, sich zu verstecken; sie zitterte von dem kalten Wasser, aber auch vor Stolz, Scham, Waghalsigkeit und Übermut.

Clayton schüttelte heftig den Kopf, als wollte er etwas daraus vertreiben, dann bückte er sich und nahm einen Mundvoll Flusswasser. Er richtete sich mit vollen Backen auf, formte mit den Lippen ein kleines Loch und schoss mit dem Wasser auf sie, als käme es aus einem Schlauch, traf sie genau, erst auf eine Brust, dann auf die andere. Wasser aus seinem Mund lief ihr über den Körper. Er johlte, als er es sah, ein lautes, selbstbewusstes Geräusch, das niemand von ihm erwartet hätte. Die anderen schauten von ihren Stellen im Wasser auf und kamen näher, um zu erfahren, was los war.

Eva ging in die Knie und glitt ins Wasser, tauchte völlig unter. Sie schwamm, und als sie flussabwärts den Kopf aus dem Wasser hob, sah sie Carol hinter sich herkommen, die Jungen waren schon am Ufer, rannten ins Gras, zeigten ihre mageren Rücken, ihre weißen, flachen Hinterteile. Sie lachten und riefen sich Dinge zu, aber Eva konnte nichts hören wegen des Wassers in ihren Ohren.

»Was hat er gemacht?«, fragte Carol.

»Nichts.«

Sie krochen an Land. »Lass uns im Gebüsch bleiben, bis sie weg sind«, sagte Eva. »Ich hasse sie sowieso. Und wie. Du nicht auch?«

»Klar«, sagte Carol, und sie warteten, nicht sehr lange, bis sie die Jungen immer noch laut und aufgeregt zu der Stelle ein bisschen flussaufwärts hinunterlaufen sahen, wo sie das Boot gelassen hatten. Sie hörten sie hineinspringen und losrudern.

»Die haben es auf dem Rückweg jetzt richtig schwer«, sagte Eva, schlang die Arme um sich und zitterte heftig. »Aber was soll's? Es war sowieso nie unser Boot.«

»Was, wenn sie uns verpetzen?«, fragte Carol.

»Wir werden sagen, es ist alles gelogen.«

Eva hatte nicht an diesen Ausweg gedacht, bis sie ihn aussprach, aber sowie sie das tat, fühlte sie sich beinahe wieder unbeschwert. Er war so leicht, so spöttisch, dass beide kichern mussten, sie schlugen sich auf die Schenkel, und als sie aus dem Wasser tapsten, entwickelten sie einen dieser Lachkrämpfe, bei denen, sobald die eine Zeichen von Erschöpfung zeigte, die andere ächzte und wieder anfing, so dass sie hilflose – und bald wirklich hilflose – Grimassen zogen, sich krümmten und umklammerten, als litten sie schlimmste Schmerzen.

FRANZ KAFKA

Brief an den Vater

Deine äußerst wirkungsvollen, wenigstens mir gegenüber niemals versagenden rednerischen Mittel bei der Erziehung waren: Schimpfen, Drohen, Ironie, böses Lachen und – merkwürdiger Weise – Selbstbeklagung.

Daß Du mich direkt und mit ausdrücklichen Schimpfwörtern beschimpft hättest, kann ich mich nicht erinnern. Es war auch nicht nötig, Du hattest so viele andere Mittel, auch flogen im Gespräch zuhause und besonders im Geschäft die Schimpfwörter ringsum mich in solchen Mengen auf andere nieder, daß ich als kleiner Junge manchmal davon fast betäubt war und keinen Grund hatte, sie nicht auch auf mich zu beziehn, denn die Leute, die Du beschimpftest, waren gewiß nicht schlechter als ich und Du warst gewiß mit ihnen nicht unzufriedener als mit mir. Und auch hier war wieder Deine rätselhafte Unschuld und Unangreifbarkeit, Du schimpftest ohne Dir irgendwelche Bedenken deshalb zu machen, ja Du verurteiltest das Schimpfen bei andern und verbotest es.

Das Schimpfen verstärktest Du mit Drohen und das galt nun auch schon mir. Schrecklich war mir z. B. dieses: »ich zerreiße Dich wie einen Fisch«, trotzdem ich ja wußte, daß dem nichts Schlimmeres nachfolgte (als kleines Kind wußte ich das allerdings nicht) aber es entsprach fast meinen Vorstellungen von Deiner Macht, daß Du auch das imstande gewesen wärest. Schrecklich war es auch, wenn Du schreiend um den Tisch herumliefst, um einen zu fassen, offenbar gar nicht fassen wolltest, aber doch so tatest und die Mutter einen schließlich scheinbar rettete. Wieder hatte man einmal, so schien es dem Kind, das Leben durch Deine Gnade behalten und trug es als Dein unverdientes Geschenk weiter. Hierher gehören auch die Drohungen wegen der Folgen des Ungehorsams. Wenn ich etwas zu tun anfieng, was Dir nicht gefiel und Du drohtest mir mit dem Mißerfolg, so war die Ehrfurcht vor Deiner Meinung so groß, daß damit der Mißerfolg, wenn auch vielleicht erst für eine spätere Zeit, unaufhaltsam war. Ich verlor das Vertrauen zu eigenem Tun. Ich war unbeständig, zweifelhaft. Je älter ich wurde, desto größer war das Material, das Du mir zum Beweis meiner Wertlosigkeit entgegenhalten konntest, allmählich bekamst Du in gewisser Hinsicht wirklich Recht. Wieder hüte ich mich zu behaupten, daß ich nur durch Dich so wurde; Du verstärktest nur, was war, aber Du verstärktest es sehr, weil Du eben mir gegenüber sehr mächtig warst und alle Macht dazu verwendetest.

Ein besonderes Vertrauen hattest Du zur Erziehung durch Ironie, sie entsprach auch am besten Deiner Überlegenheit über mich. Eine Ermahnung hatte bei Dir gewöhnlich diese Form: »Kannst Du das nicht so und so machen? Das ist Dir wohl schon zu viel? Dazu hast Du natürlich keine Zeit?« und ähnlich. Dabei jede solche Frage begleitet von bösem Lachen und bösem Gesicht. Man wurde gewissermaßen schon bestraft, ehe man noch wußte, daß man etwas Schlechtes getan hatte. Aufreizend waren auch jene Zurechtweisungen, wo man als dritte Person behandelt, also nicht einmal des bösen Ansprechens gewürdigt wurde; wo Du also etwa formell zur Mutter sprachst, aber eigentlich zu mir, der dabei saß, z. B.: »Das kann man vom Herrn Sohn natürlich nicht haben« und dgl. (Das bekam dann sein Gegenspiel darin, daß ich z. B. nicht wagte und später aus Gewohnheit gar nicht mehr daran dachte, Dich direkt zu fragen, wenn die Mutter dabei war. Es war dem Kind viel ungefährlicher, die neben Dir sitzende Mutter über Dich auszufragen, man fragte dann die Mutter: »Wie geht es dem Vater?« und sicherte sich so vor Überraschungen.) Es gab natürlich auch Fälle, wo man mit der ärgsten Ironie sehr einverstanden war, nämlich wenn sie einen andern betraf, z. B. die Elli, mit der ich jahrelang böse war. Es war für mich ein Fest der Bosheit und Schadenfreude, wenn es von ihr fast bei jedem Essen etwa hieß: »Zehn Meter weit vom Tisch muß sie sitzen, die breite Mad« und wenn Du dann böse auf Deinem Sessel ohne die leiseste Spur von Freundlichkeit oder Laune, sondern als erbitterter Feind übertrieben ihr nachzumachen suchtest, wie äußerst widerlich für Deinen Geschmack sie dasaß. Wie oft hat sich das und ähnliches wiederholen müssen, wie wenig hast Du im Tatsächlichen dadurch erreicht. Ich glaube, es lag daran, daß der Aufwand von Zorn und Bösesein zur Sache selbst in keinem richtigen Verhältnis zu sein schien, man hatte nicht das Gefühl, daß der Zorn durch diese Kleinigkeit des Weit-vom-Tische-Sitzens erzeugt sei, sondern daß er in seiner ganzen Größe von vornherein vorhanden war und nur zufällig gerade diese Sache als Anlaß zum Losbrechen genommen habe. Da man überzeugt war, daß sich ein Anlaß jedenfalls finden würde, nahm man sich nicht besonders zusammen, auch stumpfte man unter der fortwährenden Drohung ab; daß man nicht geprügelt wurde, dessen war man ja allmählich fast sicher. Man wurde ein mürrisches, unaufmerksames, ungehorsames Kind, immer auf eine Flucht, meist eine innere, bedacht. So littest Du, so litten wir. Du hattest von Deinem Standpunkt ganz recht, wenn Du mit zusammengebissenen Zähnen und dem gurgelnden Lachen, welches dem Kind zum erstenmal höllische Vorstellungen vermittelt hatte, bitter zu sagen pflegtest (wie erst letzthin wegen eines Konstantinopler Briefes): »Das ist eine Gesellschaft!«

Ganz unverträglich mit dieser Stellung zu Deinen Kindern schien es zu sein, wenn Du, was ja sehr oft geschah, öffentlich Dich beklagtest. Ich gestehe, daß ich als Kind (später wohl) dafür gar kein Gefühl hatte und nicht verstand, wie Du überhaupt erwarten konntest, Mitgefühl zu finden. Du warst so riesenhaft in jeder Hinsicht, was konnte Dir an unserem Mitleid liegen oder gar an unserer Hilfe. Die mußtest Du doch eigentlich verachten, wie uns selbst so oft. Ich glaubte daher den Klagen nicht und suchte irgendeine geheime Absicht hinter ihnen. Erst später begriff ich, daß Du wirklich durch die Kinder sehr littest, damals aber, wo die Klagen noch unter anderen Umständen einen kindlichen, offenen, bedenkenlosen, zu jeder Hilfe bereiten Sinn hätten antreffen können, mußten sie mir wieder nur überdeutliche Erziehungs- und Demütigungsmittel sein, als solche an sich nicht sehr stark, aber mit der schädlichen Nebenwirkung, daß das Kind sich gewöhnte, gerade Dinge nicht sehr ernst zu nehmen, die es ernst hätte nehmen sollen.

Es gab glücklicher Weise davon allerdings auch Ausnahmen, meistens wenn Du schweigend littest und Liebe und Güte mit ihrer Kraft alles Entgegenstehende überwand und unmittelbar ergriff. Selten war das allerdings, aber es war wunderbar. Etwa wenn ich Dich früher in heißen Sommern mittags nach dem Essen im Geschäft müde ein wenig schlafen sah, den Elbogen auf dem Pult, oder wenn Du Sonntags abgehetzt zu uns in die Sommerfrische kamst; oder wenn Du bei einer schweren Krankheit der Mutter zitternd vom Weinen Dich am Bücherkasten festhieltest; oder wenn Du während meiner letzten Krankheit leise zu mir in Ottlas Zimmer kamst, auf der Schwelle bliebst, nur den Hals strecktest, um mich im Bett zu sehn und aus Rücksicht nur mit der Hand grüßtest. In solchen Zeiten legte man sich hin und weinte vor Glück und weint jetzt wieder, während man es schreibt.

Kleist, Moos, Fasane

Ich erinnere mich der Küche meiner Großmutter. Sie war schmal und hell und lief quer auf die Bahnlinie zu. An ihren guten Tagen setzte sie sich auch darüber hinaus fort, in den stillen, östlichen Himmel hinein. An ihren schlechten Tagen zog sie sich in sich selbst zurück. Sie war überhaupt eine unverheiratete Küche, etwas wie eine wunderbare Jungfer, der die Seligpreisungen der Bibel galten. Abgeblättert und still, aber nicht zu schlagen.

Wenn Besuch kam, vier oder fünf alte Damen mit langen Jacken und merkwürdigen Hüten, so blieb die Freude in der Küche. Da offenbar nicht genug Freude da war, um mehr Räume zu füllen, so sammelte sie sich in der Küche und erfüllte sie ganz. Meine Großmutter kam dann auch oft heraus und machte sich draußen zu schaffen. »Geht nur hinein«, sagte sie zu den andern, »ich komme gleich nach!« Sie holte Milch und Kuchen und Zucker, sie suchte in der Kredenz nach einer größeren Schüssel. Heute glaube ich, sie kam, um die Freude zu suchen, die doch bei einem Besuch von vier oder fünf alten Freundinnen irgendwo geblieben sein mußte. Und da war sie dann auch. Leicht zu finden, wenn man es wußte.

Es ließ sich gut planen in der Küche, ob es Kinobesuche, Konzertreisen oder ein Weg hinaufzu war gegen das Waffenarsenal, das am Ende der Gärten stand. Die Küche kam allen Plänen entgegen, ihr Licht schmeichelte ihnen und ließ sie wachsen. Fuhr dann unten ein Güterzug vorbei und der Rauch drang plötzlich herein und füllte die Augen, so war es, als wäre man heimgekehrt aus vielen Erdteilen, als kennte man die Freuden der Welt und brauchte sie nicht mehr. Es war dann schon am besten, gegen das Arsenal hinaufzugehen wie einer, der heimkehrt; oder gegen die Kleistgasse zu, die vielleicht deshalb so hieß, weil nichts darin an Kleist erinnerte oder weil niemand, der dort wohnte, etwas von ihm wußte. Und das wäre ja Grund genug. Daß Kleist mit Fasanen zusammenhing, mit Moos und mit der Bahn, wer hätte es sich träumen lassen, wenn nicht er selber und die Kinder dieser Gegend, die in der Moosgasse wohnten, in der Fasangasse, in der rechten und linken Bahngasse. Auch eine kleine Bahngasse gab es, die Bahn bewegte alles. Sie rührte die staubigen Muscheln in der Lade meines Großvaters, als wäre sie die See, und sie brachte die ziegelroten, nie benützten Mokkatassen zum Klirren, als wären sie eine größere Gesellschaft. Sie rüttelte an Betten und Flaschen, an den Spiegeln und den Marmorplatten auf den Nachtkästen. Sie rührte die Trauer auf und ließ sie glänzen. Auf ähnliche Weise wie die Küche war sie mächtig und armselig, und wenn man an manchen Tagen die Teller und Gläser in den Schränken schüttern und klirren hörte, so hätte man meinen können, ein altes Liebespaar unterhielte sich gelassen miteinander. Die Bahn tat der Küche die Ehre an, die sie verdiente.

Beugte man sich aus dem Fenster, wenn kein Zug vorbeifuhr, so konnte man links hinter dem Marienkloster, einem Heim für Dienstmädchen, das oft frisch gestrichen wurde, die Dächer der Botschaften herüberdämmern sehen, den Westen. Dort war alles grün und rund, die Rätsel hell dazwischen, erleuchtete Fenster am frühen Abend. Nach rechts zu führte schwarz der Kleiststeg über die Bahnlinie, eckig und kaum betreten, aber nicht weniger verheißungsvoll als die grünen Dächer. Und die Frau, die langsam seine Treppen hinaufstieg, wenn die Besuchsstunde im Krankenhaus zu Ende war, kam aus den Geheimnissen und ging in sie zurück wie die Kinderschwester mit dem kleinen weißen Wagen, die jenseits der Kreuzung auftauchte, sich umsah und wieder im Westen verschwand. Es war eine kleine Kreuzung zwischen den Himmelsrichtungen, und manchmal stand ein Polizist darauf, der bald wieder ging, denn hier war nicht viel zu tun. Kein Land war hier zu Ende, keine Stadt, und nicht einmal ein Bezirk. Aber die Hügel fielen nieder und die Steppe begann, ein Atemzug lief aus und ein anderer erhob sich. Wie verlassen wäre der Osten ohne den Westen gewesen, wie leer der Westen ohne den Osten. Die Kräfte der Kindheit hielten die Welt zusammen. Und die Küche meiner Großmutter lag mitten darinnen. Wie man sich des Lichts der Träume auch am Tage noch erinnert, erinnere ich mich ihres Lichtes heute, wenn es mir als ein Streifen Sonne auf einem fremden Meer erscheint.

Ich erinnere mich des Nachmittagsunterrichts. Einmal jede Woche Turnen, Handarbeit oder Gesang, drei Dinge, die nur, solange die Schule dauerte, zusammenhingen wie noch viel früher Kleist mit Moos und Fasanen. Vier Uhr nachmittags. Auf dem Weg die steinernen Tiere an den Portalen der alten Häuser schon in leichten Nebel gehüllt, das Schulhaus selbst, das man zu Mittag erst verlassen hatte, als wären dreißig Jahre vergangen, gesprungen, verloren, liebebedürftig, die Lehrer ziviler, hilfloser, und selbst, wenn sie die Stimmen erhoben, ihrer Konturen nicht mehr so sicher, die Klosterfrauen verlassener, kühner, den Vögeln ähnlicher als am Vormittag. Kein Wunder, wenn man – starb eine von ihnen – am Nachmittag von ihrem Tode hörte. Die gläserne Kabine der Pförtnerin schon leer und spiegelnd, die Türen der Klassenzimmer lockerer in den Angeln, die Dienstmädchen mit Eimer und Besen gehen rasch vorbei. Die Türen zur Klausur verschlossen wie immer. Aber war nicht das Schulhaus selbst am Nachmittag Klausur geworden, die man betrat, die Welt zu Welten zerfallen, die Klausur der Erwachsenen? Am Vormittag war es leicht gewesen, ein Kind zu bleiben. Aber ein Kind zu werden, wie die Bibel es wollte, das war Sache des Nachmittags.

Beim Verlesen der Namen ergab es sich auch meistens, daß einige fehlten, und die übrigen schienen, obwohl es Pflicht war, freiwillig gekommen. Sie brachten mit den Bällen, die sie noch in Netzen über den Schultern trugen, die Parkluft mit, die Nachmittagsluft, die Luft der Elternhäuser, sie bewegten sich freier: Ruth und Ellen Seitz mit den karierten Röcken, ich erinnere mich ihrer.

Zuweilen begegnete man dann auf den Gängen einer Gruppe von Halbinternen, man stieß sich an und flüsterte miteinander, aber die andern hatten den Übergang sachter vollzogen, sie hatten die letzte Schulglocke um zwei oder drei noch gehört, sie waren unter Aufsicht gestanden den Mittag über, es war kein Sprung in ihrem Tag. Sie hatten das Vormittagslicht noch in den Augen, von dem wir jetzt wußten, wie zerbrechlich es war. Und wenn auch von dem Unsinn, den sie trieben, und von ihrem Gelächter ein leichter Widerschein auf unsern Gesichtern blieb, so störten wir unsere eignen Stunden dann doch kaum. Es war uns wohl, als müßten wir selbst zusammenhalten, was sonst zerfiel, die zarten Grenzen unserer Welt: Turnen, Handarbeit und Gesang.

War der Unterricht zu Ende, so verschwanden die Lehrer leicht und schattengleich, fast enttäuschend rasch, Dämmerung füllte von unten herauf die kleinen und großen Höfe, und durch das geöffnete Schultor drang der Geruch von Rauch mit Maroni herein. Drüben, in der Auslage des Bäckerladens schienen die Mohnbeugel um ein weniges mehr als Mohnbeugel, um eine entscheidende Spur sich selbst voraus.

Am nächsten Morgen war alles wie sonst, das Feuer knisterte im Kanonenofen und verband sich mit den aufgeschlagenen Texten, mit Cäsar und Tacitus zu einer Macht, der nicht zu widersprechen und in die nicht einzudringen war. Nur daneben blieb schwerer zu entziffern, zweifels- und geheimnisvoller, ein Folgestern und dennoch nicht wegzudenken, der Nachmittag bestehen. Vielleicht hat er zuletzt die Sprünge im Bild der Erinnerung geschaffen, die es uns süß machen.

Ich erinnere mich des Beerensuchens auf dem Lande, irgendwo im Oberösterreichischen, wo wir den Sommer verbrachten. Der Schlag ist heute längst zugewachsen, aber damals schien es uns, als bliebe er immer. So wie es uns im Grunde schien, daß wir immer Kinder sein würden.

Um Mittag gingen wir weg, unsere Blechkannen schlugen aneinander oder flogen ein Stück voraus, unsere Stimmen drangen noch eine Weile über die heißen Wiesen gegen die Waldränder vor, ehe sie still wurden. Hinter uns blieben die grünen, kühlen Flure der Bauernhäuser, die nach alten Kalendern rochen, nach

Geschichten von Schneegestöbern, von Herbsten und Räubern, nach säuerlichem Brot und den Milchtöpfen in den Kellern, vor uns zogen die runden, bewaldeten Hügel, einer immer kleiner und ferner als der andere, den Tälern zu; wahrscheinlich waren es sieben. Die jungen Tiere im Pferch bewegten die Stäbe, weit unten im Westen fuhr der Mittagszug von Linz nach Salzburg, und manchmal pfiff er herauf. Es war uns aber eher, als pfiffe die Sonne oder ein Igel im Gras. Und wenn wir auch manchmal darüber nachdachten, wer da unten fuhr, Herren in blauen Röcken mit Silberknöpfen und Damen in Gott weiß welchen Kleidern, so hörten wir doch bald wieder damit auf. Die Hitze umfing uns, der Mittag, der lange, unzerbrechliche Sommer. Daß wir selber dort gefahren waren und wieder dort fahren würden, dachten wir nicht mehr. Ja, wir gedachten nicht einmal mehr des Sees, der auf der andern Seite des Berges in der Ferne flimmerte und auf dem die Segel still standen wie die Wälder und Villen an seinen Ufern, aber vielleicht gedachte der See unser und diente uns. So wie der Zug uns diente mit seinem Rollen und Pfeifen, und der Flieger, der kurz vor drei eine Schleife über den Berg zog und hinter den Spitzen der Tannen verschwand. Wäre er nicht erschienen, so hätte er nicht verschwinden können, und damit, daß er verschwand, diente er uns.

Die Haselnüsse an den Sträuchern waren jung, als wären auch sie es für immer, und die Wurzeln der Disteln schmeckten süß. Wir waren an den Schlag gelangt, der sich in der Sonne vor uns auftat und verteilten uns rasch. Baumränder und Vögel hoch oben, Morgen- und Abendfarben, wir brauchten nun nicht mehr nach ihnen auszuschauen, sie hatten sich in den Beeren gesammelt und wir sammelten die Beeren, Tag und Nacht sammelten wir in die verbeulten Kannen, den Mittagsgeruch der Marktplätze tief unten, die Höhe und die Breite der leeren Schulhäuser, die Tiefe der tiefsten Stellen aller Seen im Umkreis. Und wenn wir nach einer Weile in die Kannen schauten, so ersetzte uns der rosige Schatten darin alle Kühle, er war mächtig wie ein Traum und breitete sich über uns aus. Die Welt war darin geordnet wie auf den Tafelbildern der verlassenen Kirchen in den Tälern, Spinnen und Heilige hatten Platz darauf, und alle vertrugen sich. Quer durch den unteren Teil des Schlages lief seiner ganzen Länge nach ein Weg, der kaum jemals begangen wurde; kam aber doch einmal jemand daher, eine alte Frau mit einer Henkeltasche oder ein Mann, dessen Stock kurz aufschlug, so waren sie beim zweiten Mal Aufschauen schon wieder verschwunden, hatten sich hinwegbegeben in ihre Gehöfte oder Austraghäuser, in ihre Stuben und Schicksale, und auch davon blieb der Schatten in den Kannen und wurde immer rosiger und schwerer. Färbte ihn nicht die Ahnung entfernten Schmerzes, von der Kinder leben, ohne es zu wissen?

Waren wir wieder zu Hause und sahen durch die dunkelgefaßten Fenster der guten Stube, in der wir schliefen, den Mond über den Gebirgsrand heraufkommen und sein gelbes Licht in den Glasschränken spiegeln, so war der Mittag für uns noch lange nicht vorbei, er blieb beim nächtlichen Scharren der Tiere, beim Rascheln der Blätter draußen, die die Sternbilder zu bewegen schienen, bei dem Auftappen der Katzen in den Scheunen und unten im Gras. Sie alle waren jetzt Gegenspieler und Bewahrer der heißen, stillen Stunde, Hohlformen, die sie füllte. Das Beerensuchen hatte sie aus der Zeit gehoben, schon damals mitten in den Raum der Erinnerung hinein. Die Beeren begannen in unseren Träumen Muster zu bilden, sie verschoben sich lautlos und ohne sich zu berühren gegeneinander, jedes Muster war ein Glück, das dunkelste entsprach dem hellsten, so schliefen wir ein.

Es sind dann viele Jahre gekommen, in denen es kein Beerensuchen mehr für uns gab, keine guten Stuben und keine Hügel mehr. Aber der Geruch der Beeren, der schon in dieser ersten Nacht durch die Ritzen der Kellertür und die hölzernen Treppen hinaufdrang, in die sich verwirrenden Gedanken hinein, die dem Schlaf vorangehen, hielt auch der Wirrnis und dem Schrecken einer viel längeren Nacht stand. Manchmal habe ich die Hoffnung, daß er auch diejenigen zuletzt umgab, die diese

Nacht nicht überlebt haben. Daß die Dunkelheit, die sie nach allen Schrecken aufnahm, dem wunderbaren Schatten in den Kannen ähnlich ist.

Erinnerung begreift sich nicht zu Ende. Aber vielleicht, daß die Beeren ein geheimes Verhältnis zu ihr haben, das so offenbar und so undurchsichtig vor uns liegt wie sie selber mit dem Blau und Rot ihrer Kinderfarben, eingebettet in den warmen Schatten, in die Unaufhörlichkeit der frühen Zeit.

»Fort, fort – gleichviel wohin!«

Von Hoffnung und Aufbruch

Familienfahrt

Dann ist es endlich soweit!

Obwohl unser Zug vom Stettiner Bahnhof erst gegen acht Uhr fährt, ist die ganze Familie, Vater einschließlich, schon um halb sechs aus den Betten gejagt worden, denn auch die Betten müssen noch eingepackt werden! Während Mutter sie mit der alten Minna in einen ungeheuren Bettsack aus rotem Segeltuch stopft und propft, ist Christa in der Küche damit beschäftigt, Stapel Butterbrote anzuhäufen. Brote mit Wurst. Brote mit Ei. Brote mit kaltem Braten. Brote mit Käse. Aber so eifrig Christa auch schmiert und belegt, die Stapel wollen nicht recht wachsen, denn immer wieder machen wir Kinder einen Einbruch in die Küche und holen uns neue Frühstücksbrote. Unser Appetit ist ebenso ungeheuer wie unsere Aufregung. Nun geht es also wirklich los!

Plötzlich fällt mir ein, daß ich noch mit dem Portier reden muß. Zur Freude aller Hausgenossen rasen Ede und ich morgens um halb sieben die Treppe mit Donnergepolter hinunter und begrüßen den immer recht griesgrämigen wahren Herren des Hauses. Kein Wunder, daß er griesgrämig ist – er fährt ja nicht an die See, er hat ja keine Ferien!

Zum zehnten Male mindestens lege ich ihm meine Kaninchen ans Herz, ich halte sie unten im Keller. Besonders, daß Mucki auch jeden Abend seine gewohnte Mohrrübe bekommt, ist so wichtig!

Der Portier ist eitel Ablehnung. »Ach, deine ollen Karnickel, die haben ja Lause!«

Ich protestiere gekränkt.

»Und doch haben se Lause! Wenn de keene Oojen nich hast, mußte sie mal mit de Lupe in de Ohren kieken! Det sind schon keene Lause mehr, det is en janzet Lauseleum!«

Nachdem der Portier mich so zerschmettert hat, wendet er sich an meinen Bruder Ede. »Und du mit deinem Hamster! Ick sare dir, ich komme for nischt nich uff! Futtern will ick em woll und ooch Wasser jeben, aber de Kiste is zu schwach, det sare ick dir! Wenn der stiften jeht, ick stifte nich hinterher! Ick nich!«

Wirklich hält Ede seit einem Vierteljahr in seiner Stube einen Hamster, der in einer drahtbespannten Kiste wohnt! Vater weiß offiziell nichts davon, wie Vater offiziell auch nichts von meiner Karnickelei weiß! Aber meine Karnickel sind sanfte anhängliche Tiere, während Edes Hamster, Maxe genannt, ein Ausbund von Bosheit ist. Bisher ist Ede von der Bestie nur angefaucht, angespuckt und gebissen worden, trotzdem hängt er mit tiefer Liebe an diesem Geschöpf. Er bildet sich ein, er werde dem Hamster mit der Zeit das Pfeifen und das Tanzen beibringen – wie einem Murmeltier!

Jetzt versichert Ede dem Portier, daß der Hamster sich in seiner Kiste sehr wohlfühle, er habe noch nicht einen Ausbruchsversuch gemacht.

»Ach, red bloß keenen Stuß!« sagt der Portier mürrisch. »Wenn de erst weg bist, wird det Tier sich schon Jedanken machen. Ick hab keene Zeit, bei ihm zu sitzen und ihm Jeschichten zu erzählen, wie schön et in deine Kiste is! Wenn ick wäre euer Vater, ick erloobte det nich, det jrenzt ja an Tierquälerei, die Karnickel in 'nem dunklen Keller und det Hamsterjeschöpf in 'ne Kiste! Aber mir jet det nischt an. Ick bin nich im Tierschutz! Aber wat sonst mit die passiert, da bin ick Nante! Det vasteht ihr doch!?!«

Da wir's verstehen mußten und da ein anderer Tierfütterer nicht greifbar war, verstanden wir es auch. Etwas bedrückt stiegen wir die Treppe wieder hinauf. Als ich aber den herrlichen Wirrwarr in der Wohnung sah, vergaß ich sofort meinen Kummer. Der ganze Haushalt war in Auflösung begriffen. Fünf weibliche Wesen rannten – anscheinend ziellos – hin und her, setzten hier etwas ab, trugen dort etwas fort.

Minna rief: »Frau Rat, ich muß noch mal den Schlüssel haben für den großen Schließkorb!«

Fiete trug ein Zigarrenkistchen mit Puppenkleidern herbei und verlangte von Mutter, sie sollten noch in den verschlossenen Koffer. Itzenplitz suchte zwischen Vaters Büchern Reiselektüre. Christa schmierte noch immer Stullen.

Auf der Diele stand Vater und versuchte, das Gepäck zu zählen, ein fruchtloses Beginnen, denn immer wenn er die endgültige Zahl ermittelt zu haben glaubte, wurde ein Stück wieder weggeschleppt und zwei neue kamen hinzu.

»Louise!« rief Vater. »Es wird Zeit, die Gepäckdroschke zu holen! Kann ich Hans jetzt schicken?«

»Einen Augenblick noch, Arthur! Ich muß erst mal nachsehen, ob die Badetücher auch eingepackt sind.«

»Aber beeil dich!« rief Vater mahnend, und nun bestürmten Ede und ich ihn, wer von uns beiden bei dem Kutscher auf dem Bock fahren durfte. Vater wollte mal sehen; er war von dem ungewohnten Trubel bereits ziemlich nervös, wollte aber unbedingt seinen Ruf als glänzender Organisator, bei dem alles wie am Schnürchen geht, aufrechterhalten.

»Ich schicke jetzt Hans!« rief er nach einem neuen Blick auf die Uhr. »Es wird höchste Zeit!«

»Einen Augenblick bitte noch, Arthur! Wir kriegen den Bettsack nicht zu!«

»Lauf los, Hans!« sagte mein Vater leise und machte sich auf den Weg, beim Verschnüren des Bettsackes zu helfen.

Ich lief die Treppe hinunter. Ganz ohne Auftrag schloß sich Ede mir an. Ich mußte es schon dulden, aber lieb war es mir nicht. Es hatte so etwas Pompöses, wenn man allein in einer Droschke fuhr. Zu zweien wirkte es lange nicht so überwältigend.

Es war der erste Tag der großen Ferien. Ganz Berlin, soweit es Kinder hatte und es sich leisten konnte, war im Aufbruch. Wir sahen wohl Gepäckdroschken, aber sie waren alle besetzt. Wir liefen hin und her, wir suchten mit immer größerem Eifer, denn wir wußten, mit welcher Ungeduld der pünktliche Vater auf unsere Rückkehr wartete. Aber es war wie verhext. Leere Droschken sahen wir genug, aber keine, deren Fassungsvermögen unserm Auszug angemessen war. Es mußte durchaus eine Gepäckdroschke sein, also ein schwarzer verschlossener Kasten mit stabilem, von einem Gitter begrenzten Dach, auf das die Mehrzahl der Koffer zusammen mit dem Bettsack getürmt werden konnte.

Endlich erwischten wir am Nollendorfplatz solch Ungetüm. Stolz stiegen wir ein und ließen uns vornehm in die dunkelblauen Kissen zurücksinken. Aber gleich waren wir wieder aufrecht und sahen zu den Fenstern hinaus. Es war erhebend anzuschauen, wieviel schweißtriefende Familienväter, Jungen, Dienstmädchen und Portiers nach Gepäckdroschken liefen.

»Beati possidentes!« sagte ich zu Ede und war stolz, daß er noch nicht so viel Latein konnte, sondern daß ich es ihm übersetzen mußte. »Glücklich, wer da hat!«

Ja, wir waren viel beneidet. Überall standen auf den Bürgersteigen hinter Kofferbastionen Familientrupps. Alte Großmütter winkten unserm Kutscher verzweifelt mit Regenschirmen. Jungens sprangen einfach auf das Trittbrett unserer Droschke und boten dem Kutscher eine Mark extra, wenn er sie fuhr. Wir schlugen sie so lange auf die Finger, bis sie loslassen und abspringen mußten.

Auch Vater stand in der Luitpoldstraße hinter einigen Koffern, hielt nach uns Ausschau und wollte schelten, weil wir so spät kamen. Aber der Kutscher nahm uns in Schutz. »Lassen Se man die Jungens!« sagte er. »Die haben noch Schwein jehabt, det se mir jekriegt haben! Heute jibt's in janz Berlin keine freie Jepäckdroschke. – Na, Herr Portier«, wandte er sich an unsern Hausgewaltigen, der eben mit Minna einen Riesenkoffer heranschleppte, »is det det jrößte Stück? Na, denn wolln wa mal anfangen mit's Bauen!«

Und sie fingen an, den Koffer über Rad und Bock auf das Verdeck hinaufzustemmen. Aus dem Hause kamen immer neue

Familienmitglieder mit Gepäckstücken, Plaidrollen, Schirmbündeln, zwischen denen unsere Strandschippen vom Vorjahre steckten. Aber Ede und ich beteiligten uns nicht mehr an der Schlepperei, wir begutachteten »unsere Gäule«. Winnetous berühmter Zucht entstammten sie bestimmt nicht, aber ich war dafür, daß es doch Ostpreußen seien, Ede stimmte für Hannoveraner – eine Ahnung hatten wir beide nicht.

Vater versuchte unterdes das Verstauen des Gepäcks durch Ratschläge zu unterstützen. Aber das Familienhaupt wurde jetzt nicht beachtet, selbst Minna hörte nicht auf seine Worte. So verschwand Vater plötzlich im Haus, um Mutter auf den Trab zu bringen.

Endlich waren alle unten, endlich waren alle Koffer verladen und festgebunden. Endlich saßen alle, ich recht schmollend, denn ich hatte mich in den Wagen zwischen die Schwestern klemmen müssen, während Ede auf dem Bock thronte. Aber auch nicht eigentlich auf dem Bock, sondern auf einigen neben dem Kutscher untergebrachten Koffern: das Fassungsvermögen des Wagenverdecks hatte sich doch als zu gering erwiesen.

Mutter lehnte aus dem Fenster und gab Minna, die erst die Wohnung in Ordnung bringen wollte, ehe sie auf Urlaub ging, jene letzten Ratschläge, die wohl schon vor einigen Jahrtausenden die verreisende Hausfrau ihrer Schaffnerin gegeben hat: »Und sehen Sie, Minna, daß die Wasserleitung nicht tropft. Und der Gashaupthahn muß noch zugemacht werden. Ehe Sie im Speisezimmer einwachsen, reiben Sie die Stelle auf dem Parkett, wo Christa Glut verloren hat, mit Stahlspänen ab. Hänschen holt sich Frau Tieto selbst. Und die Blumen stellen Sie alle zusammen auf den Boden vom Balkon, dann hat es Frau Markuleit einfacher mit dem Gießen. Es wird ja auch einmal regnen. Und vergessen Sie nicht, die Schrippen und die Milch abzubestellen. Und die Zeitung soll der Junge solange bei Eichenbergs abgeben …«

»Los!« rief Vater dem Kutscher zu, und mit dem Anziehen der Pferde sank Mutter in ihren Sitz zurück.

»Ach, Vater!« rief sie ängstlich. »Ich habe sicher noch was vergessen ... Da war bestimmt noch was ...«

»Wenn noch was ist«, sagte Vater entschlossen, »kannst du ja Frau Tieto eine Karte schreiben. Wir müssen jetzt los, sonst versäumen wir den Zug!«

»Im nächsten Jahre werde ich noch eine Stunde früher aufstehen«, sagte Mutter. »Man wird nie in Ruhe fertig. Ich bin ganz abgehetzt ... Was ich nur vergessen habe? Da war doch noch was!« – Und sie versank in Grübeln.

Unterdes war die Droschke, ächzend und klappernd, die Martin-Luther-Straße hinaufgefahren und bog jetzt auf den Lützowplatz ein. Der lag ganz in der Morgensonne. Auf dem Herkulesbrunnen rauschte und strömte schon die Wasserkunst und blinkte im Licht mit tausend grünen, gelben und blauen Tropfen. Kinder saßen schon in den Sandkisten und spielten. Wir aber würden heute abend schon im Seesand spielen!

Und während der Wagen nun rascher die grüne Hofjägerallee hinunterrollte, kam mir plötzlich alles ganz unwirklich vor. Jawohl, ich saß hier in einer Droschke, ich fuhr mit den Eltern und Geschwistern in die Sommerfrische – aber tat ich das wirklich? Das ein Jahr hindurch gelebte Stadtleben saß so fest in mir, daß dies, was jetzt wirklich geschah, mir ganz unwirklich erschien.

Mir war so seltsam, als sei ich noch zu Hause in der Luitpoldstraße. Ich meinte, mich dort stehen zu sehen in meinem Zimmer, mich und doch nicht mich, denn ich fuhr ja auch hier in einer Droschke durch den Tiergarten! Und es überkam mich, wie es mir schon einige Male – aber nur schwach – geschehen war, daß es eigentlich zwei Hans Fallada gebe, zwei ganz gleiche, und sie erlebten beide genau das gleiche, aber sie ertrugen es nicht gleich.

Ich hatte schon versucht, diesen Gedanken zu Ende zu denken, aber ich war nicht damit zurande gekommen. Denn wenn es zwei ganz gleiche Hansen gibt, so mußten sie bei denselben Eltern in derselben Stadt leben, und nicht nur in derselben Stadt. In der gleichen Straße mußten sie wohnen, im gleichen Haus und – immer mehr verengte sich der Kreis – im gleichen Zimmer. Im gleichen Bett mußten sie schlafen, in der gleichen Haut stecken, mit dem gleichen Munde reden – der andere Hans Fallada mußte also auch in mir sein.

Aber das stimmte nicht, denn ich fühlte ihn nicht in mir, sondern ich sah ihn außer mir. Wohl war er ganz gleich, aber er war doch wieder ein anderer, denn ich konnte ihn mit meinem inneren Auge außerhalb von mir sehen. Er war auch ich, aber er war ein Ich, das nicht ganz so wirklich war wie ich, der hier in einer Droschke fuhr, er war wie ein Schatten oder ein Gespenst, oder wie ein Doppelgänger.

Manchmal konnte diese Erscheinung etwas sehr Beängstigendes haben, so wenn dieses zweite Ich etwas tat, was mir gar nicht recht war, und mein erstes Ich hatte dafür einzustehen, als habe es dies selbst getan. Aber in diesem Augenblick, eingezwängt in der übervollen Droschke an einem noch frischen Sommermorgen, war es fast erlösend, daß ich dies andere Ich dort in der Wohnung zurückließ, mürrisch und unzufrieden. Ein tiefes Glück überkam mich, daß ich fort von ihm fuhr, in den Sommer hinein, an einen Ort, wo es dieses andere Ich bestimmt nicht gab.

Ich wußte, es würden glückliche Ferien. Ich sah auf die Bäume des Tiergartens, ich sah das Grün und die hellen Kleider, ich war plötzlich so fröhlich wie noch nie. In mir sang es: ›Ich fahre in die Ferien! Berlin ist erledigt! Ich fahre von der Schule fort! In meinem Zimmer steht der andere Hans Fallada, dessen ich mich immer schämen muß, und ich fahre fort von ihm! Was bin ich glücklich!‹

Ein deutliches Mal fühlte ich mich in diesen Jahren ganz im Einklang mit mir. Es gab keine Zerrissenheit, keinen Zweifel mehr ... Ich war wirklich glücklich ...

Gabriele Reuter

Treue

Nein – so ging es nicht weiter.

Sie konnte ihr Leben, wie es jetzt war, nicht länger ertragen, und sie wollte auch nicht!

Fort, fort – gleichviel wohin! Nur ein paar Tage lang andere Luft atmen. Fremde Möbel um sich sehen und unbekannte Menschen, die sie nicht bemitleideten. Andere Wege wandern – Wege, von denen man noch nicht wußte, wohin sie führten. Nachts den Kopf auf ein Kissen legen, das nicht so viele, viele Tränen aufgesogen hatte …

O Gott, o Gott – einmal dem ewigen Schmerz entfliehen! Sie hütete und pflegte ihn schon lange genug, müde, hilf- und trostlos, wie eine Mutter ihr Kind, das niemals wieder gesund werden kann.

Aber allein mußte sie gehen. Das war die Hauptsache. Wenn sie Ernstchen mitnahm, würde der sie immer erinnern … Er hatte zu viel Ähnlichkeit mit seinem Vater. Darin lag die tägliche Qual, von der der arme kleine Schelm nichts ahnte. Sie konnte die schmerzhafte Wollust nicht lassen: zu belauschen, wie die feinsten, seltsamsten Züge, die sie an Friedrich geliebt und durch die er sie gepeinigt hatte, in dem kleinen Jungen auferstanden und weiter wuchsen. Das nervös-sensible Temperament, das in Freude und Leid gleich über alle Grenzen ging, und damit vereint das kalt Grüblerische, die beinahe lauernde Beobachtungsgabe – der ungeduldige Ekel an jeder Unvollkommenheit und bei einem Hang zur Melancholie die heftige Sehnsucht nach ruhiger, stetiger Heiterkeit … Übrigens – kein Wunder – sie besaß all diese widersprechenden Eigenschaften ja selbst. Sie war eine ihrem Manne zu verwandte Natur, so sagte sie sich tausendmal. Darum hatten sie sich nicht ineinander finden können. Die Schwierigkeiten, das Zerrissene, an dem er schon im eignen

Wesen schwer genug trug, fand er bei ihr wieder. Es mußte ihn bis zum Wahnsinn reizen – da er sie einmal nicht mehr liebte oder vielleicht niemals geliebt hatte.

Bei dem Kleinen lag die Gefahr in der großen, altklugen Zärtlichkeit und Sorge, die er für sie empfand.

Ein Bübchen von kaum sieben Jahren sein und Tag und Nacht den Jammer einer verlassenen Frau mittragen und mitfühlen – es war ja eigentlich grauenhaft ... Sie spürte es oft dem Kinde an, wie sich etwas in ihm gegen das fortwährende Leiden empörte. Wie er dann bei geringen äußeren Anlässen gehässig und boshaft und zornig werden konnte – ganz wie sein Vater. Und nachher die Gewissensqualen, die die arme kleine Seele wieder durchmachen mußte. –

Dem Jungen würde es eine größere Erholung sein, in der Stadt mit der alten Köchin zu hausen, als mit ihr aufs Land zu gehen, sagte sich Walborg mit herzzerschneidender Bitterkeit. Sie rieben sich gegenseitig auf. Wie sie und Friedrich es getan ... Bis ihr schließlich für ihre heiße Liebe ein hysterischer Haß und Widerwille zum Dank wurde. Das durfte nicht sein. Sie sah es kommen – und zum zweitenmal in ihrem Leben durfte ihr das nicht geschehen.

*

Sie stellte sich einsame Waldwege vor, auf denen sie schweigend wandern und stille werden würde. Und dann friedlich und ein wenig gestärkt heimkehren.

In solchen Gedanken richtete Walborg ihren Koffer.

Zwischendurch beschlich sie der Zweifel. Mit jedem Stück des täglichen Gebrauchs packte sie etwas von ihrem täglichen Leiden ein – ging es also nicht mit ihr? Mußte sie es nicht an dem fremden Ort mit den Dingen wieder hervorholen?

Aber trotzdem ... Sie hatte noch niemals den Versuch gemacht, sich zu retten. Seitdem das Gericht vor nun bald zwei Jahren die Scheidung ausgesprochen, und sie damit in dem verzweifelten Kampf um ihres Gatten Herz und Liebe endgültig besiegt worden, galt es ihr als unabänderliche Tatsache, daß ihr Leben bis in seine Wurzeln zerstört war.

In diesem Sommer begann sie zuerst aus dumpfer Finsternis aufzublicken und die Zerstörung in ihr mit dem Verstande schaudernd zu betrachten. Von dem Zeitpunkte an fragte sie sich, was geschehen könne, um die Wunden zu heilen. Sie wollte das in der Einsamkeit überdenken.

Am Rande des Kiefernwaldes stand der Gasthof, auf dem weißen Sand der märkischen Ebene. Ein rötlich-violetter Streifen Heidekraut, der breite, zerwühlte Fahrweg und dann Kartoffel-, Rüben- und Roggenfelder, weitgedehnt, um den Horizont rings der Saum blaudunkler Wälder. Ein sehr einfaches Landschaftsbild, aber es gefiel Frau Walborg. Eine Bekannte hatte das Gasthaus empfohlen. Sie sei im Juli mit ihren Kindern draußen gewesen und gut verpflegt worden. Man sei auch so ungeniert. Das alles hatte Walborg zugesagt und sie auf die Idee gebracht, ihre eingeschlossene Existenz zu durchbrechen. Für eine weitere Reise, die planvoll ins Werk gesetzt werden mußte und mit allerlei Schwierigkeiten und dem Verkehr mit Menschen verknüpft war, hätte sie doch nicht den Mut gefunden.

Sie wollte ja auch nichts Ungeheuerliches erleben. Nur Ruhe und Frieden wollte sie genießen. Nun saß sie am Morgen nach ihrer Ankunft im Heidekraut. Ein dünnes Bändchen, eine Novelle von Turgenieff, lag ihr im Schoß. Sie hatte ein paar Seiten gelesen, und dann mochte sie nicht mehr. Irgend etwas in ihr widerstrebte plötzlich heftig und wollte sich nicht vom Dichter in seine Stimmung zwingen lassen. Dieser graue Nebel über den Dingen – diese Traurigkeit, in die er seine Menschen einspinnt – der dumpfe Bann, der sich sacht auf den Leser lenkt, bis eine müde Hoffnungslosigkeit wie ein unabwendbares Schicksal seinen Geist und seine Seele lähmt … Das war heute nichts für sie. Damit wollte sie hier nicht wieder beginnen.

Und als sie lange hinaus in den blauen Himmel sah, das Flimmern der Sonne auf dem weißen Sandweg, über den Gewächsen der Felder beobachtete und auf die verschiedenen Düfte merkte, die bald herbe, bald honigsüß, harzscharf oder mildkräftig aus Wald und Rain, von den Skabiosen und den Erikakelchen und von den Breiten des reifen Roggens zu dem unbegreiflich wundervollen Arom des heißen stillen Sommermorgens zusammenströmten, da fühlte sie schon, daß sie noch empfinden konnte. Es stahl sich eine zarte Freude an der Erscheinung der Welt in ihre Sinne. Ihre Glieder dehnten sich, sie legte sich auf das weiche, nachgebende Blumenpolster, verschränkte die Arme unter den Kopf und reckte sich aus. Ach, war das wohlig angenehm. Wie gut, daß sie nicht gezögert hatte, und nun gerade die schönen Tage fand, die ersten ganz sicher schönen nach vielem Regen.

Mittags war sie erstaunt, eine ganze Table d'hote vorzufinden. Man hatte in der Veranda gedeckt, die aus rohem Kiefernholz etwas unmotiviert neben das alte Haus gebaut war. Die Gäste bestanden meist aus Städtern, welche mit den Vorortzügen herausgekommen waren. Das Haus selbst beherbergte nur ein paar alte Damen und deren Nichten oder Töchter.

Walborg hatte gar keine Toilette gemacht, nicht einmal das Haar geordnet; kleine Blättchen und winzige Erikazweige hingen ihr noch in dem Nacken-Knoten, der wirr und lose geworden war vom Liegen. Die Sonne hatte sie förmlich durchglüht, sie fühlte, wie ihr die Wangen brannten. Die Hausgenossinnen ihr gegenüber am Tisch redeten sie gleich an und betrachteten sie mit augenscheinlichem Vergnügen. Walborg schwatzte munter, sie wunderte sich über sich selbst, wie zutraulich und lebhaft sie war. Als sie aufstand, um zu gehen, grüßte man sie von allen Seiten. Das machte ihr Spaß. Früher hatte sie große Macht über die Menschen besessen – dann war sie unsicher geworden, weil die schöne Herrscherkraft bei dem Einen versagte. Und selbstquälerisch hatte sie beobachtet, wie die vergrämte Frau auch den Freunden gleichgültig zu werden begann.

Die alten Damen hatten ihr innig die Hand gedrückt. Heiter ging Walborg über den mit bescheidenen Blumenanlagen dürftig gezierten Vorplatz durch die offenstehende Haustür in den breiten, altmodischen Flur. Sie hatte eine Frage an die Wirtin zu richten. Diese, eine behäbige Frau, stand in Unterhandlung mit einem soeben angelangten Radfahrer. Sein Fahrzeug lehnte am Tor. Er glühte vor Hitze. Walborg sah seinen braunroten Nacken, auf dem kleine Tropfen glitzerten. Nein, war der Mann echauffiert! Er blickte sich nach ihr um und lächelte, halb verlegen, sich in diesem Überzug von Staub und Schmutz vor einer Dame zeigen zu müssen. Aber es stand ihm nicht schlecht, denn er war jung und kräftig und seine Augen glänzten lustig. Es strahlte förmlich eine heiße Lebensfreude von ihm aus. Als er Walborg wartend stehen sah, ließ er ihr höflich den Vorrang. Nachdem ihr Anliegen seine Erledigung gefunden, dankte sie ihm mit einer Kopfbewegung und ging durch den Flur auf den Wirtschaftshof hinaus. Sie wohnte im Rückgebäude, das nach dem Walde lag, in der oberen Etage. Man hatte sie hier einquartiert, weil sie um Ruhe gebeten hatte und weil man hier nichts von dem Kommen und Gehen der Tagesgäste spürte. Neben ihrem Zimmer befand sich ein großer, leerer Tanzsaal, der nur einigemal im Jahre benutzt wurde.

Walborg schloß, in ihrem Zimmer angelangt, die Jalousien, zog ihr Kleid aus und legte sich aufs Bett. Ein unendliches Wohlgefühl durchströmte sie. Im Einschlafen hörte sie Poltern vor ihrer Tür, Stimmen und Schritte, die sich wieder entfernten.

Von dem Tanzsaal führte eine Glastür auf einen breiten Balkon. Walborg hatte ihn gleich bei ihrer Ankunft entdeckt. Wenn man dort oben saß, schaute man mitten in das Geäst der alten Kiefern hinein. Sie hatte nach der Reise, froh dieser völligen Abgeschiedenheit, stundenlang träumend dem leisen Rauschen der Wipfel gelauscht, und bei dem eintönigen Wogen und Summen war sie schließlich doch wieder dahin gelangt, ihren alten Jammer neu zu zergrübeln.

Heute durchschritt sie wieder das große, verstaubte Gemach und trat hinaus, als das Abendrot den Wald zu färben begann.

Sie sah eine Gestalt am Geländer lehnen, bestrahlt von rötlichem Licht, auch drang der Duft einer Zigarre zu ihr. Sie erkannte den Radfahrer, der am Mittag eingetroffen war. Er grüßte. Sie empfand einen ärgerlichen Verdruß. Es war ihr fatal, daß sie in ihrem Reich nun nicht mehr allein war. Am liebsten wäre sie sofort wieder umgekehrt.

»Es scheint, man hat uns beide hier oben mutterseelenallein einquartiert«, sagte der junge Mann lächelnd.

»Ich lege Wert auf völlige Ruhe«, antwortete Walborg kühl, er konnte merken, daß seine Gegenwart ihr lästig fiel.

»Nun – ich pflege mich nach einer weiten Tour in der Nacht außerordentlich still zu verhalten«, versicherte er eifrig; »ich hoffe also, die gnädige Frau nicht allzusehr zu stören.«

»Ich glaube, es ist für uns beide Platz in dieser weitläufigen Etage«, bemerkte Walborg liebenswürdiger.

Auf ihren freundlichen Ton hin redete er noch ein wenig und erzählte ihr, daß er beabsichtige, am nächsten Tage mit seinem Rade weiter zu gehen.

Und dann verstummten sie.

Von der schwindenden Sonne gesandt, wandelte das Abendglühen durch den Wald und glitt an den braunen Stämmen und Ästen empor, daß ihre Rinde sich rot und röter zu färben begann, bis ein purpurnes Leuchten überall, so weit das Auge reichte, aus dem dunklen Nadelwerk hervorstrahlte.

Und immer höher stieg der feurige Schein. Ein mächtiges, ein geheimnisvolles Leben in den alten Kiefernkronen. Als bräche die Glut, die sie den Tag über in ruhiger Kraft bezwungen und an sich gehalten, nun aus ihrem Innern hervor. Gleichsam von einer gewaltigen Leidenschaft entzündet, heiß, stark und inniglühend stand der Wald.

Und plötzlich war alles vorüber: das Leuchten – die Farbe – die Form – das Leben der Bäume. Mit einem Schlage. Starr, kalt, tot, in unbestimmten Massen verschwanden sie im fahlen Grau der aufsteigenden Dämmerung.

Der Mann neben Walborg wendete ihr sein Antlitz zu. »So

möchte man leben und so sterben«, sagte er. »Wenn das Glück uns faßt, sich ganz durchflammen lassen und dann – kein Sehnen und Zappeln und Sperren und Haltenwollen ... Aus – und vorbei!«

»Wohl dem, der die Kraft hat, so zu fühlen«, antwortete Walborg.

»Ha, – man kann sich dazu erziehen«, rief der Radfahrer fröhlich. »Glauben Sie mir, gnädige Frau, nur dann hat man was und manchmal sogar recht viel vom Leben.«

»Das mag wohl sein«, erwiderte sie ausweichend.

Er berichtete ihr nun plaudernd von seinen Abenteuern den Tag über, und ließ harmlos, mit einer Art von kindlich-liebenswürdiger Eitelkeit merken, wie er auf seinem Rade der eigenen Gewandtheit und Geschicklichkeit froh werde. Walborg konnte das ganz gut verstehen, und die Offenheit, die Natürlichkeit, mit der er sich zeigte, wie er war, gefiel ihr. Nebenbei bemerkte sie, daß eine angenehme Frische von seinem Körper ausging. Er hatte also gebadet. Das gab ihr gleich ein gutes Vorurteil für ihn.

Als sie sich zurückzog, schüttelten sie sich die Hände.

Nachdem Walborg ihre kleinen Halbschuhe vor die Türe gesetzt hatte, während sie den Riegel vorschob, wurde sie plötzlich in der Einsamkeit ihres Zimmers ganz rot. Es war ihr ein wunderlicher Gedanke durch den Kopf gegangen.

GÜNTER DE BRUYN

Von Bedürfnissen und Wünschen

Daß es oft nur eines Schrittes bedarf, um aus einem der sprichwörtlichen Merkmale der Mark, dem Sand, in ein anderes, den Sumpf, zu geraten, ist hier oft zu erleben, in einem schmalen Plateaueinschnitt beispielsweise, in dem ein dünnes Rinnsal, ohne ein Dorf zu berühren, vier verlandende Seen und mehrere Wiesen, die offensichtlich vor Zeiten mal Seen waren, miteinander verbindet, um schließlich, nach einem Lauf von etwa fünfzehn Kilometern, zwischen mannshohem Schilf und Erlenbüschen versteckt, in die Spree zu fließen, die, wie gesagt, die Hochfläche im Süden und Osten begrenzt. Obwohl das Rinnsal, das eigentlich ein Bach ist, anderswo Fließ heißen würde, hier aber Graben, genauer: Blabbergraben, genannt wird, im Sommer austrocknet, sollte man bei seiner Erkundung doch mit nassen Füßen rechnen, denn seines schwachen Gefälles wegen bleiben in seinem Bett und in dessen Nähe auch in heißesten Wochen Tümpel und sumpfige Stellen zurück. Aber nicht nur ihret-, sondern auch des Sandes wegen sollte man hier auf die Benutzung eines für gepflasterte Straßen bestimmten Fahrzeuges verzichten, weil die Feld- und Waldwege, die zu jeder Jahreszeit andere Tücken haben, zum Verirren einladen und oft, da Autos im Wald nichts zu suchen haben, durch Schranken, die nur von Schlüsselbesitzern geöffnet werden können, unpassierbar gemacht worden sind.

Hier war es, wo meine Liebe zu dieser Gegend erwachte und zu einer beständigen wurde, weil sie, meines fortgeschrittenen Alters wegen, den Wechseln jugendlicher Entwicklungsstadien nicht mehr unterworfen war. Als einer Liebe auf den ersten Blick mißtraute ich ihr – aus Erfahrung, und doch hatte sie, wie mir heute scheint, von vornherein den Charakter der Dauer an sich, zumindest aber die Gewißheit, die letzte zu sein. So fraglich es war, ob sich der Wunsch, hier heimisch zu werden, verwirklichen ließe, so sicher war, daß er nicht mehr vergehen würde, ob er nun erfüllt werden konnte oder nicht. Die Gewißheit, die ich da plötzlich spürte, war die des Zusammengehörens. Hier war der Ort, der für mich bestimmt war. Ich hatte ihn zufällig gefunden, ohne nach ihm gesucht zu haben. Und obwohl die Verführung, die von ihm ausging, zum Teil auf einem Irrtum beruhte, hielt er alles, was er auf den ersten Blick zu versprechen schien.

Der Irrtum, der in der Vorstellung bestanden hatte, dieser Ort sei ein völlig vergessener und läge fernab aller menschlichen Siedlung, war dadurch entstanden, daß ich auf einem dreistündigen Waldspaziergang, den ich mit einigen Freunden unternommen hatte, kein Dorf berührt hatte und keinem Menschen begegnet war. Auch irrte ich mich, weil mir hier jede Erfahrung fehlte, bei der Datierung dessen, was Historiker Wüstung nennen. Denn als ich Haus und Garten erstmalig erblickte, schienen sie mir schon seit Jahrzehnten verlassen, und da zwischen den Asche- und Abfallhaufen, die wir beim Nähertreten umgehen mußten, ein verrosteter Stahlhelm Aufmerksamkeit erregte, bot sich das Jahr 1945 als möglicher Zeitpunkt für die Aufgabe der einsamen Behausung an. Verschätzt hatte ich mich damit um fast zweiundzwanzig Jahre. Denn wie ich später erfahren konnte, war die letzte Bewohnerin der Ruine erst ein Vierteljahr tot.

Ein kärgliches Leben, bestimmt keine Idylle, war hier kürzlich zu Ende gegangen, und da, des Sandes und der Trockenheit wegen, die Naturkräfte zu dürftig waren, um die traurigen Reste mit frischem Grün bedecken zu können, hatte Ärmlichkeit auch im Verfall noch den Charakter als solche bewahrt. Schön war es also nicht, was mich hier auf den ersten Blick entflammte. Der Funke kam auch nicht aus diesen traurigen Resten, er kam, wie ich heute weiß, aus mir selbst. Die Verlassenheit dieses Ortes erweckte in mir eine Sehnsucht, die nichts oder nur wenig von romantischen Waldeinsamkeitsgefühlen hatte und deshalb vielleicht mit dem Ausdruck Bedürfnis genauer bezeichnet ist. Es war das schon lange vorhandene, aber nur in depressiven Momenten eingestandene Bedürfnis, mich von der Welt abzusondern, um allem, was mich an ihr bedrückte, aus dem Wege zu gehen.

Es war die DDR-Welt der sechziger Jahre, die ich manchmal nicht mehr ertragen zu können meinte, und zwar nicht, weil sie restriktiver oder mir gefährlicher geworden wäre (beides war in den vierziger und fünfziger Jahren viel mehr der Fall gewesen), sondern weil der Platz, den ich in ihr einnahm, ein selbstzerstörerischer war. Hätte mich meine Neigung vielleicht in ein Labor, eine Arztpraxis oder ein Forsthaus getrieben, wo befriedigende Arbeit nicht mit Selbstaussage verbunden sein mußte, wäre auch mir möglicherweise erlaubt gewesen, ein selbstzufriedenes Dasein in den enggezogenen Grenzen zu leben, wie ich es damals an anderen manchmal beobachten konnte und nach dem Ende der DDR wieder und wieder verwundert von vielen Leuten erfuhr. Mich aber, einen auf Literatur Versessenen, hatte mein pädagogisch angehauchter Hang zum Schreiben und, nicht zu vergessen, mein Ehrgeiz, in der Welt der Literatur etwas zu gelten, nach ersten Veröffentlichungen in eine Rolle getrieben, die auszufüllen mir in dem Maße schwerer fallen mußte, in dem die Zahl meiner Leser wuchs. Da ich zwar nie mit den Parteiwölfen geheult, sondern in meiner Ecke geschwiegen hatte, mein Schweigen aber auch als Zustimmung gedeutet werden konnte, war ich relativ leicht in die schreibende Zunft eingereiht worden, hatte unter dem Etikett eines politisch Unbedarften, dessen ideologisches Manko sich noch würde auffüllen lassen, erste Erfolge errungen, denen aber, was die Freude über sie dämpfen mußte, eine Kompromißbereitschaft der Zensur gegenüber vorausgegangen war. Da Öffentlichkeitserfolge nicht befriedigen, sondern anstacheln, ging das Bemühen, mir als Autor mit kritischer Sicht einen Namen zu machen, weiter, bis der sogenannte Durchbruch erreicht war, der sich damals kurioserweise durch die Beachtung auch im feindlichen deutschen Westen bewies. Damit aber war auch die Verantwortung der Öffentlichkeit gegenüber gewachsen, so daß Schweigen auch deshalb nicht mehr genügte, weil ich dem Staat, den ich nicht mochte, als Beweis seiner Freizügigkeit diente: Auch ein parteiloser, nichtsozialistischer Autor mit kritischer Sicht, so etwa hieß es, wird nicht nur geduldet, sondern hat auch Erfolg. Nur offener Widerstand hätte dagegen geholfen, der aber hätte bedeutet, früher oder später den Freunden, die den Weg nach Westen gewählt hatten, zu folgen, doch diesen Schritt wollte ich aus wechselnden persönlichen Gründen, zu denen nicht zuletzt auch meine Bodenhaftung gehörte, nur im äußersten Notfall tun. Der bequemste Weg, den mir viele schon vorgemacht hatten, wäre gewesen, das staatliche Reglement zum eignen zu machen, um unter der Reglementierung nicht mehr leiden zu müssen, mich also bekehren zu lassen, um die völlige Anpassung reinen Gewissens vollziehen zu können, aber dieser Weg war mir versagt.

Die Bedürfnisse, die sich damals, es war im Jahre 1968, beim Anblick der Ruinen im Walde regten, könnte man auch Fluchtwünsche nennen, die schon immer in mir gelauert und die nie entschiedene Frage nach dem Wechsel in den Westen immer wieder aufgeworfen hatten, nun aber plötzlich ein näheres Ziel hatten, das mir, wie ich heute weiß: fälschlicherweise, als eine Art Kompromißlösung erschien. Diese nicht weit vom vertrauten Berlin entfernte, aber schwer erreichbare Einöde in einer nicht weniger vertrauten Landschaft konnte ein Asyl für mich werden, ein Exil ohne schwierigen Wechsel, eine Flucht ohne Heimatverlust.

Selbstverständlich waren das Illusionen, an die ich sozusagen aus Notwehr glaubte, und sie erwiesen sich auch recht bald als solche und nicht erst fünfundzwanzig Jahre später, als ich genaue Wegebeschreibungen und Gebäudegrundrisse in meiner Stasi-Akte fand. Damals aber, als mir diese von der Natur bedrängten, aber von ihr noch nicht eroberten Ruinen zum ersten Mal vor Augen kamen, waren die Illusionen in mir so kräftig, daß es mir vorkam, als hätte ich die Existenz dieser Fluchtburg schon immer geahnt. Noch nie war ich hier gewesen, und doch spürte ich eine Wiedersehensfreude, die so etwa wie Erinnerung an oft wiederholte Träume war.

Verständlicherweise erregte meine Begeisterung bei den Freunden Befremden. Sie sahen nur Müll und Verfall, spürten nichts von der schönen Melancholie der sich langsam in Wildnis verwandelnden Trümmer und lehnten den Vorschlag einer genaueren Untersuchung entschieden ab. Sie waren müde und drängten heimwärts, ließen sich dann aber doch erweichen, in gehöriger Entfernung ein wenig zu rasten, während ich, nur begleitet von Mücken, Bremsen und vielen Arten von Fliegen, erstmalig den Fuß auf den trocknen Sandboden setzte, dem ich seither verbunden bin.

Der Geländeeinschnitt, dem unser Spaziergang gefolgt war, hat hier eine seiner schmalen Stellen, wo der Luftlinienabstand zwischen den beiden das Tal begrenzenden Höhen nur etwa zweihundert Meter beträgt. Die Höhe, von der aus wir auf das Anwesen hinuntersahen, war mit Kiefern bestanden. Der Sandhang, an dessen Fuß die Rückwand des Stallgebäudes von Büschen bedrängt wurde, erinnerte an eine Düne, an dessen Rändern sich Moos und einige trockne Gräser mühsam am Leben erhielten. Das graugrüne Moos knisterte, wenn man darüberging. Auf dem hinabführenden Weg hatten Feldsteine und zutage tretende Kiefernwurzeln kleine Stufen entstehen lassen, und der Regen hatte zwischen ihnen Rinnen gespült.

Vom Fuße des Steilhangs bis an den Graben senkte sich das Terrain nur noch allmählich und stieg hinter ihm bald wieder steil an. Damals wie heute wird der Graben flankiert von Erlen und Haselnußbüschen. Den damals noch bewirtschafteten schmalen Wiesenstreifen dahinter haben aber längst schon die Erlen erobert; und auf dem Hang hinter dem Graben, wo eine Süßkirschenplantage damals schon einen Unterbau von Kiefernsämlingen hatte, steht heute ein Hochwald, an dessen Rändern noch einige Kirschbäume am Leben sind.

Während die Freunde auf der Flucht vor den artenreichen Insektenschwärmen über die morsche Fußgängerbrücke die jenseitige Höhe erklommen, um auf der sich hier öffnenden Heide zwischen Ginster und vereinzelten Birken zu rasten, versuchte ich meine freudige Erregung zu dämpfen und das lädierte Anwesen mit möglichst nüchternen Augen zu sehen. Der verwilderte Garten reichte bis an den Graben. Von dem Holzzaun, der ihn umgeben hatte, waren nur noch vermorschte Reste vorhanden. Die kleinen, brachliegenden Äcker, die rechts und links von ihm lagen, endeten auf der einen Seite an einer Wildnis von Erlen und Weiden, auf der anderen an einer gelbgrauen Düne mit Flecken von türkisgrünem trockenem Moos. Ein alter Birnbaum war mit einem Busch Wildrosen verwachsen, dessen Triebe ihm bis in die Krone reichten. Von Apfelbäumen waren einige verwildert, von anderen standen nur noch traurige Stümpfe. Am Boden bewährten sich Quecken, wilde Stiefmütterchen und Natternköpfe als Hungerkünstler. Schlehenhecken trieben ihre Wurzelausläufer bis in die Nähe des Hauses, wo stachlige Pflaumenbüsche ihnen im Kampf um die Reste von Feuchtigkeit Konkurrenz machten. Und nur in Grabennähe fanden anspruchsvollere Pflanzen wie Disteln und Brennesseln Nahrung und gaben dem Garten einen Abschluß von frischem Grün.

Das Stallgebäude mit Feldsteinwänden, zwischen denen die Trümmer des Daches lagen, hatte nur Raum für zwei Kühe und einige Schweine geboten. Die Viehketten hingen noch in ihren eisernen Ringen. Russische und deutsche Stahlhelme, die dem Geflügel als Futternäpfe gedient hatten, waren an den Rändern von Rost zerfressen. Die wacklige Scheune, die man nachlässig aus Schalbrettern angebaut hatte, drohte in sich zusammenzufallen, hatte aber ihr Pappdach noch. An dem in ihr stehenden Pferdeschlitten, der Kartoffelklapper und der Dreschmaschine waren die Plünderer, die auf der Suche nach vergrabenen Schätzen den Tennenboden aufgewühlt hatten, anscheinend so wenig interessiert gewesen wie an dem stationären Petroleummotor, der, von Rost überzogen, vor dem Scheunentor stand.

Das Wohnhaus, dem Stall gegenüber, hatte geringere Ausmaße als dieser, war aber noch weitgehend intakt. Es war, wie Fachleute mir später versicherten, etwa zu Bismarcks Zeiten auf seinen niedrigen Feldsteinsockel gesetzt worden, hatte Wände, die innen aus ungebrannten Lehmsteinen bestanden und außen einen Mantel aus Backsteinen hatten, deren mit Lehm gefüllte Fugen schon so ausgewaschen waren, daß sich an manchen Stellen die Steine mit bloßen Händen herauslösen ließen. Dem Dach, dessen First starke Neigung zum Einsinken zeigte, fehlten an einigen Stellen die Ziegel, so daß der eindringende Regen schon ein Loch in die Lehmdecke der Stube gespült hatte. Durch die niedrigen Fenster, deren Scheiben erstaunlicherweise noch ganz waren, konnte man auf den Dielen den so entstandenen Lehmberg sehen. Fenster und Türen waren verschlossen. Die Einbrecher waren wohl durch die Kellerluke ins Haus gekommen; sie hatten Geschirr und Petroleumlampen zertrümmert und Schubladen und Schränke durchwühlt.

Mit den Mittelflurhäusern der Bauern, wie man sie überall in märkischen Dörfern findet, konnte sich dieses, das ich Wochen später besichtigen konnte, weder in Größe noch in Ausstattung messen. Es bot nur Raum für ein Wohnzimmer, eine Küche, eine Schlafstube und eine Speisekammer. Auf dem Dachboden, den man über eine steile Leiter erreichte, türmte sich das Gerümpel von zwei Generationen, unter dem neben Spinnradteilen und Butterfässern auch eine stabile Holzkiste, die einst dem Transport von 2-cm-Flak-Granaten gedient hatte, zu finden war. Die schmale Küche mit backsteinernem Boden wurde zur Hälfte gefüllt von zwei backsteinernen Herden, von denen einer für Kochtöpfe, der andere für einen Waschkessel bestimmt war. Durch eine Falltür konnte man in den Keller gelangen, der kunstvoll aus Feldsteinen gewölbt war. Unterkellert war aber nur die Küche, in den Wohnräumen lagen die von Mäusen zernagten Dielen direkt auf dem gelben Sand. Unter ihnen, wie auch in der Speisekammer, wo gestampfter Lehm die Dielen ersetzte, war nach Schätzen gegraben worden, und zwar nicht vergeblich, wie ich später erfuhr.

Der einzige Luxus des Hauses, das selbstverständlich weder Wasser- noch Stromanschluß hatte, bestand in einer in die Küche gelegten Handpumpe, die auch tatsächlich noch Wasser gab. Sie war die neueste Erwerbung im Hause. Vor ihrer Installierung hatte man das Wasser aus einem Ziehbrunnen schöpfen müssen, dessen aus Feldsteinen gemauerter Schacht in einiger Entfernung vom Hause noch aus dem Boden ragte. Er war bis in ein Meter Tiefe mit Asche und Müll gefüllt.

Was mich beim Blick durch die spinnwebverhangenen Fenster am meisten reizte, das waren Briefe und Fotografien, die verstreut zwischen Dreck und Scherben am Boden lagen. Da ich mich wenig später mit meiner schriftlichen Anfrage zufällig an das tatsächlich zuständige der fünf in der Nähe liegenden Dörfer wandte und der dortige Bürgermeister das herrenlose Gehöft im Walde schnell loswerden wollte, konnte ich es relativ schnell und billig erwerben und einige Monate später seine Inbesitznahme mit dem Sammeln und Säubern der Briefe, Schulhefte und Bilder beginnen. Ich erhoffte mir von ihnen Auskünfte über die Vorbewohner, doch war die Ausbeute gering. Mehr über sie war später im Dorf zu erfahren, besonders ausführlich vom Briefträger, der mir tagtäglich, und zwar bis zum buchstäblich letzten Tag seines Lebens, auf knatterndem Moped Briefe und Zeitungen brachte und gern und ausführlich davon erzählte, wie es früher hier war. Da erst die Geschichten von gestern das Heute verständlich machen, waren sie mir zum Heimischwerden nicht weniger als die Bewohnbarmachung des Hauses nötig. Doch zog sich diese, trotz der tatkräftigen Hilfe, die mir durch freundliche Dorfbewohner zuteil wurde, des Mangels an Geld, Zeit, Handwerkern und Baumaterialien wegen noch lange hin.

Walter Benjamin

Wintermorgen

Die Fee, bei der er einen Wunsch frei hat, gibt es für jeden. Allein nur wenige wissen sich des Wunsches zu entsinnen, den sie taten; nur wenige erkennen darum später im eignen Leben die Erfüllung wieder. Ich weiß den, der mir in Erfüllung ging, und will nicht sagen, dass er klüger gewesen ist als der der Märchenkinder. Er bildete sich in mir mit der Lampe, wenn sie am frühen Wintermorgen um halb sieben sich meinem Bette näherte und den Schatten des Kindermädchens an die Decke warf. Im Ofen wurde Feuer angezündet. Bald sah die Flamme, wie in ein viel zu kleines Schubfach eingepfercht, wo sie vor Kohlen kaum sich rühren konnte, zu mir hin. Und doch war es ein so Gewaltiges, das dort in nächster Nähe, kleiner als ich selbst, sich einzurichten anfing, und zu dem die Magd sich tiefer bücken musste als zu mir. Wenn es versorgt war, tat sie einen Apfel zum Braten in die Ofenröhre. Bald zeichnete sich das Gatter der Kamintür im roten Flackern auf der Diele ab. Und meiner Müdigkeit kam vor, sie habe an diesem Bilde für den Tag genug. So war es um diese Stunde immer; nur die Stimme des Kindermädchens störte den Vollzug, mit dem der Wintermorgen mich den Dingen in meinem Zimmer anzutrauen pflegte. Noch war die Jalousie nicht hochgezogen, da schob ich schon zum erstenmal den Riegel der Ofentür beiseite, um dem Apfel in seiner Röhre nachzuspüren. Manchmal hatte er sein Arom noch kaum verändert. Und dann geduldete ich mich, bis ich den schaumigen Duft zu wittern glaubte, der aus einer tieferen und verschwiegeneren Zelle des Wintertages kam als selbst der Duft des Baums am Weihnachtsabend. Da lag die dunkle, warme Frucht, der Apfel, der sich, vertraut und doch verändert wie ein guter Bekannter, der verreist war, bei mir einfand. Es war die Reise durch das dunkle Land der Ofenhitze, der er die Arome von allen Dingen abgewonnen hatte, welche der Tag mir in Bereitschaft hielt. Und darum war es auch nicht sonderbar, dass immer, wenn ich an seinen blanken Wangen meine Hände wärmte, ein Zögern mich beschlich, ihn anzubeißen. Ich spürte, dass die flüchtige Kunde, die er in seinem Dufte brachte, allzu leicht mir auf dem Wege über meine Zunge entkommen könne. Jene Kunde, die mich manchmal so beherzte, dass sie mich noch auf dem Marsch zur Schule tröstete. Dort angelangt, kam freilich bei Berührung mit meiner Bank die ganze Müdigkeit, die erst verflogen schien, verzehnfacht wieder. Und mit ihr jener Wunsch: ausschlafen zu können. Ich habe ihn wohl tausendmal getan und später ging er wirklich in Erfüllung. Doch lange dauerte es, bis ich sie darin erkannte, dass noch jedesmal die Hoffnung, die ich auf Stellung und ein sicheres Brot gehegt hatte, umsonst gewesen war.

Des kleinen Hirten Glückstraum

Es war einmal ein sehr armer Bauersmann, der war in einem Dörflein Hirte, und das schon seit vielen Jahren. Seine Familie war klein, er hatte ein Weib und nur ein einziges Kind, einen Knaben. Doch diesen hatte er sehr frühzeitig mit hinaus auf die Weide genommen und ihm die Pflichten eines treuen Hirten eingeprägt, und so konnte er, als nur einigermaßen der Knabe herangewachsen war, sich ganz auf denselben verlassen, konnte ihm die Herde allein anvertrauen, und konnte unterdessen daheim noch einige Dreier mit Körbeflechten verdienen. Der kleine Hirte trieb seine Herde munter hinaus auf die Triften und Raine; er pfiff oder sang manch helles Liedlein, und ließ dazwischen gar laut seine Hirtenpeitsche knallen; dabei wurde ihm keine Zeit lang. Des Mittags lagerte er sich gemächlich neben seine Herde, aß sein Brot und trank aus der Quelle dazu, und dann schlief er auch wohl ein Weilchen, bis es Zeit war, weiter zu treiben. Eines Tages hatte sich der kleine Hirte unter einen schattigen Baum zur Mittagsruhe gelagert, schlief ein und träumte einen gar wunderlichen Traum: Er reise fort, gar unendlich weit fort – ein lautes Klingen, wie wenn unaufhörlich eine Masse Münzen zu Boden fielen – ein Donnern, wie wenn unaufhörliche Schüsse knallten – eine endlose Schar Soldaten, mit Waffen und in blitzenden Rüstungen – das alles umkreisete, umschwirrte, umtosete ihn. Dabei wanderte er immer zu und stieg immer bergan, bis er endlich oben auf der Höhe war, wo ein Thron aufgebaut war, darauf er sich setzte, und neben ihm war noch ein Platz, auf dem ein schönes Weib, welches plötzlich erschien, sich niederließ. Nun richtete sich im Traum der kleine Hirte empor, und sprach ganz ernst und feierlich: »Ich bin König von Spanien.« Aber in demselben Augenblick wachte er auf. Nachdenklich über seinen sonderbaren Traum trieb der

Kleine seine Herde weiter, und des Abends erzählte er daheim seinen Eltern, die vor der Türe saßen und Weiden schnitzten, und wo er ihnen auch half – seinen wunderlichen Traum, und sprach zum Schluß: »Wahrlich, wenn ich noch einmal träume, so gehe ich fort nach Spanien, und will doch einmal sehen, ob ich nicht König werde!« – »Dummer Junge«, murmelte der alte Vater: »dich macht man zum König, laß dich nicht auslachen!« Und seine Mutter kicherte weidlich, und klatschte in die Hände, und wiederholte ganz verwundert: »König von Spanien, König von Spanien!« – Am andern Tag zu Mittag lag der kleine Hirte zeitig unter jenem Baume, und o Wunder! derselbe Traum umfing wieder seine Sinne.

Kaum hielt es ihn bis zum Abend auf der Hut, er wäre gern nach Hause gelaufen, und wäre aufgebrochen zur Reise nach Spanien. Als er endlich heimtrieb, verkündete er seinen abermaligen Traum, und sprach: »Wenn mich aber noch einmal so träumt, so gehe ich auf der Stelle fort, gleich auf der Stelle.« – Am dritten Tage lagerte er sich denn wieder unter jenen Baum, und ganz derselbe Traum kam zum dritten Male wieder. Der Knabe richtete sich im Traume empor und sprach: »Ich bin König von Spanien«, und darüber erwachte er wieder, raffte aber auch sogleich Hut und Peitsche und Brotsäcklein von dem Lager auf, trieb die Herde zusammen und geraden Wegs nach dem Dorfe zu. Da fingen die Leute an mit ihm zu zanken, daß er so bald und so lange vor der Vesperzeit eintreibe, aber der Knabe war so begeistert, daß er nicht auf das Schelten der Nachbarn und der eignen Eltern hörte, sondern seine wenigen Kleidungsstücke, die er des Sonntags trug, in einen Bündel schnürte, denselben an ein Nußholzstöcklein hing, über die Achsel nahm und so mir nichts dir nichts fortwanderte. Gar flüchtig war der Knabe auf den Beinen; er lief so rasch, als sollte er noch vor nachts in Spanien eintreffen. Doch erreichte er nur an diesem Tage einen Wald, nirgends war ein Dorf oder ein einzelnes Haus; und er beschloß, in diesem Wald in einem dichten Busch sein Nachtlager zu suchen. Kaum hatte er aber zur Ruhe sich niedergelegt und war entschlummert, als ein Geräusch ihn wieder erweckte: es zog eine Schar Männer in lautem Gespräch an dem Busch vorüber, in welchen er sich gebettet. Leise machte der Knabe sich hervor und ging den Männern in einer kleinen Entfernung nach, und dachte, vielleicht findest du doch noch eine Herberge; wo diese Männer heute schlafen, kannst du gewiß auch schlafen. – Gar nicht lange waren sie weiter gewandert, als ein ziemlich ansehnliches Haus vor ihnen stand, aber so recht mitten im dunkeln Wald. Die Männer klopften an, es wurde aufgetan und neben den Männern schlüpfte auch der Hirtenknabe mit hinein in das Haus. Drinnen öffnete sich wieder eine Türe, und alle traten in ein großes, sehr spärlich erhelltes Zimmer, wo auf dem Fußboden umher viele Strohbunde, Betten und Deckbetten lagen, die zum Nachtlager der Männer bereit gehalten schienen. Der kleine Hirtenbub verkroch sich schnell unter einem Strohhaufen, welcher nahe an der Türe aufgeschichtet war, und lauschte nun auf alles, was er nur aus seinem Versteck hören und wahrnehmen konnte. Bald kam er dahinter, denn er war ohnehin klug und aufgeweckt, daß diese Männerschar eine Räuberbande sei, deren Hauptmann der Herr dieses Hauses war. Dieser bestieg, als die neu angelangten Mitglieder der Bande sich hingelagert hatten, einen etwas erhöhten Sitz und sprach mit tiefer Baßstimme:

»Meine braven Genossen, tut mir Bericht von eurem heutigen Tagewerk, wo ihr eingesprochen seid und was ihr erbeutet habt!« Da richtete sich zuerst ein langer Mann mit kohlschwarzem Bart empor, und antwortete: »Mein lieber Hauptmann, ich habe heute früh einen reichen Edelmann seiner ledernen Hose beraubt, diese hat zwei Taschen, und so oft man sie unterst oberst kehrt und tüchtig schüttelt, so oft fällt ein Häuflein Dukaten heraus auf den Boden.« – »Das klingt sehr gut!« sprach der Hauptmann. Ein anderer der Männer trat auf und berichtete: »Ich habe heute einem General seinen dreieckigen Hut gestohlen; dieser Hut hat die Eigenschaft, wenn man ihn auf dem Kopf dreht, daß unaufhörlich aus den drei Ecken Schüsse knallen.« – »Das läßt sich hören!« sprach der Hauptmann wieder. Und ein dritter richtete sich auf und sprach: »Ich habe einen Ritter seines Schwertes beraubt; so man dasselbe mit der Spitze in die Erde stößt, ersteht augenblicklich ein Regiment Soldaten.« – »Eine tapfere Tat!« belobte der Hauptmann.

Ein vierter Räuber erhob sich nun und begann: »Ich habe einem schlafenden Reisenden seine Stiefeln abgezogen, und wenn man diese anzieht, legt man mit jedem Schritt sieben Meilen zurück.« – »Rasche Tat lobe ich!« sprach der Hauptmann zufrieden, »hänget eure Beute an die Wand, und dann esset und trinket und schlafet wohl.« Somit verließ er das Schlafzimmer der Räuber; diese zechten noch weidlich und fielen dann in festen Schlaf. Als alles stille und ruhig war, und die Männer allesamt schliefen, machte sich der kleine Hirte hervor, zog die ledernen Hosen an, setzte den Hut auf, gürtete das Schwert um, fuhr in die Stiefeln und schlich dann leise aus dem Haus. Draußen aber zeigten die Stiefeln zur Freude des Kleinen schon ihre Wunderkraft, und es währte gar nicht lange, so schritt das Bürschchen zur großen Residenzstadt Spaniens hinein; sie heißt Madrid.

Hier fragte er den ersten besten, der ihm aufstieß, nach dem größten Gasthof, aber er erhielt zur Antwort: »Kleiner Wicht, geh du hin, wo deinesgleichen einkehrt, und nicht wo reiche Herren speisen.« Doch ein blankes Goldstück machte jenen gleich höflicher, so daß er nun gerne der Führer des kleinen Hirten wurde, und ihm den besten Gasthof zeigte. Dort angelangt, mietete der Jüngling sogleich die schönsten Zimmer, und fragte freundlich seinen Wirt: »Nun, wie steht es in eurer Stadt? Was gibt es hier Neues?« Der Wirt zog ein langes Gesicht und antwortete: »Herrlein, Ihr seid hier zu Land wohl fremd? Wie es scheint, habt Ihr noch nicht gehört, daß unser König, Majestät, sich rüstet mit einem Heer von zwanzigtausend Mann? Seht wir haben Feinde; o es ist gar eine schlimme Zeit! Herrlein, wollt Ihr auch etwa unters Militär gehen?« – »Freilich, freilich«, sprach der zarte Jüngling, und sein Gesicht glänzte vor Freude. Als der Wirt sich entfernt hatte, zog er flugs seine ledernen Hosen aus, schüttelte sich ein Häuflein Goldstücke, und kaufte sich kostbare Kleider und Waffen und Schmuck, tat alles an und ließ beim König um eine Audienz bitten. Und wie er in das Schloß kam, und von zwei Kammerherren durch einen großen herrlichen Saal geführt wurde, begegnete ihnen eine wunderliebliche junge Dame, die sich anmutig vor dem schönen Jüngling, der in der Mitte der Herren ging und sie zierlich grüßte, verneigte, und die Herren flüsterten: »Das ist die Prinzessin Tochter des Königs.«

Der junge Mann war nicht wenig von der Schönheit der Königstochter entzückt, und seine Entzückung und Begeisterung ließen ihn keck und mutvoll vor dem Könige reden. Er sprach: »Königliche Majestät! Ich biete hiermit untertänigst meine Dienste als Krieger an. Mein Heer, das ich Euch zuführe, soll Euch den Sieg erfechten, mein Heer soll alles erobern, was mein König zu erobern befiehlt. Aber eine Belohnung bitte ich mir aus, daß ich, wofern ich den Sieg davon trage, Eure holde Tochter als Gemahlin heimführen dürfe. Wollt Ihr das, mein gnädigster König?« Und der König erstaunte ob der kühnen Rede des Jünglings und sprach: »Wohl, ich gehe in deine Forderung ein; kehrst du heim als Sieger, so will ich dich als meinen Nachfolger einsetzen und dir meine Tochter zur Gemahlin geben.«

Jetzt begab sich der ehemalige Hirte ganz allein hinaus auf das freie Feld und begann sein Schwert drauf und drein in die Erde zu stoßen, und in wenigen Minuten standen viele Tausende kampfgerüsteter Streiter auf dem Platz, und der Jüngling saß als Feldherr kostbar bewaffnet und geschmückt auf einem herrlichen Roß, welches mit goldgewirkten Decken behangen war; der Zaum blitzte von Edelsteinen, und der junge Feldherr zog aus, und dem Feind entgegen, da gab es eine große blutige Schlacht; aus dem Hut des Feldherrn donnerten unaufhörlich tödliche Schüsse, und das Schwert desselben rief ein Regiment nach dem andern aus der Erde hervor, so daß in wenigen Stunden der Feind geschlagen und zerstreut war, und die Siegesfahnen wehten. Der Sieger aber folgte nach, und nahm dem Feinde auch noch den besten Teil seines Landes hinweg. Siegreich und glorreich kehrte er dann zurück nach Spanien, wo ihn das holdeste Glück noch erwartete. Die schöne Königstochter war nicht minder entzückt von dem schmucken Jüngling gewesen, wie sie ihm im Saale begegnet war, als er von ihr; und der gnädigste König wußte die sehr großen Verdienste des tapfern Jünglings auch gebührend zu schätzen, hielt sein Wort, gab ihm seine Tochter zur Gemahlin und machte ihn zu seinem Nachfolger und Thronerben.

Die Hochzeit wurde prunkvoll und glänzend vollzogen, und der ehemalige Hirte saß ganz im Glück. Bald nach der Hochzeit legte der alte König Krone und Szepter in die Hände seines Schwiegersohns, der saß stolz auf dem Thron und neben ihm seine holde Gemahlin, und es wurde ihm, als dem neuen König, von seinem Volke Huldigung gebracht. Da gedachte er seines so schön erfüllten Traumes, und gedacht seiner armen Eltern, und sprach, als er wieder allein bei seiner Gemahlin war: »Meine Liebe, sieh, ich habe noch Eltern, aber sie sind sehr arm, mein Vater ist Dorfhirte, weit von hier, und ich selbst habe als Knabe das Vieh gehütet, bis mir durch einen wunderbaren Traum offenbart wurde, daß ich noch König von Spanien werde. Und das Glück war mir hold, sieh, ich bin nun König, aber meine Eltern möcht ich auch gern noch glücklich sehen, daher ich mit deiner gütigen Zustimmung nach Hause reisen und die Eltern holen will.« Die Königin war's gerne zufrieden, und ließ ihren Gemahl ziehen, der sehr schnell zog, weil er die Siebenmeilenstiefeln anhatte. Unterwegs stellte der junge König die Wunderdinge, die er den Räubern abgenommen, ihren rechtmäßigen Eigentümern wieder zu, bis auf die Stiefeln, holte seine armen Eltern, die vor Freude ganz außer sich waren, und dem Eigentümer der Stiefeln gab er für dieselben ein Herzogtum. Dann lebte er glücklich und würdiglich als König von Spanien bis an sein Ende.

Flugversuche

Ich sah einen jungen Königsalbatros auf einem grasbewachsenen Steilhang nahe der alten Maorisiedlung Otakou auf der Südinsel Neuseelands. Der Jungvogel war aus seinem Versuch, in waagrecht heranjagenden Regenschleiern aufzufliegen, ins Gras zurückgestürzt und ordnete nun seine langen, schmalen Schwingen. Mit seiner Flügelspannweite von gewiß drei Metern hatte er wohl bereits die Größe seiner Eltern erreicht, ja übertraf sie durch ihre Fürsorge vielleicht schon an Gewicht, aber der Wind, der an seinem rauchbraunen Gefieder riß, schien immer noch eher sein Feind zu sein als sein Element. Dabei würde er bald imstande sein, monatelang, jahrelang fernab aller Küsten dahinzusegeln, ohne sich jemals anderswo niederzulassen als auf den Wellen des Pazifischen Ozeans. Fliegend würde er jagen – Tintenfische, die in den Nachtstunden bis dicht unter die Meeresoberfläche emporstiegen, Quallen, schwärmende Fische; fliegend würde er fressen, und selbst schlafen würde er im Fliegen; schlafen, träumen im Segelflug. Und festes Land würde er im Verlauf seines fünfzig Jahre und länger dauernden Vogellebens nur noch in Brutzeiten aufsuchen. Aber noch warf ihn der Wind ins wehende Gras oder hob ihn wie prüfend hoch, hielt ihn einen kurzen Augenblick über den mit Gischtflocken beschneiten Grasbüscheln in der Luft und ließ ihn abermals fallen. Noch konnte er nicht fliegen.

Albatrosse, hatte der Vogelwart gesagt, aus dessen Geländewagen ich die Flugversuche des Jungvogels beobachtete, Albatrosse würden sich erst neun Monate nachdem sie aus ihrem Ei auf jenes Festland geschlüpft waren, das sie so schnell wie möglich verlassen wollten, in die Luft erheben. Der Vogelwart war an diesem Tag von der Brutkolonie am Taiaroa Head aufgebrochen, um Nistplätze zu kartographieren, und hatte mich, einen Strandwanderer, in einem Wolkenbruch aufgelesen und mir angeboten, mich bis zur Broad Bay mitzunehmen. Jetzt saß ich in seinem Wagen auf einem Parkplatz hoch über schwarzen Klippen im Trockenen, während er bei strömendem Regen einen Steilhang nach verlassenen Nestern absuchte. Im Autoradio war zwischen Werbespots für Fischerei- und Bootszubehör eine Ballade von Bob Dylan zu hören: *My heart's in the highlands.*

In den Wasserschleiern, die über die Windschutzscheibe rannen, schien auch der Albatros mit seinen ausgebreiteten, von den Windstößen einmal hochgebogenen, dann wieder übereinandergeworfenen Schwingen zu zerfließen, und wenn er sich über die Grasbüschel erhob und der Wind ihn wieder zu Boden warf, war es, als stiege ein verwirrtes oder betrunkenes, seine Erscheinungsformen ständig wechselndes Federwesen nur für einen Augenblick aus seinem Versteck, um sich gleich wieder in die Deckung zurückfallen zu lassen und dort neuerlich zu verwandeln.

Well my heart's in the highlands gentle and fair
Honeysuckle blooming in the wildwood air …
Feel like a prisoner in a world of mystery
I wish someone would come
And push back the clock for me.

Die Albatrosse, hatte der Vogelwart gesagt, seien sozusagen ungerufen in sein Leben gesegelt und hätten ihn aus der Welt eines Linienbusfahrers in jenes Vogelreich mitgenommen, das er wohl nicht mehr verlassen werde. Seit seine Frau vor neunzehn Jahren bei einem Verkehrsunfall ums Leben gekommen war und er in ihrem gemeinsamen Haus in Dunedin nicht mehr weiterleben und auch keine Linienbusse mehr fahren wollte, in denen er tagtäglich stundenlang an drohende Unfälle und ihre Opfer denken mußte, hatte er sein Leben an das der Albatrosse gebunden. Die kleinere seiner beiden Töchter war nach dem Unfall für ein ganzes Jahr nicht mehr gewachsen, ja!, hatte als dreijähriges

Kind für ein ganzes trauriges Jahr einfach aufgehört zu wachsen. Und ihr Protest – er hatte diesen rätselhaften Stillstand entgegen ärztlicher Meinung immer als eine Art Protest gegen das Verschwinden der Mutter empfunden – legte sich erst, als er begann, mit seinen Töchtern in den Monaten der Brutzeit bei jeder Gelegenheit von Dunedin zur Albatroskolonie am Taiaroa Head hinauszufahren, um dort mit ihnen diese wunderbaren Tiere stundenlang zu beobachten.

Seit auch seine Töchter flügge geworden waren, die ältere hatte nach Perth, Australien, geheiratet, die jüngere war ihrem Freund nach Tasmanien gefolgt, gab es für ihn nur noch die Albatrosse. Einigen, die ihm besonders vertraut geworden waren, hatte er Namen gegeben, die erkannte er schon an ihren besonderen, unnachahmlichen Flugmanövern, selbst wenn sie nach zweijährigen oder noch längeren Brutpausen aus der ungeheuerlichen Weite des Pazifiks wieder zum Taiaroa Head zurückkehrten.

Was für eine Mühsal, hatte der Vogelwart gesagt, einen jungen Albatros zu füttern. An manchen Tagen mußten die Eltern Hunderte Meilen weit fliegen, um den Nachwuchs satt zu kriegen. Manchmal ließen sie das Junge auch für Tage allein, bevor sie es mit ihrem im Fliegen vorverdauten Nährbrei sättigen konnten. Bemerkenswert, daß ausgerechnet ein Wesen, das sich von seinem Nachwuchs so weit entfernte, weiter als jedes andere Tier dieser Erde, so unbeirrbar und verläßlich zurückkehrte, daß das verlassene Vogeljunge im Vertrauen auf diese Rückkehr niemals klagte, sondern stumm, seelenruhig aus dem Nest watschelte und dann ebenso seelenruhig die Stunden oder Tage des Wartens mit Flugübungen verbrachte.

Die Regenschleier schienen dem jungen Königsalbatros jetzt etwas Freßbares zugetragen zu haben. Er versuchte, die Beute mit vorgerecktem Hals hinunterzuwürgen, und breitete dabei seine Schwingen aus, um die Brust zu dehnen und Raum zu schaffen für den allzu großen Happen, als Bob Dylans Ballade von Radionachrichten unterbrochen wurde:

In Wellington, der Hauptstadt mit ihren lebenswichtigen

Fährverbindungen zwischen der neuseeländischen Nord- und Südinsel, hatte die Erde wieder einmal gebebt; diesmal waren keine Toten zu beklagen, aber neun Verletzte. In Christchurch hatte ein Junge mit dem Revolver seines Vaters einen Freund erschossen. An der Nordküste waren drei Dutzend Grindwale gestrandet und erstickt, und drei von fünf Besatzungsmitgliedern waren ertrunken, nachdem ein Fischkutter in einer Monsterwelle gekentert war. In Afghanistan war Krieg. In Südosteuropa war Krieg. In einer Kleinstadt des amerikanischen Mittelwestens war ein Schüler Amok gelaufen.

Manche Windstöße waren jetzt so heftig, daß der schwere Geländewagen schaukelte wie angestoßen vom Luftschild eines herandröhnenden Lastwagens oder dem einer Lokomotive. Und dann, als hätten ihn die Radionachrichten beflügelt und nur darin bestärkt, daß man diese Erde, alles Festland, am besten tief unter sich zurückließ, erhob sich der junge Königsalbatros, immer noch würgend, wieder in die Luft, hielt die weit gebreiteten Schwingen jetzt aber entschlossen und starr im Aufwind, stieg so wie ein Papierdrachen höher und höher und ließ sich schließlich, irgendwo hoch oben und obwohl Albatrosse stumm durch ihr Vogelleben gleiten und nur zu Balzzeiten und im Kampf ihre Stimme erheben, mit einem langgezogenen Triumphschrei in eine vollendete Schleife fallen und segelte dann, ein riesiger, schwereloser Vogel im Sturm, ruhig über umbrandeten Klippen dahin.

Quellenverzeichnis

ILSE AICHINGER (1921–2016)
Kleist, Moos, Fasane
Aus: Dies.: Kleist, Moos, Fasane. FISCHER Taschenbuch, Frankfurt am Main 2004

VICTOR AUBURTIN (1870–1928)
Ein Tag in der Sommerfrische
Aus: Ders.: Einer bläst die Hirtenflöte. Ausgewählte Feuilletons. Hans von Hugo, Berlin 1940

ZSUZSA BÁNK (* 1965)
»Bleiben wir zuversichtlich«
Aus: Dies.: Schlafen werden wir später. FISCHER Taschenbuch, Frankfurt am Main 2018

LUDWIG BECHSTEIN (1801–1860)
Des kleinen Hirten Glückstraum
Aus.: Ders.: Sämtliche Märchen. Winkler, München 1971

WALTER BENJAMIN (1892–1940)
Wintermorgen
Aus: Ders.: Einbahnstraße/Berliner Kindheit um Neunzehnhundert. FISCHER Taschenbuch, Frankfurt am Main 2011

GIOVANNI BOCCACCIO (1313–1375)
*Der Falke**
Aus: Ders.: Das Dekameron. Nach der Übertragung aus dem Italienischen von Karl Witte. FISCHER Taschenbuch, Frankfurt am Main 2008

HEINRICH BÖLL (1917–1985)
Anekdote zur Senkung der Arbeitsmoral
Aus: Ders.: Werke. Kölner Ausgabe. Bd 12. 1959–1963. Hg. von Robert C. Conrad. Kiepenheuer & Witsch, Köln 2008

Silvia Bovenschen (1946–2017)
Sommer 1977
Aus: Dies.: Sarahs Gesetz. FISCHER Taschenbuch, Frankfurt am Main 2018

Günter de Bruyn (1926–2020)
Von Bedürfnissen und Wünschen
Aus: Ders.: Abseits. Liebeserklärung an eine Landschaft. Mit Fotos von Rüdiger Südhoff. FISCHER Taschenbuch, Frankfurt am Main 2006

Italo Calvino (1923–1985)
Das Pfeifen der Amseln
Aus.: Ders.: Herr Palomar. Aus dem Italienischen von Burkhart Kroeber. FISCHER Taschenbuch, Frankfurt am Main 2012

Hans Fallada (1893–1947)
Familienfahrt
Aus: Ders.: Damals bei uns daheim. Erlebtes, Erfahrenes, Erfundenes. Ausgewählte Werke in Einzelausgaben. Herausgegeben von Günter Caspar. Bd. X. Aufbau, Berlin 1983

Theodor Fontane (1819–1898)
Meine Kinderjahre (Auszug)
Ders.: Werke, Schriften und Briefe. 3. Abt.: Aufsätze, Kritiken, Erinnerungen. Bd. IV: Autobiographisches. Herausgegeben von Walter Keitel. Hanser, München 1973

Johann Wolfgang Goethe (1749–1832)
»Ich lebe so glückliche Tage«
Aus: Ders.: Die Leiden des jungen Werthers. In der Fassung von 1774. FISCHER Taschenbuch, Frankfurt am Main 2008

Franz Hessel (1880–1941)
Die Kunst spazierenzugehen
Aus: Ders.: Spazieren in Berlin. Beobachtungen im Jahr 1929. Verlag für Berlin-Brandenburg, Berlin 1979

Georg Heym (1887–1912)
Ein Nachmittag. Beitrag zur Geschichte eines kleinen Jungen
Aus: Ders.: Dichtungen und Schriften. Bd. 2. Ellermann, Hamburg und München 1962

Hugo von Hofmannsthal (1874–1929)
*Der Augenblick**
Aus: Ders.: Andreas. FISCHER Taschenbuch, Frankfurt am Main 2002

Felicitas Hoppe (* 1960)
Die Handlanger
Aus: Dies.: Picknick der Friseure. Geschichten. FISCHER Taschenbuch, Frankfurt am Main 2006

Franz Kafka (1883–1924)
Brief an den Vater (Auszug)
In: Ders.: Brief an den Vater. Fassung der Handschrift. FISCHER Taschenbuch, Frankfurt am Main 1999

Gottfried Keller (1819–1890)
*Eine Sommernacht**
Aus: Ders.: Der grüne Heinrich. Goldmann, München 1982

Thomas Mann (1875–1955)
*Der Bleistift**
Aus: Ders.: Der Zauberberg. S. Fischer, Frankfurt am Main 2002 (= Große kommentierte Frankfurter Ausgabe, Band 5.1)

Alice Munro (* 1931)
Das gefundene Boot
Aus: Dies.: Was ich dir schon immer sagen wollte. Erzählungen. Aus dem Englischen von Heidi Zerning. FISCHER Taschenbuch, Frankfurt am Main 2014

Robert Musil (1880–1942)
Grigia
Aus: Ders.: Drei Frauen / Vereinigungen. FISCHER Taschenbuch, Frankfurt am Main 2017

Sharon Dodua Otoo (* 1972)
»Irgendwas, was Freude bringt«
Aus: Dies.: Adas Raum. S. Fischer, Frankfurt am Main 2021

Christoph Ransmayr (* 1954)
Flugversuche
Aus: Ders.: Atlas eines ängstlichen Mannes. FISCHER Taschenbuch, Frankfurt am Main 2020

Gabriele Reuter (1859–1941)
Treue
Aus: Dies.: Frauenseelen. Novellen. S. Fischer, Berlin 1901

Rainer Maria Rilke (1875–1926)
Sonntag
Aus: Ders.: Sämtliche Werke. Bd. VII. Insel, Frankfurt am Main / Leipzig 1975

Peter Stamm (* 1963)
Die ganze Nacht
Aus: Ders.: Der Lauf der Dinge. Gesammelte Erzählungen. FISCHER Taschenbuch, Frankfurt am Main 2016

Adalbert Stifter (1805–1868)
»Ein namenloses Glück«
Aus: Ders.: Der Nachsommer. In: Gesammelte Werke in sechs Bänden. Band 4. Herausgegeben von Michael Benedikt und Herbert Hornstein. Bertelsmann, Gütersloh 1959

Anton Tschechow (1860–1904)
Die Stachelbeeren
Aus: Ders.: Die Dame mit dem Hündchen und andere Erzählungen. Aus dem Russischen von Reinhold Trautmann. Insel Verlag, Berlin 2021

Kurt Tucholsky (1890–1935)
Frauen sind eitel. Männer? Nie –!
Aus: Ders.: … ganz anders. Ausgewählte Werke. Auswahl und Anmerkungen wurden besorgt von Fritz J. Raddatz. Volk und Welt, Berlin 1958

Oscar Wilde (1854–1900)
Der glückliche Prinz
Aus: Ders.: Der glückliche Prinz und andere Märchen. Aus dem Englischen von Richard Zoozmann. FISCHER Taschenbuch, Frankfurt am Main 2010

Virginia Woolf (1882–1941)
Glück
Aus: Dies.: Blau & Grün. Erzählungen. Herausgegeben von Klaus Reichert. FISCHER Taschenbuch, Frankfurt am Main 1991

Stefan Zweig (1881–1942)
Das Buch als Eingang zur Welt
Aus: Ders.: Begegnungen mit Büchern. Herausgegeben von Knut Beck. FISCHER Taschenbuch, Frankfurt am Main 1999

* Mit Sternchen markierte Titel wurden von der Herausgeberin gewählt.

Giovanni Boccaccio

Das Dekameron

Band 90006

Italien im Jahr 1348: Während in Florenz die Pest wütet, flieht eine Gruppe junger Leute auf ein toskanisches Landgut und erzählt sich an zehn Tagen genau 100 Geschichten über die Liebe. Einfacher kann die Grundidee eines Buches kaum sein, und vor allem seine Einfachheit hat Boccaccios ›Dekameron‹, diese Feier des Lebens und der Liebe, zu einem Meisterwerk europäischer Erzählkunst gemacht, das Unterhaltungsliteratur im besten Sinn des Wortes ist.

Fischer Taschenbuch Verlag

fi 90006 / 2